마가복음 83일의 기적

프롤로그
prologue

마가복음 83일의 기적은 건강한 그리스도인이 되기를 바라는 가족공동체와 소그룹을 위해서 만들었습니다. 하나님의 나라는 말에 있지 않고 능력에 있습니다(고전 4:20). 이 기적을 통해 우리와 함께 계시는 말씀이신 예수님께서 실재가 되십니다(요 1:1). 말씀이 실재가 되어서 나타나시는 이 분이 임마누엘의 예수님입니다(마 1:23). 우리와 함께 먼저 말씀으로 나타나시는 임마누엘의 기적은 모세에게 나타나셨던 "I AM WHO I AM"의 현재진행형의 하나님입니다(출 3:14).

이 책의 진행을 따라서 83일 동안 말씀묵상을 하면서 기적의 하나님을 평안 중에 만날 것입니다. 이 책은 "현실적으로 하나님은 나에게 어떤 분이신가요?"라고 기도했던 분들의 인생에 개입할 수 있는 명분을 드리는 'why'가 될 것입니다. 마가복음을 선택한 이유는 1장 1절부터 주님께서 우리와 함께 '일하심'으로 시작하는 책이기 때문입니다. "사람이 하나님께 영광을 드린다는 것은 무엇을 말할까요?" 하나님의 영광은 하나님의 '일하심'입니다. 이것은 특별한 일이 아닌 일상의 기적입니다.

"여호와의 영광이 영원히 계속할지며 여호와는 자신께서 행하시는 일들로 말미암아 즐거워하시리로다"(시 104:31).

오늘도 예수님께서는 말씀이 머무는 마음의 자리에서 새 창조의 말씀으로 나타나셔서 놀라운 상담자로 멘토가 되십니다. 그분은 전능하신 하나님이요, 충분자이시며, 영존하시는 아버지입니다. 그리고 평화의 왕으로 와 계십니다. 이것이 예수님의 이름입니다. 앞으로 83일 동안 말씀묵상을 중단만 하지 않는다면 말씀이 현실이 되는 은혜는 예수님을 부르는 자의 특권입니다(요 1:12). 어린아이가 퍼즐을 맞추듯이 바르고 옳은 말씀과 함께하면 하나님께서 그 사람의 인생에 개입하시는데 그런 사람을 가리켜 성경은 '은혜를 받은 자'라고 말씀하십니다(눅 1:30). 이제 여러분들이 은혜받은 자의 주역이 되실 것입니다. 하나님께서는 아브라함을 택하신 이유를 이렇게 밝히고 있습니다.

"내가 아브라함을 선택한 것은, 그가 자식들과 자손을 잘 가르쳐서, 나에게 순종하게 하고, 옳고 바른 일을 하도록 가르치라는 뜻에서 한 것이다. 그의 자손이 아브라함에게 배운 대로 하면, 나는 아브라함에게 약속한 대로 다 이루어 주겠다"(창 18:19, 새번역).

이 책을 통하여 그대를 창조하신 분의 형상을 따라 끊임없이 새로워지는 자신을 발견하고 하나님의 지식에 이르게 될 것입니다. 그리고 83일 후에는 건강해진 내 모습을 분명하게 스스로 보게 될 것입니다. 그 이유는 친히 일하시고 나타내시는 순전한 복음 때문입니다. 본 책의 가장 큰 장점은 성경을 읽고 묵상하면서 질문을 만들고 오직 말씀으로만 답을 찾는다는 것입니다. 우리 부부가 가는 곳은 가정과 교회만이 아닙니다. 소그룹 모임에도, 어디든 가고 있습니다. 저는 말씀묵상으로, 아내는 말씀기도로 함께하고 있습니다. 성경은 개역개정과 새번역을 사용했으며 묵상할 때는 유진 피터슨 목사님의 Message 성경을 사용했습니다.

우리 집안에서 8번째로 나오는 이 책을 먼저는 사랑하는 예수님과 늘 기도하시는 어머님과 아내와 사위와 딸, 그리고 자카르타 JIU에서 봉사하고 있는 아들과 며느리에게 드립니다. 아멘&샬롬.

목 차
contents

목 차
contents

목차
contents

마가복음 묵상과 나눔

마가복음
83일의
기적

마가복음을 소개합니다

1. 마가는 열두 사도 가운데 들어있지는 않았지만,
   베드로가 '나의 아들'이라고 말할 정도로 사랑했습니다.

   "여러분과 함께 택하심을 받은 바빌론에 있는 자매 교회와
   나의 아들 마가가 여러분에게 문안합니다"(벧전 5:13).

2. 마가가 살았던 그의 다락방은
   ① 성만찬을 했던 곳이며
   ② 성령님께서 강림하신 곳이며
   ③ 초대교회가 사용했던 기도의 장소였습니다.
   베드로는 하나님의 기적으로 감옥에서 나와서 정신을 차리고
   마가라고도 하는 요한의 어머니 마리아의 집으로 갔습니다.
   거기에서 많은 사람이 모여 기도하고 있었습니다(행 12:12).

3. 바울은 마가를 가리켜 중요한 사람이며 동역자라고 했습니다.

   "누가만 나와 함께 있습니다. 그대가 올 때, 마가를 데리고 오십시오.
   그 사람은 나의 일에 요긴한 사람입니다"(딤후 4:11).
   "나의 동역자인 마가와 아리스다고와 데마와 누가도 문안합니다"(몬 1:24).

마가는 AD 65년에 마가복음을 기록하면서 처음부터 끝까지 예수님의
일하심을 기록했습니다. 예수님의 일하심은 하나님의 영광입니다(시 104:31).

83 / 1 | 건강 식단을 알립니다

복음의 양식은 사람을 치유하고 회복시키는 건강식이다(요 6:27). 예수님께서는 마가복음을 통해서 첫날부터 복음을 말씀하신다. "하나님의 아들 예수님, 그리스도의 복음의 시작은 이러하다." 그러면 건강을 회복시켜 주는 건강식으로 식탁에 무엇이 올라오는가? 바로 '그 말씀'이다.

우리 부부는 성경을 읽다가 예수님의 살과 피를 먹어야 한다는 말씀이 어려웠다. 그러나 이제는 어려운 것이 없다. 왜냐하면 문밖에서 두드리시는 예수님께 마음을 열고 그 건강식을 받아먹으면 된다. 누구든지 말씀을 묵상하면 말씀기도로 나타나는데 그 분명한 증거는 하늘에서 다 이루어진 아버지의 뜻이 '기도라는 사다리'를 타고 오르락내리락하면서 이루어지기 때문이다(요1:51).

아름다운 명장면을 스마트폰 영상에 찍어 놓듯이 아름다운 눈에 복음의 양식을 찍어 놓으면 된다. 그러면 당신의 온몸이 밝아지고 건강해진다. 예수님의 약속이다. "네 몸의 등불은 눈이다. 만일 네 눈이 건강하면 온몸이 밝고 건강해질 것이요, 만일 눈이 나쁘면 네 몸도 어두우리라! 그러므로 네 속에 있는 빛이 어둡지 아니한가 잘 살펴보아라! 네 온몸이 밝아 어두운 데가 없으면 등불의 빛이 비출 때와 같이 온전히 밝아지리라"(눅 11:34)고 하셨다.

누구든지 복음의 건강식을 받으면 하나님 아버지께서 주시는 믿음의 생기와 용기가 그 사람에게서 나타나기 시작한다. 예수님께서 "너희가 내 살을 먹고 또 내 피를 마셔야 너희 속에는 생명이 있다. 내 살을 먹고, 내 피를 마시는 사람만 영원한 생명을 가지고 있고, 나는 마지막 날에 그 사람을 살릴 것이다"(막 14:24)라고 말씀하셨다. 이것은 정말 사람의 가슴을 뛰게 하는 새 언약이다.

누구든지 말씀을 자신의 눈에다가 찍어 놓고 묵상을 하면 예수님의 피로 약속한 그 언약이 나타나고 현실이 된다. 우리가 건강하게 살아가야 할 이유가 여기에 있다. 말씀묵상과 말씀기도를 하는 사람은 일상에서 하나님이 현실이 된다. 그리고 그 사람은 살아가는 가치와 이유를 알게 된다. 왜냐하면 그 영과 혼과 몸에는 생명의 피가 들어가기 때문이다.

이 진리를 엄마가 아들에게 말하듯 레위기에서 소상하게 말씀하셨지만, 예수님의 거룩한 피가 말씀으로 들어간 사람의 영(靈)은 건강해지고 막혔던 혈관이 뚫리고 치료와 회생이 된다. 미국에서 '올해의 의사상'을 여러 차례 받으신 김의신 박사께서 "사람의 모든 질병은 심혈관질환에 있다"고 한 말은 맞는 말이다. 건강이 회복되는 것과 새로워지는 것은 피에 있다. 이 축복은 어디에서 올까? 두말할 것도 없이 예수님의 복음 안에 있다.

누구든지 죽음에 이르는 병과 마음의 고난을 받을 때 말씀을 묵상하면 회복되는 것과 새로워지는 것을 체험한다. 만일 육신의 눈이 안 보이는 맹인이라고 하더라도 귀로 들으면서, 영의 눈에 그려 놓거나 반대로 눈은 보이는데 귀가 어두워 안 들리는 사람도 눈으로 읽고 마음과 생각에 예수님의 복음을 그려 놓고 되새기고 있으면 하나님의 진실을 만날 수 있다. 이래서 복음은 누구에게나 은혜다.

예수님께서 복음을 다 이루고 그의 사랑이 완성되었다는 진리는 우리로 하여금 심판 날에 담대함을 갖게 한다. 어떻게 죄인이 담대한 믿음과 사랑을 가질 수 있을까? 예수님과 예수님의 말씀을 바라보는 시선이다. 그 시선이 그 사람에게 담대함을 가지게 하는데 이것이 믿음이다. 그래서 말씀묵상과 말씀기도를 하는 사람은 인생이 행복하다. 하나님의 말씀을 먹고 소화를 잘 시키는 비밀은 예수님을 바라보는 시선이다. 누구든지 말씀을 사랑하면 하나님께서 그 인생에 개입하셔서 일을 시작한다. 한 사람의 인생에 개입하시는 하나님, 이것이 은혜. 한 사람의 인생에 개입하셔서 일하시는 하나님을 성경은 영광의 하나님이라고 증언한다(시 104:31).

주님께서 보내신 천사가 마리아에게 찾아왔다. 천사가 놀라고 있는 마리아에게 말한다. "은혜를 받은 자여 평안할찌어다 주께서 너와 함께 하시도다!" 이것이 바로 하나님의 개입, 하나님의 은혜다. 아브라함도, 이삭도, 야곱도, 요셉도, 기드온도, 다윗도, 베드로도, 바울에게도, 우리에게도 하나님께서 그 인생에 개입하므로 하나님의 은혜를 받았다. 그러나 하나님께서 그 인생에 개입하실 수 있도록 명분을 드려야 하는데 이것이 말씀묵상과 말씀기도다.

　말씀묵상은 하늘나라에서 내려오는 영생의 젖줄이며, 말씀기도는 다시 하늘나라로 올라가는 명분이다. 사람이 건강하게 살아가고 그 생명을 행복하게 꾸미는 것은 이 길뿐이다. 이제 나와 우리에게서 하나님은 현실이 된다(롬 7:6). 오늘부터 83일 동안 마가복음의 식단으로 남다른 건강식을 하자! 아멘&샬롬.

기적 플러스⁺

마가복음 1:1~8

¹ 하나님의 아들 예수 그리스도의 복음의 시작은 이러하다. **²** 예언자 이사야의 글에 기록하기를, "보아라, 내가 내 심부름꾼을 너보다 앞서 보낸다. 그가 네 길을 닦을 것이다." **³** "광야에서 외치는 이의 소리가 있다. '너희는 주님의 길을 예비하고, 그의 길을 곧게 하여라'" 한 것과 같이, **⁴** 세례자 요한이 광야에 나타나서, 죄를 용서받게 하는 회개의 세례를 선포하였다. **⁵** 그래서 온 유대 지방 사람들과 온 예루살렘 주민들이 그에게로 나아가서, 자기들의 죄를 고백하며, 요단강에서 그에게 세례를 받았다. **⁶** 요한은 낙타 털옷을 입고, 허리에 가죽 띠를 띠고, 메뚜기와 들 꿀을 먹고 살았다. **⁷** 그는 이렇게 선포하였다. "나보다 더 능력이 있는 이가 내 뒤에 오십니다. 나는 몸을 굽혀서 그의 신발 끈을 풀 자격조차 없습니다. **⁸** 나는 여러분에게 물로 세례를 주었지만, 그는 여러분에게 성령으로 세례를 주실 것입니다.

질문을 만들고 그 답을 말씀에서 찾습니다.

1) 복된 소식으로 우리에게 먹여 주시는 건강식은 어떤 분이 주실까요? 1절

2) 이사야는 700년 전에 예언하기를 세례 요한을 먼저 보낸다고 말했습니다. 세례 요한이 예수님의 길을 닦았습니다. 세례 요한은 "너희는 주님의 길을 준비하고 그의 오시는 길을 곧게 하여라"라고 외치면서 사람들이 죄에서 돌이키는 어떤 세례를 선포하였나요? 4절

3) 온 유다와 온 예루살렘 사람들이 자기들의 죄를 회개할 수 있는 세례를 요한으로부터 받았습니다(5절). 이런 회개의 은혜가 임했던 말씀의 내용은 무엇인가요? 3절 [누가복음 3:11~14].

4) 세례 요한은 "진짜는 지금부터입니다. 나는 이분의 신발 끈을 풀 자격조차

없습니다"라고 하면서 예수님께서 오시면 물세례가 아니라 어떤 세례를 하늘로부터 주신다고 강력하게 말하나요? 8절

5) 예수님을 "나의 주 나의 하나님"으로 믿고 고백한 당신에게 성령세례를 이미 주셨습니다(고전 12:3). 만일 사람의 입과 마음에서 이 신앙고백이 지속된다면 어떤 일이 그 사람 안에서 일어날까요? [에스겔 36:25~27]

나눔의 시간

1) 하나님은 어떤 분이십니까?
2) 무엇을 깨달았나요?
3) 적용합니다.
4) 묵상과 함께 하는 말씀기도

내일의 양식 : 마가복음 1:9~13

예수님께서
먼저 하신 일

　예수님께서 복음을 전하시기 전에 세례 요한에게 침례(세례)를 받으셨다. 예수님은 누구인가? 예수님은 하나님의 아들이다. 그러나 사람에게 침례를 받으셨다. 그 모습을 상상해 보면 예수님께서 얼마나 낮아지셨는지를 알 수 있다. 침례를 받으려면 몸을 낮추어 물로 들어가야 하며 집례자의 손이 머리나 어깨에 얹어져서 "이제 나는 십자가에서 나를 구원하신 예수님과 함께 죽었습니다. 이제는 새로 태어나 주님만이 나의 주, 나의 하나님입니다"라는 고백이 끝나고 집례자가 들어 올려줄 때까지 물속에 있어야 한다.

　세례 요한에게 침례(세례)를 받으시는 예수님께서는 죄가 없으신 분이며, 창조주 가운데 한 분이시며, 그 입에서 나오는 모든 말씀이 곧 아버지로부터 온 말씀이며, 그 입으로 명하시면 무엇이든지 그대로 이루어지는 분이며, 그 마음에 원하는 것은 그 뜻대로 이루시는 하나님이다(엡 1:11). 예수님은 하나님과 동등이시다. 그러나 하나님과 동등 됨을 당연하게 생각하지 않으시고, 오히려 자기를 비워서 종의 모습으로 오셨다. 성자 하나님께서는 100% 사람으로 오셨을 뿐 아니라 자기를 낮추시고, 죽기까지 순종하셨으니 곧 십자가에 죽으신 것이다(빌 2:5).

그래서 성부 하나님께서는 예수님을 지극히 높이시고, 모든 이름 위에 뛰어난 이름을 주셨다. 하나님 아버지께서는 아들 예수님으로 하여금 땅 위와 아래 있는 모든 것과 하늘에서도 그 이름 앞에 꿇게 하시고, 모든 사람이 주와 그리스도로 고백하여, 하나님 아버지께 영광을 돌리게 하셨다. 그리고 하나님께서는 지금도 아들의 이름으로 기도하면 응답해 주는 것을 기쁨과 영광으로 생각하신다(요 14:13). 예수님께서 침례(세례)를 받으시고 물속에서 막 올라오시는데 하늘이 갈라지고, 성령님께서 비둘기같이 내려오셨다. 그리고 셋째 하늘로부터 소리가 났다. "너는 내 사랑하는 아들이다. 내가 너를 좋아한다."

나는 가끔, 양쪽 어깨를 툭툭 친다. 그러면 가까이 있는 사람들이 이것을 보고 어깨가 아프냐고 묻는다. 나는 어깨를 치면 혈액 순환이 잘 된다고 그냥 적당히 둘러댄다. 그러나 사실은 아니다. 양쪽 어깨를 치는 이유는 예수님께서 말씀하신 수고하고 무거운 짐을 진 사람들이 나에게 배우기를 원하면 온유와 겸손의 멍에를 메고 나를 따르라는 말씀을 잊지 않고 싶어서 양어깨를 치며 온유와 겸손의 멍에를 지고 살아야 한다는 예수님의 약속을 기억하고 싶어서 하는 나만의 행동이다. 우리는 예수님께 얽매여 온유와 겸손의 멍에를 매고 사는 것을 좋아한다. 이것이 로마서 6장 20절에 의에 얽매였다는 말씀이라고 생각한다. 이것조차도 나를 위해서 주시는 하나님의 은혜와 사랑이다. 우리가 잘못 생각해서 내가 주님을 위해서 무엇을 했다는 생각은 아니다. 내가 나를 순교의 제물로 바쳤어도 무익한 종일뿐이다(눅 17:10).

　예수님께서는 더 낮아질 수 없는 곳까지 스스로 내려가셨다. 지금도 우리의 겸손이 하나님의 말씀을 살아 움직이게 하는 통로이다. 예수님께서는 일을 시작하기 전에 이 일을 먼저 하시려고 나사렛에서 요단강까지 세례 요한에게 침례를 받기 위해서 3일을 걸어오셨다. 아멘&샬롬.

기적 플러스⁺

마가복음 1:9~13

⁹ 그 무렵에 예수님께서 갈릴리 나사렛으로부터 오셔서, 요단강에서 요한에게 세례를 받으셨다. ¹⁰ 예수님께서 물속에서 막 올라오시는데, 하늘이 갈라지고, 성령님이 비둘기같이 자기에게 내려오는 것을 보셨다. ¹¹ 그리고 하늘로부터 소리가 났다. "너는 내 사랑하는 아들이다. 내가 너를 좋아한다." ¹² 그리고 곧 성령님께서 예수님을 광야로 내보내셨다. ¹³ 예수님께서 사십 일 동안 광야에 계셨는데, 거기서 사탄에게 시험을 받으셨다. 예수님께서 들짐승들과 함께 지내셨는데, 천사들이 그의 시중을 들었다.

질문을 만들고 그 답을 말씀에서 찾습니다.

1, 예수님께서는 나사렛에서 요단강까지 직선거리로 155km(GPS)를 걸어서 오셨습니다. 드시는 것도 부실하셨을 텐데 3일 동안 걸어오셔서 누구에게 침례 (세례)를 받으셨나요? 9절

2, 침례를 받으시고 올라오시는데 비둘기와 같은 형상으로 성령님께서 임하시고 셋째 하늘이 갈라지면서 "너는 내 아들이며 내가 사랑하는 내 삶의 전부다" 라는 소리가 어디에서 들려왔나요? [마태복음 3:16~17]

3, 이때 갈라진 하늘은 어떤 하늘인가요? [시편 148:4]

4, 첫째 하늘은 우리가 눈으로 보는 우주의 하늘이고, 둘째 하늘에는 공중 권세 잡은 이들이 있는 하늘이고, 셋째 하늘은 우리들이 갈 본향이 있는 하늘입니다. 하나님께서는 셋째 하늘에서 무엇을 하실까요? [이사야 57:15]

5, 많은 자식 중에 효도하는 자식을 사랑하듯이 하나님으로부터 특별한 사랑을 받는 사람은 누구일까요? [미가 6:8, 말라기 3:17, 새번역]

6, 성령님께서 왜 예수님을 40일 동안 광야로 보내시며 들짐승들과 함께
   사탄에게 시험을 받게 하시며(13절) 광야에서 기도할 때 천사들로부터 도움을
   받게 하셨을까요? [히브리서 5:7~10]

나눔의 시간

1, 하나님은 어떤 분이십니까?

2, 무엇을 깨달았나요?

3, 적용합니다.

4, 묵상과 함께 하는 말씀기도

내일의 양식 : 마가복음 1:14~20

나는 예수님을 이렇게 만났다

복음이 있는 곳에 가면 순종하는 사람들을 만날 수 있다. 예수님께서는 이렇게 선포하셨다. "나를 따라오너라. 내가 너희를 사람을 낚는 어부가 되게 하겠다." 어떻게 제자들이 예수님의 한마디 말씀을 듣고 따라갈 수 있었을까?

이것을 알고 있으면 이해가 간다. 이들이 일을 하다가 예수님의 말씀을 듣고 즉시 따를 수 있었던 것은 말씀께서 먼저 가셔서 그들로 하여금 준비하게 하신 것이다(요 1:1). 말씀께서 가르치시고 깨닫게 하시니 하나님의 때가 오자 순종한 것이다. 예를 들면, 야곱의 우물가의 여인은 메시야를 만나려고 말씀께서 먼저 준비한 사람이다. 말씀으로 준비된 여자는 이렇게 말한다. "메시야 곧 그리스도라 하는 이가 오실 줄을 내가 아노니 그가 오시면 모든 것을 우리에게 알려 주실 것입니다." 그러자 예수님께서는 자신이 그리스도임을 보여 주셨다(요 4:26). 세리 마태도 일하다가 예수님의 한마디 말씀에 순종하여 따랐다. 마태복음을 기록한 세리 마태가 구약성경을 가장 많이 인용하였다는 것은 비록 유대인들이 저주하는 세리였지만 말씀께서 준비한 사람이 었다는 것을 말해준다. 베드로, 요한, 야고보도 마찬가지다. 심지어 디매오의 아들인 맹인 거지 바디매오가 길가에 앉았다가 '나사렛 예수님'이란 말을 듣고 자신의 때가 온 것을 직감하고 "다윗의 자손 예수님이여! 나를 불쌍히 여기소서!"를 반복적으로 부르짖어 구하여 눈을 뜨는 은혜를 받았다. 마가복음 83일의 기적을 묵상하는 우리도 예수님께서 이렇게 만나 주실 것을 믿고 묵상하며 기도한다.

기독교와 종교의 차이는 무엇인가? 간단하다. 종교는 인간이 신을 찾는 것이고 기독교는 하나님께서 사람을 찾아오신 것이다. 하나님은 누구를 찾아오실까? 말씀을 들으며 묵상하고 있는 사람을 만나 주신다. 창세기 2장 7절에 흙으로 사람을 만드시고 생기를 불어넣으신 목적이 바로 여기에 있다. 하나님께서 택하신 백성은 말씀이 들어가면 하나님의 때가 올 것을 기다린다. 하나님께서는 이런 사람들에게 '아빠 아버지'로 오신다(롬 8:15). 그러나 말씀이 들어가도 준비되지 않는 사람은 그리스도, 예수님께서 그 앞에 직접 나타나서 "내가 그리스도"라고 말해도 보지 못하고 알아듣지 못한다(막 14:61~62).

나는 주님의 이름을 부르고 구하다가 10년 만에 예수님을 만났다. 1986년 사당동 새순교회에서 제7기로 전도 폭발 훈련을 받을 때의 일이다. 예수님을 만났던 간증문을 쓰는 순서가 있었는데 2번씩이나 간증문이 되돌아왔다. 앞에 있는 간사님이 말하기를 "이 시간은 신앙생활에서 있었던 체험을 쓰는 시간이 아니라 회심하여 예수님을 나의 주 나의 하나님으로 만났던 일을 쓰는 시간입니다"라고 하였다. 그러나 나는 신앙생활을 하면서 체험했던 것들만 기록했다. 40여 명의 사람들 가운데 홀로 남아 있어서 부끄러웠고 창피했다. 마침내 오직 믿음으로 주님을 만난다는 로마서 1장 17절의 말씀을 깨닫고 회심하는 기적과 같은 일이 나에게 주어졌다. 주님께서는 그날 만나 주신 것이다. 나는 그 자리에서 1시간이 넘도록 울었다. 그동안 오직 믿음으로 마음의 문을 열지 못하고 내 공로를 앞세워 예수님을 내 앞에 가로막고 세워 둔 것이 속상해서 울었고 또 믿음을 무시하고 눈에 보이는 능력과 기적만을 구하고 찾았던 고집스러운 내가 미워서 가슴을 아프도록 치며 울고 또 울었다. 나는 이렇게 예수님을 만났다. 아멘&샬롬

기적 플러스+

마가복음 1:14~20

14 요한이 잡힌 뒤에, 예수님께서 갈릴리에 오셔서, 하나님의 복음을 선포하셨다.
15 "때가 찼다. 하나님의 나라가 가까이 왔다. 회개하여라. 복음을 믿어라."
16 예수님께서 갈릴리 바닷가를 지나가시다가, 시몬과 그의 동생 안드레가
바다에서 그물을 던지고 있는 것을 보셨다. 그들은 어부였다. **17** 예수님께서
그들에게 말씀하셨다. "나를 따라오너라. 내가 너희를 사람을 낚는 어부가 되게
하겠다." **18** 그들은 곧 그물을 버리고 예수님을 따라갔다. **19** 예수님께서 조금 더
가시다가, 세베대의 아들 야고보와 그의 동생 요한이 배에서 그물을 깁고 있는
것을 보시고 **20** 곧바로 그들을 부르셨다. 그들은 아버지 세베대를 일꾼들과 함께
배에 남겨 두고, 곧 예수님을 따라갔다.

질문을 만들고 그 답을 말씀에서 찾습니다.

1) 세례 요한이 헤롯에게 체포된 뒤에 예수님께서 갈릴리에 오셔서 하나님의
   복음을(14절) 선포하시며 이제 하나님의 때가 찼으니, 너희의 삶을 고치고
   무엇을 믿으라고 하시나요? 15절

2) 하나님의 복음을 가지고 나타나신 분은 예수님입니다. 복음의 내용은
   무엇일까요? [이사야 61:1~11]

3) 예수님께서 갈릴리 바닷가를 지나가시다가 시몬 베드로와 안드레가 그물
   던지는 것을 보시고 "나를 따라오너라. 내가 너희를 물고기 대신에 사람을
   낚는 어부가 되게 하겠다"고 하시니(17절) 이들은 배와 누구까지 버려두고
   예수님을 따라나섰을까요? 18절 [마태복음 4:22]

4) 시몬 베드로와 안드레에게 어떤 일이 있었길래 하던 일까지 멈추고 즉시
   예수님을 따라갈 수 있었을까요? [누가복음 5:4~9]

5) 십여 미터쯤 더 가시다가 그물을 손질하는 야고보와 요한을 보시고
   그들에게도 같은 말씀으로 제안하니 이들이 어떻게 응수하나요? 20절 [
   누가복음 5:10~11]

_____

나눔의 시간

1) 하나님은 어떤 분이십니까?
2) 무엇을 깨달았나요?
3) 적용합니다.
4) 묵상과 함께 하는 말씀기도

_____

내일의 양식 : 마가복음 1:21~28

귀신의 정체를
밝힙니다

귀신은 무시하고 꾸짖어야 한다. 귀신은 두려움의 대상이 아니다. 오히려 귀신이 예수님의 이름과 믿음을 가진 사람을 두려워한다. 귀신은 실존하지만, 그 존재를 무시해야 한다. 귀신이 세상에서 하는 일은 악과 음란이다. 그러나 그리스도인에게는 근접하지 못한다. 왜냐하면 그리스도인은 하나님께 속하였고 그리스도인 안에 계신 이가 세상에 있는 이보다 크기 때문이다(요일 4:4).

귀신을 대적할 때 오직 예수님만을 바라보고 담대하게 선포하고 기도하면 된다. 예를 들면 예수님께서 귀신에게 "입을 다물고 이 사람에게서 나가라"고 하셨고 또는 "네 이름이 무엇이냐?"라고 말하자 귀신이 "군대입니다"라고 한 것과 같이 담대하게 나가야 한다(막 1:25, 5:9). 나에게는 능력이 없음을 인정하고 예수님의 이름과 십자가의 공로만 의지하면 된다. 성도가 이렇게 기도할 수 있는 능력은 예수님을 믿는 믿음 안에 있다. 귀신이 두려워하는 나사렛 예수님, 그 이름의 능력은 이사야 9장 6절에 나오는 이름 중에

'전능하신 하나님'이다. 죽음에서 부활하신 '엘 샤다이'의 전능하시고 충분하신 이름이다.

귀신이 이 이름으로 선포하는 것을 두려워하는 특별한 이유가 있는가? 믿는 자가 이 이름으로 기도할 때 귀신은 무저갱(아비소스), 곧 끝없는 지옥의 불 속으로 들어가기 때문에 제발 여기만 들어가지 않게 해 달라고 손이 발이 되도록 빌었다(눅 8:31). 우리는 죽음에서 부활하신 이 이름을 신뢰하고 있기에 예수님의 이름으로 귀신을 꾸짖어야 한다. 귀신은 사탄의 하수인이다. 사탄은 결국 어떻게 될까? 요한계시록 20장 2절에 천사의 손에 결박당하게 될 사탄이다. 이 사탄이 창세기 3장에서 아담에게 다가갔던 자다.

보통 사람들은 천사장 중에 하나인 루시퍼가 타락해서 사탄이 되었다고 한다. 그것은 잘못된 지식이요, 틀린 말이다. 그러면 범죄한 루시퍼는 어떻게 되었을까? 베드로후서 2장 4절을 보면 하나님께서는 반역한 천사들을 아끼지 않으시고, 지옥에 던져서, 사슬로 묶어 심판 때까지 어둠 속에 있게 하셨다. 또 유다서 1장 6절을 보면 자기들의 영역에 머물지 않고 그 거처를 떠난 천사들을 그 큰 날의 심판에 붙이시려고, 영원한 사슬로 매어서 어둠에 가두어 두셨다. 그래서 타락한 천사는 현재 하나님의 심판 때까지 활동할 수 없다. 타락한 천사가 사탄이 되어 하늘에서 쫓겨나 지구촌에 들어와 우리를 유혹하고 죄를 짓게 하고 넘어뜨리게 한다는 말은 맞지 않는다. 성경 어디에도 이런 말씀은 없다.

그렇다면 사탄은 어떻게 존재하게 되었을까?

창세기 3장 1절의 말씀처럼 사탄은 주 하나님께서 지으셨다. 그래서 사탄은 피조물이며 하나님의 지배 아래에 있다. 사탄은 하나님의 통치에서 자유로울 수 없다. 사무엘상 16장 14절을 보면 불순종하는 사울에게서는 주님의 영이 떠났고, 그 대신에 주님께서 보내신 악한 영이 사울을 괴롭혔다. 여기에 등장한 영이 악한 사탄이다. 하나님께서 부리시는 악한 영이다. 이렇듯 사탄은 하나님의 통치와 섭리 가운데 있다.

예수님께서 광야에서 40일 동안 금식하며 기도하고 계실 때 이런 일이 있었다. "그즈음에 예수님께서 성령에 이끌려 광야로 가셔서 악마에게 시험을 받으셨다"(마 4:1). 사탄이 독단적으로 예수님께 온 것이 아니라 성령님에 이끌리어 하나님의 허락 가운데 왔다는 것을 알 수 있다. 그러나 사탄은 결국 예수님의 믿음 앞에 무릎을 꿇고 떠났다.

하나님께서는 욥의 믿음을 연단하시고 훈련하실 때 사탄을 사용하셨다(욥 1:6~12). 욥의 시험은 하나님의 허락하심 가운데 시작되었다. 욥이 이 사실을 알아서 "사탄아 물러가라"고 하면 사탄이 물러갔을까? 하나님께서 허락하셨기에 물러가지 않는다. 그렇다면 욥은 어떻게 해야 할까? 욥은 상황을 그대로 받아들이고 주님만 바라보고 있어야 한다. 동일하게 이런 일을 당한 다니엘도 사자 굴에 들어가는 죽음을 통과했고 사드락과 메삭과 아벳느고도 불 속으로 들어갔다. 요셉도 13년 동안 모든 상황을 있는 그대로 받아들였고 하나님은 요셉과 다니엘과 사드락과 메삭과 아벳느고와 함께 같은 자리에서 고난을 받으셨다(사 63:9). 바울도 이런 일을 겪었는데 "네 은혜가 네게 족하다"고 말씀하셨다(고후 12:7~9). 욥과 다니엘과 요셉과 바울에게 나타난 공통점은 "너 이래도 하나님을 부인하지 않고 하나님을 믿을래?"이다. 그러나 이들은 하나님을 믿었고 승리했다. 이때 필요한 것은 인내다(히 10:36). 결국 사탄은 이들에게서 떠났다. 사탄과 그의 하수인, 귀신들은 예수님을 믿는 사람들이 두려워서 함께 있을 수 없다. 이들은 예수님의 이름과 거룩한 보혈을 믿는 사람들 앞에 그 정체를 드러내고 도망가며 두려워한다. 아멘&샬롬.

마가복음 1:21~28

21 그들은 가버나움으로 들어갔다. 예수님께서 안식일에 곧바로 회당에 들어가서 가르치셨는데, **22** 사람들은 그의 가르침에 놀랐다. 예수님께서 율법학자들과는 달리 권위 있게 가르치셨기 때문이다. **23** 그 때에 회당에 악한 귀신 들린 사람이 하나 있었는데, 그가 큰소리로 이렇게 말하였다. **24** "나사렛 사람 예수님, 왜 우리를 간섭하려 하십니까? 우리를 없애려고 오셨습니까? 나는 당신이 누구인지 압니다. 하나님께서 보내신 거룩한 분입니다." **25** 예수님께서 그를 꾸짖어 말씀하셨다. "입을 다물고 이 사람에게서 나가라." **26** 그러자 악한 귀신은 그에게 경련을 일으켜 놓고서 큰 소리를 지르며 떠나갔다. **27** 사람들이 모두 놀라서 "이게 어찌된 일이냐? 권위 있는 새로운 가르침이다! 그가 악한 귀신들에게 명하시니, 그들도 복종하는구나!" 하면서 서로 물었다. **28** 그리하여 예수님의 소문이 곧 갈릴리 주위의 온 지역에 두루 퍼졌다.

질문을 만들고 그 답을 말씀에서 찾습니다.

1) 예수님께서 안식일이 돌아오자 바로 회당으로 가셨습니다. 종교학자들처럼 궤변과 논리로 하지 않고 단순함과 순수함으로 가르치시는 예수님의 말씀을 들은 사람들이 어떻게 반응했나요? 22절

2) 귀신들이 예수님께서 누구인지 먼저 알아보고 "나는 당신이 누구인지 압니다. 하나님께서 보내신 거룩한 분입니다"라고 말했습니다.(24절) 예수님께서는 그의 입을 막으시며 "조용히 하고 그 사람에게서 나오라"고 하시니 귀신이 어떻게 되나요? 26절

3) 예수님의 가르침은 자의로 말한 것이 아닙니다. 예수님을 보내신 아버지께서 말할 것과 이를 것을 친히 명령하여 주셨습니다. 예수님께서는 하나님의 명령이 영생인 줄 알고 아버지께서 내게 말씀하신 그대로 하시기 때문에(요

12:49) 사람들이 듣고 어떻게 반응할까요? 27절

4) 예수님을 믿는 사람들이 예수님을 전하고 예수님의 이름으로 귀신을 꾸짖으면 어떻게 될까요? [마가복음 16:17]

5) 곁에서 보고 있던 사람들이 믿기지 않는다는 듯이 웅성거리며 무엇이라고 서로 말하기 시작하더니 예수님의 소문이 어디까지 퍼졌을까요? 27~28절

나눔의 시간

1) 하나님은 어떤 분이십니까?
2) 무엇을 깨달았나요?
3) 적용합니다.
4) 묵상과 함께 하는 말씀기도

내일의 양식 : 마가복음 1:29~34

대기와 준비는 다릅니다

대기와 준비는 다르다. 예수님께서 시몬의 집에 가셨는데 베드로의 장모가 열병으로 누워있었다. 예수님께서는 즉시 고쳐 주셨고 그는 예수님을 시중들었다. 이것이 준비된 사람들이다. 여러분의 믿음과 가정이 이렇게 준비된 가정이기를 바란다(막 1:31).

대기(waiting)는 다음 지시나 순서가 올 때까지 기다리고 있는 것이고 준비(setup)는 이제 다음 동작을 곧 취하기 위해서 모든 준비를 하고 라인 앞에 나가서 출발 신호를 기다리고 있는 것이다. 그리스도인들은 대기하고 있는 사람들이 아니다. 이렇게 준비하고 있는 사람들이다.

이스라엘에서 오는 소식들이 우리들의 마음을 아프게 한다. 이스라엘이기 때문만이 아니라 하마스의 테러리스트들로 인하여 어린아이들과 약자들이 1,200명이나 무참히 죽었고 이에 따라 큰 전쟁이 일어나 서로에게 피해가 반복되고 있다. 2023년 10월 10일에 리에베르만이라는 보안요원은 이스라엘 가자지구에서 1,600미터밖에 떨어지지 않은 니르암 키부츠 농장에서 폭발음을 들었다. 상부로부터 대기하고 있으라는 지시가 내려왔다. 그러나 리에베르만은 보통 때 들었던 폭발음과는 다르다는 것을 직감하고 대기하고 있었던 것이 아니라 전투을 준비하고 있었다. 우선 농장에 있는 어린아이들과 노인들을 안전한 장소로 대피시키고 무기고에 달려가 소총을 꺼내 젊은 남녀들에게 총알을 장전하고 완전무장을 시켜서 전략적 요충지에 배치했다. 잠시 후에 25명이나 되는 팔레스타인 하마스 요원들이 무장하고 나타나 농장 안으로 들어오기 시작했다. 25세의 여성인 리에베르만은 하마스와의 4시간의 총격전에서 5명이나 사살했으며 함께한 동료들과 함께 25명이나 되는 무장 테러리스트들을 모두 사살했다. 덕분에 니르암 키부츠 농장에서는 한 사람도 피해를 입지 않고 생명과 사람들을 지킬 수 있었다.

이렇듯 그리스도인들은 영적으로 깨어서 준비하고 있어야 한다. 만일 리에베르만이 다른 농장들과 같이 대기하고 있었다면 갑자기 들어닥친 하마스 요원들에게 어린아이들까지 몰살당했을 것이다. 그러나 리에베르만은 완전무장을 하고 전투준비를 하고 있었다. 이것이 에베소서 6장에서 말씀하시는 하나님께서 주신 무기로 준비하고 있는 것이다. 진리의 허리띠로 허리를 동이고, 정의의 가슴 막이로 가슴을 가리고, 발에는 평화의 복음을 전할 차비를 하고, 믿음의 방패를 손에 들고, 구원의 투구를 쓰고, 성령의 검 곧 하나님의 말씀을 들고 깨어서 준비하고 있는 것이다.

이것이 리에베르만이 무자비한 악마의 불화살을 막아 꺼버릴 수 있는 것과 같다. 그리스도인은 항상 준비하고 있어야 악한 날에 적대자들을 대항할 수 있으며 모든 일을 끝낸 뒤에 주님 앞에 설 수 있다. 세상은 음란과 악들이 양의 탈을 쓰고 다가와 보석과 같은 성도들의 믿음을 달콤한 사탕과 바꾸어 먹자고 유혹한다. 그래서 그리스도인들은 성령님 안에 깨어서 말씀과 기도로 준비(setup)하고 있어야 한다. 이것이 마태복음 25장에서 신랑 되신 예수님을 맞으러 나오는 등과 불과 기름을 준비한 슬기로운 처녀들이다. 주님은 다시 오신다! 아멘&샬롬.

기적 플러스$^+$

마가복음 1:29~34

29 그들은 회당에서 나와서, 곧바로 야고보와 요한과 함께 시몬과 안드레의 집으로 갔다. **30** 마침 시몬의 장모가 열병으로 누워 있었는데, 사람들은 그 사정을 예수님께 말씀드렸다. **31** 예수님께서 그 여자에게 다가가셔서 그 손을 잡아 일으키시니, 열병이 떠나고, 그 여자는 그들의 시중을 들었다. **32** 해가 져서 날이 저물 때에, 사람들이 모든 병자와 귀신 들린 사람을 예수님께로 데리고 왔다. **33** 그리고 온 동네 사람이 문 앞에 모여들었다. **34** 그는 온갖 병에 걸린 사람들을 고쳐 주시고, 많은 귀신을 내쫓으셨다. 예수님께서는 귀신들이 말하는 것을 허락하지 않으셨다. 그들이 예수님이 누구인지를 알았기 때문이다.

질문을 만들고 그 답을 말씀에서 찾습니다.

1) 예수님과 4명의 제자가 베드로와 그의 동생 안드레의 집으로 갔는데 베드로의 장모가 몸져누워 있는 것을 보시고 누구에게 가서 알렸나요? 30절

2) 예수님께서 치유하시자 그녀는 열병을 털고 일어나서 무엇을 했나요? 31절하

3) 예수님과 일행들이 저녁 식사를 마치고 날이 어두워졌을 때 집 문 앞까지 어떤 사람들이 왔을까요? 32절

4) 예수님께서는 온갖 질병과 귀신들린 사람들을 치료하셨나요? 34절상

5) 지금도 예수님의 이름으로 기도하면 하나님 아버지께서 어떻게 응답하실까요? [요한복음 14:13~14]

6) 예수님께서 귀신들이 말하는 것을 허락하지 않으시는 이유는 무엇일까요? 34절하

7) 귀신들이 하나님의 거룩한 자로 오신(막1:24) 그리스도임을 떠벌리고 다녀서 예수님의 어떤 스케줄에 차질을 가져올 것 같아서 허락하지 않으실까요? | [요한복음 7:1]

8) 예수님을 믿는 사람들도 예수님의 이름으로 귀신을 이기고 제압하는 일을 할 수 있을까요? [마가복음 16:17]

나눔의 시간

1) 하나님은 어떤 분이십니까?
2) 무엇을 깨달았나요?
3) 적용합니다.
4) 묵상과 함께 하는 말씀기도

내일의 양식 : 마가복음 1:35~45

사랑한다면
기도는 멈출 수 없다

예수님께서는 사랑하는 이들을 위해서 이른 새벽에 늘 기도하셨다. 예수님은 육체로 땅에 계실 때 자기를 죽음에서 능히 구원하실 이에게 심한 통곡과 눈물로 간구와 소원을 올렸고 그의 경건하심으로 말미암아 하나님은 기도를 들어 주셨다. 예수님은 하나님의 아들이셨지만 받으신 고난으로 순종함을 배워서 온전하게 되셨다. 그래서 자기에게 순종하는 모든 자에게 영원한 구원의 뿌리가 되시고 대제사장이라 칭하심을 받으셨다(히 5:7) .

이스라엘이 르비딤에서 아말렉과 전쟁할 때 모세가 손을 들면 이스라엘이 이기고 손을 내리면 아말렉이 이겼다. 모세의 팔이 무겁고 피곤하여 아론과 훌이 돌을 가져다가 아래에 놓아 모세로 하여금 그 위에 앉게 하고 한 사람은 이쪽에서, 한 사람은 저쪽에서 해가 지도록 모세의 손을 붙들어 올려서 여호수아가 이끄는 군대가 아말렉을 쳐서 이기게 하였다. 이때 하나님께서는 자신의 결심을 보이셨는데 "앞으로 세상에는 아말렉과 같은 자들이 계속된다. 그러나 기도만 멈추지 않는다면 '여호와 닛시'를 그 사람에게 가져다준다"고 말씀하셨다(출 17:14~17).

얼마 전, 추석연휴가 시작되는 날에 말씀기도회 시간이 두 번이나 정해져 있었다. 우리는 연휴 때 기도회를 할 것인가, 아니면 쉴 것인가를 생각하고 있었다. 이때 주님께서는 이와 같은 마음을 주셨다. '시간은 멈추어도 기도는 멈출 수 없다.' 그래서 나는 "주님, '시간은 멈추어도 기도는 멈출 수 없다'는 말씀이 성경 어디에 있나요?"라고 기도했다. 그때 여호수아 10장에 하나님께서 아모리 사람들을 넘겨주시던 날에 시간은 멈추어도 여호수아의 기도는 멈추지 않았던 일이 생각이 났다. 여호수아는 모세로부터 배운 대로 순종하여 승리한 것이다. 여호수아는 이스라엘이 승리하기 위해서 시간은 멈추어도 기도는 멈출 수 없어서 기도했다.

"태양아, 기브온 위에 머물러라! 달아, 아얄론 골짜기에 머물러라!"

미국 나사 우주항공국에서 과학자들이 이때 태양과 달이 멈추었다는 것을 과학적으로 증명하였다는 기사를 나는 기억한다. 해와 달이 멈추니 당시에 해시계(日影臺, Sundial)도 멈춘 것이다. 그러나 멈추지 않고 계속되는 것이 있었는데 그것은 여호수아의 기도였다. 맞다! 기도는 멈출 수 없다.

기도는 계속되어야 한다. 믿음으로 승리하는 사람들의 배후에는 중단 없는 기도가 있다. 그리스도인은 어떤 환경에서도 멈출 수 없는 것이 있다. 그것은 ①예수님을 향한 사랑과 ②예수님의 이름으로 올리는 기도이다. 나는 기도하는 사람들과 함께 기도를 주고받으며 주님 앞으로 가는 그날까지 마음을 다해 간절히 기도하기를 원한다. 이것이 예수님께서 마가의 다락방에서 4번이나 "서로 사랑하라"고 하신 새 계명에 순종하는 것이다. 서로 사랑한다면 계속해서 서로 기도해야 한다. 그래서 내 기도제목은 나를 사랑하는 당신이 하는 기도로 이루어진다는 것이 에수님의 이름 속에 숨어 있는 영적 비밀이다(골 1:27). 믿음, 소망, 사랑 가운데 으뜸이 사랑이다. 사랑은 달콤한 기도의 속삭임이다. 아멘&샬롬.

마가복음 1:35~45

35 아주 이른 새벽에, 예수님께서 일어나서 외딴 곳으로 나가셔서, 거기에서 기도하고 계셨다. **36** 그 때에 시몬과 그의 일행이 예수님을 찾아 나섰다. **37** 그들은 예수님을 만나자 "모두 선생님을 찾고 있습니다" 하고 말하였다. **38** 예수님께서 그들에게 말씀하셨다. "가까운 여러 고을로 가자. 거기에서도 내가 말씀을 선포해야 하겠다. 나는 이 일을 하러 왔다." **39** 예수님께서 온 갈릴리와 여러 회당을 두루 찾아가셔서 말씀을 전하고, 귀신들을 쫓아내셨다. **40** 나병 환자 한 사람이 예수님께로 와서, 그 앞에 무릎을 꿇고 간청하였다. "선생님께서 하고자 하시면, 나를 깨끗하게 해주실 수 있습니다." **41** 예수님께서 그를 불쌍히 여기시고, 손을 내밀어 그에게 대시고 말씀하셨다. "그렇게 해주마. 깨끗하게 되어라." **42** 곧 나병이 그에게서 떠나고, 그는 깨끗하게 되었다. **43** 예수님께서 단단히 이르시고, 곧 그를 보내셨다. **44** 그 때에 예수님께서 그에게 말씀하셨다. "아무에게도 아무 말도 하지 말아라. 가서, 제사장에게 네 몸을 보이고, 네가 깨끗하게 된 것에 대하여 모세가 명령한 것을 바쳐서, 사람들에게 증거로 삼도록 하여라." **45** 그러나 그는 나가서, 모든 일을 널리 알리고, 그 이야기를 퍼뜨렸다. 그러므로 예수님께서는 드러나게 동네로 들어가지 못하시고, 바깥 외딴 곳에 머물러 계셨다. 그래도 사람들이 사방에서 예수님께로 모여들었다.

질문을 만들고 그 답을 말씀에서 찾습니다.

1) 예수님께서는 새벽 미명에 일어나셔서 외딴 곳으로 가셔서, 하나님 아버지께 기도하셨습니다(35절). 예수님께서는 어떤 내용으로 기도하셨을까요?
   [마태복음 6:9~13]

2) 예수님 곁에서 기도해야 할 시몬과 그의 일행들이 예수님을 찾아다녔습니다 (36절). 예수님께서는 제자들을 만나셔서 "나는 전도를 하러 왔다"고 힘주어

말씀하시고 누구를 쫓아내셨나요? 39절

3) 예수님께서는 병든 자를 고치시거나 귀신을 쫓아내기 전에 말씀을 먼저
   가르치시고 병든 자를 치료하셨습니다(39절). 이때 나병 환자가 주님
   앞으로 나와서 무릎을 꿇고 "선생님께서 하고자 하시면, 깨끗하게 해주실 수
   있습니다"라고 구하자, 예수님께서는 측은한 마음을 가지고 "내가 원하니
   깨끗하게 되어라"라고 하시자 나병 환자가 어떻게 되었을까요? 42절

4) 나병 환자는 살갗은 어린아이 살처럼 보드랍고 깨끗하게 되었습니다. 나병
   환자는 예수님을 어떤 분으로 알고 구했을까요? [이사야 9:6]

5) 예수님께서는 치료받은 자에게 아무에게도 말하지 말고 모세가 명령한
   것을 가지고 제사장에게 바쳐서 증거를 삼으라고 하셨습니다(44절). 그러나
   나병 환자는 치료받은 사실이 꿈만 같아서 만나는 사람들에게 퍼뜨리고
   다녔습니다. 그래서 예수님께서는 사람들이 있는 동네로 못 들어가시고
   어디로 가셨을까요? 45절

나눔의 시간

1) 하나님은 어떤 분이십니까?
2) 무엇을 깨달았나요?
3) 적용합니다.
4) 묵상과 함께 하는 말씀기도

내일의 양식 : 마가복음 2:1~12

열정이 있으면 다 있고
열정이 없으면 다 없다

가장 먼저 있어야 할 것은 하나님을 사랑하는 열정이다. 그러나 하나님을 사랑하는 열정이 나에게서 보이지 않을 때 내가 불쌍해 보인다. 아무리 가진 것이 없고 지식이 부족해도 하나님만 사랑하는 열정만 보이면 희망이 있다. 일은 열심히 하는데 마음에서 열정이 나오지 않으면 타성이나 습관에 걸려있는 것이다. 나 같은 사람에게 나타나는 두렵고 무서운 매너리즘(mannerism)이다.

예수님께서 가버나움에 가셨을 때 사람들이 많이 모여서 문 앞조차도 들어설 자리가 없었다. 이때 중풍병 환자를 데리고 간 네 사람의 친구들이 도저히 주님 앞으로 갈 수 없어서 지붕으로 올라가서 기왓장을 걷어내고, 구멍을 뚫어서 침대를 예수님 앞으로 달아 내렸다. 예수님께서는 이들의 열정을 보시고, 죄 사함뿐만 아니라 병까지 치료해 주셨다. 이는 영혼구원과 몸의 치료가 동시에 임한 파격적인 일이다(막 2:10~11).

믿음과 소망이 있어도 사랑이 없으면 아무것도 아니라는 것을 아브라함과 이삭과 야곱과 요셉의 가문을 통해 배울 수 있다. 이들은 흙으로 돌아가서 없어질 육신의 뼈까지 헤브론 막벨라 굴에 안장하기를 어디에서나 사모하며 살았다. 요셉은 아버지 야곱의 유언을 받들기 위해서 아버지가 돌아가시자 애굽을 떠나 헤브론까지 가서 장례를 마치고 돌아오는 데 97일이나 걸렸으며, 자신도 유언하기를 너희가 애굽에서 반드시 떠날 것인데 그때 내 해골을 아버지의 유골이 있는 막벨라 굴에 안장하라는 간절한 부탁을 남겼다(창 50:25). 이스라엘 백성들이 출애굽을 하면서 요셉의 해골을 막벨라 굴로 옮기는데 광야에서만 40년이 걸렸다(출 13:19).

내가 하나님을 좋아하게 된 이유 중의 하나는 하나님 아버지의 열정 때문이다. 나를 너무나 사랑해서 질투한다고 하시니 행복했다. 질투하시는 주님과의 동행, 그 이상은 없다. 주님께서는 모든 일을 잘 참으시는데 자기의 사랑을 다른 사람에게 빼앗기는 것에 대해서는 힘들어하신다(출 20:5, 34:14, 신 4:24, 5:9, 6:15, 29:50, 32:16, 32:21, 수 24:19).

비가 오다가 멈추고 구름 사이에서 빛이 내리쬐는데 천지를 분간하지 못하고 길 밖으로 나오는 지렁이와 같이 오른쪽과 왼쪽을 분간하지 못해도 하나님을 사랑하는 열정, 이것 하나만 식지 않으면 길을 잃고 방황하는 순간에도 끝까지 지켜 주시고 사랑까지 받는다는 것을 체험적으로 알았다. 창세기 27장을 묵상하다가 깨어진 이삭의 가정이 하나님을 사랑하는 그 열정 하나 때문에 28장에서 다시 회복하는 모습을 보고 행복했다. 또, 주님께서는 지렁

이와 같이 앞과 뒤를 분간하지 못하지만, 하나님을 사랑하는 야곱의 그 열정을 사랑한다고 말씀하셨다(사 41:14).

주님께서는 자신을 열정적으로 사랑하고 있는 사람을 얼마나 귀히 여기고, 소중한 것을 주고 싶어 하시는지 로마서 8장 32절을 보면, 그 말씀을 의심할 정도였다. 이 사랑을 예수님께서도 증명하셨고 지금도 실천하신다. 사실 우리가 받은 것들 중에 가장 귀하고 소중한 것들은 미처 구하지도 못하고 생각조차 못한 것들이 대부분이다. 믿음 생활은 열정 없으면 다 없고 열정 있으면 다 있다. "오, 주님이시여! 나를 리브가처럼 열정의 끈으로 예수님과 함께 묶어서 함께 살고 함께 죽어 부활의 아침을 맞이하게 해 주세요"(롬 8:38~39). "오! 주님이시여! 나의 처음 사랑이 끝 사랑이 되게 해주세요!" 그래서 나는 공적인 자리에서 오래전부터 이렇게 수없이 선포하며 말했다. "나도 하나님 아버지 없이는 단 한 순간도 못 살지만, 하나님도 나 없이는 못 사신다." 아멘&샬롬.

마가복음 2:1~12

1 며칠이 지나서, 예수님께서 다시 가버나움으로 들어가셨다. 예수님께서 집에 계신다는 말이 퍼지니, **2** 많은 사람이 모여들어서, 마침내 문 앞에조차도 들어설 자리가 없었다. 예수님께서 그들에게 말씀을 전하셨다. **3** 그 때에 한 중풍병 환자를 네 사람이 데리고 왔다. **4** 무리 때문에 예수님께로 데리고 갈 수 없어서, 예수님께서 계신 곳 위의 지붕을 걷어내고, 구멍을 뚫어서, 중풍병 환자가 누워 있는 자리를 달아 내렸다. **5** 예수님께서는 그들의 믿음을 보시고, 중풍병 환자에게 "이 사람아! 네 죄가 용서받았다"하고 말씀하셨다. **6** 율법학자 몇이 거기에 앉아 있다가, 마음속으로 의아하게 생각하기를 **7** '이 사람이 어찌하여 이런 말을 한단 말이냐? 하나님을 모독하는구나. 하나님 한 분 밖에, 누가 죄를 용서할 수 있는가?' 하였다. **8** 예수님께서, 그들이 속으로 이렇게 생각하는 것을 곧바로 마음으로 알아채시고 그들에게 말씀하셨다. "어찌하여 너희는 마음속에 그런 생각을 품고 있느냐? **9** 중풍병 환자에게 '네 죄가 용서받았다' 하고 말하는 것과 '일어나서 네 자리를 걷어서 걸어 가거라' 하고 말하는 것 가운데서, 어느 쪽이 더 말하기가 쉬우냐? **10** 그러나 인자가 땅에서 죄를 용서하는 권세를 가지고 있음을 너희에게 알려주겠다." -예수님께서 중풍병 환자에게 말씀하셨다. **11** "내가 네게 말한다. 일어나서, 네 자리를 걷어서 집으로 가거라." **12** 그러자 중풍병 환자가 일어나, 곧바로 모든 사람이 보는 앞에서 자리를 걷어서 나갔다. 사람들은 모두 크게 놀라서 하나님을 찬양하고 "우리는 이런 일을 전혀 본 적이 없다" 하고 말하였다.

질문을 만들고 그 답을 말씀에서 찾습니다.

1) 예수님께서 가버나움에 있는 집으로 오셨다는 말이 퍼지니 사람들이 꽉 메워서 드나들 수 없었습니다. 그중에는 중풍병 환자를 데리고 온 네 사람이 사람들이

많아서 예수님 앞으로 갈 수 없다고 판단하고 어떤 방법을 취했나요? 4절

2) 친구가 고침을 받아야 한다는 네 사람의 열정적 사랑에 감동하신 예수님께서
   무엇이라고 말씀하셨나요? 5절

3) 혼자서 하는 것과 함께하는 것에는 어떤 차이가 있을까요? [전도서 4:12]

4) 이 자리에 있던 율법학자 몇 사람이 마음속으로 '이 사람이 어찌하여
   이런 말을 한단 말이냐? 하나님을 모독하는구나. 하나님 한 분 밖에, 누가
   죄를 용서할 수 있는가?'를 예수님께서 아시고(7절) "어찌하여 너희는
   마음속에 그런 생각을 품고 있느냐?"라고 말씀하시면서(8절) 무엇이라고
   말씀하시나요? 9절

5) 예수님께서 나는 어느 쪽이든 다 할 수 있다고 하시면서 이렇게
   말씀하셨습니다. "네 죄가 용서받았다"고 말하는 것과 "일어나서 네 자리를
   걷어서 걸어가라"는 것 중에 어느 말이 더 쉽냐고 물으시면서 중풍병자에게
   무엇이라고 말씀하셨나요? 11절

6) 예수님께서는 죄사함을 선포하셨습니다. 죄사함을 받는 것과 병고침 받는
   것은 어떤 관계로 연결되어 있을까요? [이사야 59:1~3]

나눔의 시간

1) 하나님은 어떤 분이십니까?
2) 무엇을 깨달았나요?
3) 적용합니다.
4) 묵상과 함께 하는 말씀기도

내일의 양식 : 마가복음 2:13~17

마가복음 묵상과 나눔

예수님께서
함께 있고 싶어 하는 사람들

예수님께서 먼저 다가가서 함께 있고 싶을 정도로 주님의 눈에 쏘~옥든 사람은 누구일까요? 나는 이런 사람이 되고 싶었다. 누구일까? 낮아진 사람들이다. 그래서 예수님께서는 죄인과 세리와 창기들이 하늘나라에 먼저 들어간다고 깜짝 공개하셨다. 하늘나라는 어디에 있을까? 하늘나라는 ①내 안에 있다가 ②너와 나 사이에서 예수님으로 마음이 열리고 ③그 나라가 우리 모두에게 임하기를 기도하다가 ④하늘에 속한 사람으로 세상에 증거된다. 이 순서로 하늘나라는 땅과 하늘을 오르락내리락한다(요 1:51, 창 28:12).

그러나 이런 기쁨을 누리지 못하는 사람은 누구인가? 교만한 사람이다. 교만한 사람은 죄가 태산같이 쌓여 있는 자신의 마음과 거울에 나타나는 자기의 얼굴을 보지 못한다. 내가 그런 사람이었는데 다행히도 주님의 큰 은혜로 고난을 받으며 꼬꾸라진 상태에서 주님보다 내 교만을 먼저 보게 되었다(히 12:6, 계 3:19). 내 자신을 추억해 볼 때 교만한 사람은 어떤 일을 생각하거나 말할 때 자기의 선한 의와 자랑을 잘도 연결하여 생각한다. 물론 하나님께 대한 감사와 은혜도 섞여 있지만 자기 의와 자랑이 함께 튀어나온다.

내가 풀무불과 같은 고난의 용광로에 들어갔던 때를 생각해 보면 어렵지 않게 검증할 수 있다. 고난은 언제 끝이 나는가? 자기가 하나님 앞과 사람 앞에서 옳다고 생각하는 것들이 죽고 온유해지면 고난은 끝난다. 그래서 나같이 천인공노할 죄에서 용서받은 죄인이 주님만을 바라보면서 살고 싶어 한다. 그나마 이렇게라도 끊어지지 않고 이어진 것은 나의 정체성이 고린도전서 1장 27절이었다는 사실을 알고 난 이후다. 죄 없으신 거룩하신 분이 죄인과 세리와 창기들과 친구가 되셨다. 이것은 물리적으로 하나가 될 수 없는 거룩하신 예수님과 죄악이 한자리에 동석하는 놀라운 일이다. 어떻게 이런 일이 가능할까? 신분 때문이 아니라 낮아진 마음 때문이다.

예수님의 생애를 보면 땅에 계실 때에도 이들과 가까이하셨고 부활 후에도 첫 번째로 만나 주셨다. 예수님의 시신이 안치된 요셉의 동굴무덤으로 제자들도 왔지만, 주님께서 만나 주지 않으셨다. 그러나 막달라 마리아는 동굴무덤에 가서 예수님의 시신이 없는 것을 확인하고 돌아가지 않았다. 예수님의 시신을 자기가 가지고 가야 한다고 말하면서 울고 있는 마리아를 보고 계시다가 나타나셨던 것은 주님의 끓어오르는 사랑이 더 이상 그대로 멈출 수 없는 임계점을 지났기 때문이다. 이와 같은 은혜는 지금도 마음과 몸을 다하여 예수님을 사랑하는 자들에게서 볼 수 있다(요 4:26). 예수님을 사랑하는 사랑이 죄와 죽음을 삼키게 하고 승리를 주시는 하나님 아버지께 감사를 드린다(고전 15:57).

내일 일을 생각하지 않는 막달라 마리아와 같은 참사랑은 어디에서 나올까? 예수님으로부터 받았던 사랑을 잊지 않음에 있다. 이 사랑은 실패한 자들에게서 지금도 이어진다. 이들은 자신이 깨지고 상한 실패자라는 것과 얼마나 큰 죄인이었다는 것을 결코 잊지 않는다. 예수님께서는 죄인과 세리와 창기들과 친구가 되어서 함께 먹고 함께 지내시는 것에 대한 비난과 조롱을 수치스럽게 생각하지 않으시고 언제나 이들과 함께 있고 싶어 하신다. 그 이유는 어디에 있을까? 이들에게는 예수님이 전부이기 때문이다. 내가 다시 힘을 얻는 것은 예수님께서 후에 갈릴리에서 실패자 베드로의 사랑을 받아 주시고 사명을 주셨기 때문이다(요 21:17). 아멘&샬롬.

기적 플러스⁺

마가복음 2:13~17

13 예수님께서 다시 바닷가로 나가셨다. 무리가 모두 예수님께로 나아오니, 그가 그들을 가르치셨다. **14** 예수님께서 길을 가시다가, 알패오의 아들 레위가 세관에 앉아 있는 것을 보시고 말씀하셨다. "나를 따라오너라." 레위는 일어나서, 예수님을 따라갔다. **15** 예수님께서 그의 집에서 음식을 잡수시는데, 많은 세리와 죄인들도 예수님과 그의 제자들과 한 자리에 있었다. 이런 사람들이 많이 있었는데 그들이 예수님을 따라왔던 것이다. **16** 바리새파의 율법학자들이, 예수님께서 죄인들과 세리들과 함께 음식을 잡수시는 것을 보고, 예수님의 제자들에게 말하였다. "저 사람은 세리들과 죄인들과 어울려서 음식을 먹습니까?" **17** 예수님께서 그 말을 들으시고 그들에게 말씀하셨다. "건강한 사람에게는 의사가 필요하지 않으나, 병든 사람에게는 필요하다. 나는 의인을 부르러 온 것이 아니라 죄인을 부르러 왔다."

질문을 만들고 그 답을 말씀에서 찾습니다.

1) 예수님께서 집을 떠나 바닷가로 나가셨을 때 사람들이 오자 하늘나라 복음을 가르치셨습니다. 그리고 제자들과 함께 길을 걷다가 직장에서 세금을 걷고 있는 마태 레위를 부르시니 그가 어떻게 반응하나요? 14절

2) 알패오의 아들 레위는 마태복음을 기록한 사람입니다. 그는 곧바로 예수님을 모시고 자기 집으로 가서 무엇을 대접했나요? 15절

3) 시장하셨던 예수님께서 한참 식사하고 계실 때에 품격과 사회적 레벨을 중시하던 종교인들이 제자들에게 말하기를 신분이 낮고 천한 사람들과 음식을 먹고 있는 당신들의 선생이 우리에게 무슨 본이 되겠냐고 어떤 말로 불평을 하나요? 16절

4) 예수님께서 들으시고 내가 세상에 온 이유와 목적이 무엇이라고 자신의
   정체성을 말씀해 주시나요? 17절

5) 세리와 창기와 죄인들이 누구의 말을 듣고 순종했기에 너희들보다 먼저
   하나님의 나라에 들어간다고 말씀하셨나요? [마태복음 21:32]

나눔의 시간

1) 하나님은 어떤 분이십니까?
2) 무엇을 깨달았나요?
3) 적용합니다.
4) 묵상과 함께 하는 말씀기도

내일의 양식 : 마가복음 2:18~22

새 포도주와
새 부대가 되신 예수님

예수님께서는 새 부대와 새 포도주로 오셨다. 이것은 가나 혼인 잔칫집에서 물이 변하여 포도주가 된 것과 같다. 물이 변하여 포도주가 된 기적을 알고 있는 사람들은 순종하는 일꾼들뿐이다. 이 물은 어디에서 떠 왔는가? 이 집에는 정결 예법을 따라 돌로 만든 물 항아리 여섯이 놓여 있었는데 그 항아리에서 물을 떠서 예수님께 가져다드렸다. 이 물 항아리는 구약 성전에 물두멍과 같은 것이다. 물두멍은 회막과 제단 사이에 두고 모세와 아론과 그 아들들이 수족을 씻고(출 30:18~19) 죽기를 면했다. 일꾼들이 이와 같은 항아리에서 물을 떠서 예수님께 드리니 물이 변하여 포도주가 되었다.

하나님 아버지가 춤을 추게 하려면 순종하면 된다. 예를 들면, 하루가 시작되는 24시간 중에 첫 시간을 말씀묵상과 말씀기도로 드리면 주님께서 기뻐서 춤을 추신다. 누구든지 하나님의 나라와 의를 먼저 구하면 일상의 삶에서 기적이 나타난다. 사람들은 처음에 예수님을 주와 그리스도로 영접하면 주인과 종의 관계로 시작된다. 그다음은 말씀을 통해서 학습을 받으면서 제자와 스승의 관계로 지내다가, 순종이 계속되면 친구로 지내다가(요 15:15), 아버지와 아들의 가족관계가 된다(롬 15:15, 엡 2:19, 새번역). 이 사람이 예수님께서 오시는 그날에 신부가 되어 신랑 되신 예수님을 맞이하게 된다. 나는 안타깝게도 10년 넘게 주인과 종의 관계[主從關係]로 지냈다. 예를 들면 구약 성도로 10년을 넘게 지낸 것이다. 이렇게 늦어진 이유를 돌이켜 생각해 보면 하나님께 대한 무지 때문이었다. 그래서 내 경우를 두고 말하자면, 하나님을 아는 것과 모르는 것의 거리는 천국과 지옥만큼이나 떨어져 있는 것과 같다.

주님께서는 성도가 예수님과 신부 관계인 것을 알려주기 위해서 혼인 잔칫집에서 물이 변하여 새 포도주가 되게 하셨다. 이런 관점을 가지고 마가복음 2장 18~22절을 다시 읽어보면 새 가죽 부대와 새 포도주의 뜻이 분명해진다. 이것은 새 언약의 시대가 열렸음을 선포하는 첫 번째 기적이다. 이제 성도는 예수님과 혼인할 것을 서약하고 새 부대가 되어 새 옷을 입은 약혼자가 되는 것이다. 약혼자에게 필요한 것은 순결이다. 약혼자는 순결한 몸으로 예수님의 가슴에 나를 드려야 자기 인생을 완성하고 행복한 날들을 보내게 되는데 이것은 창조 때부터 남편의 가슴에서 갈비뼈를 뽑아 신부를 만든 것과 같다(창 2:21). 그리스도와 교회에 대해서 말하는 큰 비밀이다(엡 5:32). 이 비밀은 그리스도를 말하는데(골 1:27), 이는 신랑 되신 예수님과 하나가 된 교회가 땅과 하늘에 있는 문들을 열기도 하고 닫기도 한다(마 16:19).

이제 새 부대로 새 옷을 입은 약혼자는 새 포도주를 자신의 새 부대에 날마다 담을 수 있다. 새 포도주로 오신 예수님은 새 언약이며 약혼자와 그날에 결혼하기로 약속한 신랑이 된다. 구원받은 그리스도인들은 오늘도 예수님께서 입혀 주신 새 부대에 말씀을 담는다. 이 사람은 언제든지 자신의 부대에 담겨 있는 새 포도주를 마음껏 마실 수 있다. 약혼자가 된 신부는 예수님과 함께 이 땅에서 살아가는 동안에 그 배에서 생수의 강이 흘러넘치는 사람이 된다(요 7:38). 아멘&샬롬.

마가복음 2:18~22

18 요한의 제자들과 바리새파 사람들은 금식하고 있었다. 사람들이 예수님께
와서 물었다. "요한의 제자들과 바리새파 사람의 제자들은 금식하는데, 왜
선생님의 제자들은 금식하지 않습니까?" **19** 예수님께서 그들에게 말씀하셨다.
"혼인 잔치에 온 손님들이, 신랑과 함께 있는 동안에 금식할 수 있느냐? 신랑을
자기들 곁에 두고 있는 동안에는 금식할 수 없다. **20** 그러나 신랑을 빼앗길
날이 올 터인데, 그날에는 그들이 금식할 것이다." **21** "생베 조각을 낡은 옷에
대고 깁는 사람은 없다. 그렇게 하면 새로 댄 조각이 낡은 데를 당겨서, 더욱더
심하게 찢어진다. **22** 또, 새 포도주를 낡은 가죽 부대에 담는 사람은 없다. 그렇게
하면 포도주가 가죽 부대를 터뜨려서, 포도주도 가죽 부대도 다 버리게 된다. 새
포도주는 새 가죽 부대에 담아야 한다."

질문을 만들고 그 답을 말씀에서 찾습니다.

1) 세례 요한과 바리새파 사람들이 예수님께 와서 따졌습니다. "우리는 금식하는데
   선생님의 제자들은 왜 금식하지 않습니까?" 예수님께서는 무엇이라고
   대답하셨나요? 18~22절

2) 세례 요한의 제자들과 바리새파 사람들이 우리는 금식하고 있는데 너희는 왜
   안 하느냐고 말하는 것이 과연 옳을까요? [마태복음 6:16]

3) 예수님께서 "지금은 즐거운 결혼식 중이라 빵과 포도주를 아낌없이 먹고
   있는데 금식을 할 수 있겠느냐?"라고 하시며 금식할 때가 언제 온다고
   하셨나요? 20절

4) 신랑을 빼앗기는 날은 언제를 말할까요? [마태복음 27:1~2]

5) 새로 구입한 스카프를 잘라서 찢어진 작업복에 대고 깁거나 깨진 병에다

포도주를 담는 사람은 없습니다. 새 포도주와 새 언약은 어디에 담는다고 말씀하셨나요? 22절하

6) 새 부대에 새 포도주를 담은 사람들은 누구를 말할까요? [고린도후서 5:17]

7) 새 가죽부대 안에 들어 있는 새 포도주는 무엇을 말할까요?
   [요한복음 7:38~39]

나눔의 시간

1) 하나님은 어떤 분이십니까?
2) 무엇을 깨달았나요?
3) 적용합니다.
4) 묵상과 함께 하는 말씀기도

내일의 양식 : 마가복음 2:23~28

| # 안식 가운데 있는 사람은
행복한 사람입니다

예수님께서 하신 3가지 사역 가운데 진정한 안식을 나누어 주는 것이 큰 자리를 차지하고 있다. 왜냐하면 주님의 입장에서 안식은 우리에게 중요하기 때문이다. 모든 것을 다 갖추었어도 안식이 없으면 진정한 평안은 없다. 우리는 사망의 음침한 골짜기와 원수의 목전에서도 흔들리지 않는 안식으로 인하여 주님을 나의 목자라고 고백할 수 있다. 안식은 더 이상은 부족함이 없는 최상의 상태요, 그때 오는 믿음은 평안으로 증명된다.

베드로를 구하려고 감옥으로 찾아간 천사가 안식과 평안 가운데 깊이 자고 있는 베드로를 깨우기 위해서는 옆구리를 쳐야만 했고(행 12:7), 사드락과 메삭과 아벳느고는 주님께서 우리를 구하지 않으셔도 우리는 금으로 만든 신상을 섬기지 않겠다고 안식과 평안 가운데 풀무불 속으로 들어갔을 때 불 속에서 예수님을 만나고 다시 나왔다(단 3:25). 다니엘도 자기의 전부를 드리고 기도하다가 안식과 평안 가운데 사자 굴로 들어갔을 때 사자는 다니엘을 보고 그 입도 열지 못했다.

하나님께서는 그가 하시던 일을 마치시고 일곱째 날에 안식하셨다. 그리고 이날을 복되고 거룩하게 하시고 안식하셨다(창 2:1~3). 하나님 아버지께서는 이렇게 부족함이 없는 영생의 안식을 우리에게 주고 싶으신 것이다. 이분이 바로 내가 믿는 나의 주 나의 하나님이다. 안식이 없는데 진수성찬과 좋은 것들이 무슨 소용이 있을까? 마음의 평안이 없고 단잠이 없는데 누가 하루를 평안하게 지낼 수 있을까?

주님은 안식일에만 안식의 주인이 아니다. 그리스도인에게는 모든 날이 안식일이며 안식이다. 믿음과 안식은 손바닥과 손등의 관계다. 그리스도인은 죽음 앞에서도 주 예수님만을 바라보며 안식하기를 기뻐한다. 왜냐하면 육신을 떠나야 그 영과 혼이 주님 곁으로 갈 수 있기 때문이다.

그러나 우리는 육신을 떠나야 영혼이 안식하는 것은 아니다. 믿는 사람들은 이미 하나님의 안식 가운데 들어와 있기에(히 4:3) 예수님 한 분으로 충분하고 넉넉하다. 이것은 그 어떤 것으로도 그 자리를 대신할 수 없도록 하나님께서 우리를 지으셨지만, 굳이 예를 들자면 엄마 품만 있으면 다 되는 아가와 같다. 하나님께서 내 아빠 아버지인 줄 알고(롬 8:15) 안식 가운데 머물러 있는 당신은 정말 행복한 사람이다(시 16:2). 아멘&샬롬.

기적 플러스⁺

마가복음 2:23~28

23 안식일에 예수님께서 밀밭 사이로 지나가시게 되었다. 제자들이 길을 내면서, 밀 이삭을 자르기 시작하였다. **24** 바리새파 사람이 예수님께 말하였다. "보십시오, 어찌하여 이 사람들은 안식일에 해서는 안 되는 일을 합니까?" **25** 예수님께서 그들에게 말씀하셨다. "다윗과 그 일행이 먹을 것이 없어서 굶주릴 때에, 다윗이 어떻게 하였는지를 너희는 읽지 못하였느냐? **26** 아비아달 대제사장 때에, 다윗이 하나님의 집에 들어가서, 제사장들 밖에는 먹어서는 안 되는 제단 빵을 먹고, 그 일행에게도 주지 않았느냐?" **27** 그리고 예수님께서는 그들에게 말씀하셨다. "안식일이 사람을 위하여 생긴 것이지, 사람이 안식일을 위하여 생긴 것이 아니다. **28** 그러므로 인자는 또한 안식일에도 주인이다."

질문을 만들고 그 답을 말씀에서 찾습니다.

1) 안식일에 무르익은 밀밭 사이로 제자들이 지나가다가 이삭을 자르는 것을 바리새인들이 보고 예수님께 무엇이라고 말하나요? 24절

2) 예수님께서 다윗과 그 일행들이 놉 땅에서 먹을 것이 없을 때 성소에 들어가 제사장, 아비아달로부터 안식일에 무엇을 받아먹었는지 어떤 내용을 읽어보지도 못 했느냐고 말씀하시나요? 26절

3) 예수님께서는 종교학자들이 판단하고 정죄할 때 말씀으로 증가하셨습니다. 이렇게 말씀으로 승리하는 통쾌한 일이 언제 있었을까요? [마태복음 4:4,7,10]

4) 이어서 예수님께서는 안식일은 누구를 위해서 존재한다고 말씀하셨나요? 27절

5) 안식일과 안식은 주님께서 주시는 부족함이 없는 최상의 상태입니다. 예수님께서 주시는 안식을 사람이 받으면 어떤 신앙고백이 그 입에서 나올까요? [시편 23:1]

나눔의 시간

1) 하나님은 어떤 분이십니까?

2) 무엇을 깨달았나요?

3) 적용합니다.

4) 묵상과 함께 하는 말씀기도

내일의 양식 : 마가복음 3:1~6

사람이 **하나님의 마음**을 감동시킬 수 있을까?

사람이 과연 그 크신 하나님을 감동시킬 수 있을까? 있다! 하나는 믿음이고 하나는 선하고 착한 마음을 갖고 있을 때다. 주님께서 믿음 때문에 감동받은 일은 마태복음 8장 10절에 나오는 백부장이고 선하고 착한 마음을 갖고 있어서 주님께서 감동받은 사건은 사도행전 9장 39절에 나오는 드로가다. 백부장은 돈주고 사온 자신의 종이 아파서 대신 구하러 예수님께 왔다가 예수님을 믿는 믿음 때문에 예수님을 크게 감동시켰고, 드로가는 죽었는데 모든 과부가 베드로를 찾아가서 서서 울며 도르가가 우리와 함께 있을 때 지은 속옷과 겉옷을 내보이면서 살려 달라고 눈물로 간구한다. 그리고 선하고 착한 드로가는 살아난다.

이렇듯 하나님께서는 믿음이 있는 사람과 선하고 착한 마음에 감동을 받으신다. 두 종류의 사람들이 전능하신 하나님께서 일하시는 동기다. 주님만을 바라보며 생각하는 믿음의 사람이나 마음이 선하고 착한 사람을 만나면서 하나님의 일하심은 시작된다. 내 관점으로는 에녹도, 노아도, 요셉도, 다니엘도, 사드락과 메삭과 아벳느고도, 다윗도, 요셉과 마리아도, 아리마대 사람 요셉도, 사도 요한도 믿음의 사람이요, 착하고 선한 사람이었다.

하나님께서는 지금도 착하고 선한 사람들을 빛 가운데 세워 놓고 일하신 다음에 그 사람에게서 영광과 기쁨을 받고 싶어 하신다. 90세가 넘은 한 노인이 착하고 선한 아이에게 이렇게 말하는 소리를 들었는데 그 한마디가 잊혀 지지 않는다. "내가 너보다 나이는 많지만, 너의 착한 마음을 존경한다!"

어떻게 사람이 착하고 선한 마음을 가질 수 있을까? 주님께서 새로운 영을 넣어 주어 그의 몸에서 돌같이 굳은 마음을 없애고, 살같이 부드러운 마음을 주셨기 때문이다(겔 11:19). 그러나 반대로 주님께서 탄식하는 사람은 굳어진 마음을 가진 자이다. 예수님께서는 굳어진 마음을 왜 탄식하실까? 하나님의 말씀이 그 마음에 들어갈 수 없고 머물 수 있는 공간이 없기 때문이다. 그러나 누구든지 예수님의 마음을 품고 있으면 하나님을 감동시킬 수 있다. 하나님의 마음을 감동시키는 이 순간이 아버지의 뜻이 하늘에서 이루심 같이 땅에서 이루어지는 때다. 이때가 하나님의 때인 카이로스(Καιρός)가 땅의 시간인 크로노스(Χρόνος)와 만나는 때다.

"내 이웃은 누구입니까?"라는 질문에 대해 예수님께서 사람이 강도를 만나서 고통을 받고 있는데 돌보아 주는 사람이라고 대답하셨다. 이 사람은 내가 주릴 때 먹을 것을 주었고, 목마를 때에 마시게 하였고, 나그네 되었을 때 영접하였고, 헐벗었을 때 옷을 입혔고, 병들었을 때 돌보았고, 옥에 갇혔을 때 나에게 자비를 베푼 사람이라고 하셨다. 내가 알고 있는 어떤 자매가 강도를 만나서 고통을 겪을 때 사람들이 모아둔 선한 사마리아 기금을 통해서 치료받은 일이 있었다. 착하고 선한 이 사람들이 하나님을 감동시킨 것이다. 아멘&샬롬.

기적 플러스+

마가복음 3:1~6

1 예수님께서 다시 회당에 들어가셨다. 그런데 거기에 한쪽 손이 오그라든 사람이 있었다. **2** 사람들은 예수님을 고발하려고, 예수님께서 안식일에 그 사람을 고쳐 주시는지를 보려고, 예수님을 지켜보고 있었다. **3** 예수님께서 손이 오그라든 사람에게 말씀하셨다. "일어나서 가운데로 나오너라." **4** 그리고 예수님께서 그들에게 말씀하셨다. "안식일에 선한 일을 하는 것이 옳으냐? 악한 일을 하는 것이 옳으냐? 목숨을 구하는 것이 옳으냐? 죽이는 것이 옳으냐?" 그들은 잠잠하였다. **5** 예수님께서 노하셔서, 그들을 둘러보시고, 그들의 마음이 굳어진 것을 탄식하시면서, 손이 오그라든 사람에게 말씀하셨다. "손을 내밀어라." 그 사람이 손을 내미니, 그의 손이 회복되었다. **6** 그러자 바리새파 사람들은 바깥으로 나가서, 곧바로 헤롯 당원들과 함께 예수님을 없앨 모의를 하였다.

질문을 만들고 그 답을 말씀에서 찾습니다.

1) 예수님이 안식일을 범하면 고발하려는 바리새파 사람들이 회당 안에 있는 것을 알면서 예수님께서는 한쪽 손이 오그라든 사람에게 무엇을 말씀하셨나요? 3절

2) 손이 오그라든 사람을 고치시기 전에 "안식일에 선한 일을 하는 것이 옳으냐? 악한 일을 하는 것이 옳으냐? 목숨을 구하는 것이 옳으냐? 죽이는 것이 옳으냐?"라고 물으니, 종교학자들이 무엇이라고 응답하나요? 4절하

3) 예수님께서는 율법주의자들의 마음이 굳어진 것을 보시고 탄식하시면서 손이 부끄러워 평생을 숨기고 다니던 사람에게 무엇이라고 한마디 하시나요? 5절

4) 사람이 예수님의 한마디 말씀을 들으면 어떻게 될까요? [시편 33:9, 마태복음 8:8, 새번역]

5) 예수님을 믿는 사람이라면 말씀을 묵상하고 기도하다가 예수님의 한마디 말씀을 들을 수 있습니다(시 1:2). 어떻게 하면 한마디 말씀을 들을 수 있을까요? [잠언 8:17]

6) 바리새파 사람들과 헤롯 당원들은 총명이 어두워지고 하나님의 생명에서 떠나 있었습니다(엡 4:18). 이들의 교만해지고 완고해진 마음은 어디서부터 시작되었을까요? [고린도전서 10:10]

나눔의 시간

1) 하나님은 어떤 분이십니까?
2) 무엇을 깨달았나요?
3) 적용합니다.
4) 묵상과 함께 하는 말씀기도

내일의 양식 : 마가복음 3:7~12

예수님께서는
치유하시고 회복하신다

예수님께서는 말씀으로 치유하시고 회복하시는 분이다. 만일 영과 혼과 몸의 건강을 원하는 사람이 있다면 먼저 말씀을 말씀으로 바르게 잘 듣고 아멘으로 응답한 다음에 그 말씀 가운데 깨달은 한마디 말씀을 마음에 담아 간직하고 부르짖어 기도하면 된다. 왜냐하면 예수님께서는 자기의 지식과 기도로 사람을 구원하기를 기뻐하시기 때문이다(사 53:11, 눅 1:77).

예수님께서는 바로 '그 말씀'으로 ①영도 살리고 ②마음도 치유하시고 ③몸도 회복시킨다(눅 21:38). 예수님께서 살리시고 치유하시고 고치시는 약은 말씀과 성령님이다(마 4:23). 누구든지 말씀을 듣고 어린아이처럼 순전하게 반응하면 치유가 나타난다. 하나님의 길을 알고 믿음이 부족한 나 같은 죄인도 구원받았다(마 8:8~13). 자기 귀에 들려온 '그 말씀'을 귀히 여기고 간직했다가 기도로 구하면 된다. 말씀이 내 안에서 깨달아지고 내게 들어오는 은혜는 솔직함이다. 사람이 말씀 앞에서 정직하면 내 안으로 들어오셔서 나를 치유하시고 넉넉한 자유함까지 누리게 하신다(요 8:31~32).

말씀묵상을 하면서 말씀이 사람에게 들어가면 마음과 몸은 치료가 시작된다. 그래서 바울 사도는 우리의 속사람을 위해서 이렇게 기도하라고 권면했다. "내가 하늘과 땅에 있는 각 족속에게 이름을 주신 아버지 앞에 무릎을 꿇고 기도하오니 하나님의 영광의 풍성함을 따라 그의 성령님으로 말미암아 너희 속사람을 능력으로 강건하게 하시오며 믿음으로 말미암아 그리스도께서 너희 마음에 계시게 하시고 너희가 사랑 가운데서 뿌리가 박히고 터가 굳어져서 능히 모든 성도와 함께 지식에 넘치는 그리스도의 사랑을 알고 그 너비와 길이와 높이와 깊이가 어떠함을 깨달아 하나님의 모든 충만하신 것으로 너희에게 충만하게 하시기를 기도합니다. 우리 가운데서 역사하시는 능력대로 우리가 구하거나 생각하는 모든 것에 더 넘치도록 능히 하실 이에게 교회 안에서와 그리스도 예수 안에서 영광이 대대로 영원무궁하기를 기도합니다"(엡 3:14). 아멘.

바울은 예수님이 그리스도이심을 전하는데 루스드라에서 나면서부터 한 번도 발을 쓰지 못한 사람이 마음을 다해서 듣고 있는 얼굴을 보고 그에게서 구원을 얻을 만한 믿음이 있는 것을 알고 "네 발로 바로 일어서라"고 말하니 일어나 걸었다(행 14:8~10). 베드로도 백부장 고넬료의 집에서 하나님의 말씀을 전할 때에 마음을 다해서 말씀을 듣고 있는 모든 사람에게 성령님께서 임하셨다(행 10:44). 사람이 미련하고 어리석어도 바른 말씀이 전해지는 곳에는 치유와 회복의 역사가 지금도 일어난다(고전 1:21). 능력은 사람에게 있지 않고 바른 '그 말씀'에 있다.

나는 30대 중반을 지나고 뒷머리가 4~5초마다 송곳으로 파듯이 아파서 견딜 수가 없었다. 나는 짐을 싸서 기도원으로 올라갔다. 물론 병원으로 가야 하는데 병원은 생각조차 못 했다. 기도원에 가서 4박 5일 동안 성경말씀을 읽고 기도하기를 반복했다. 왜 그런지 이유도 없이 눈물을 그냥 흘렸다. 아마 머리가 아파서 서러워 울었던 것 같다. 머리는 여전히 아팠다. 그리고 주일이 가까워서 집으로 돌아왔다. 머리는 약도 먹지 않고 나도 모르는 사이에 주일이 지나고 치료되었다. 아버님과 남동생은 머리가 아파서 50대 중반에 세상을 떠나셨는데 나는 35년이 지난 지금까지도 머리가 아프지 않다. 예수님의 말씀과 기도가 치료하셨다(눅 7:7). 아멘&샬롬.

기적 플러스⁺

마가복음 3:7~12

7 예수님께서 제자들과 함께 바닷가로 물러가시니, 갈릴리에서 많은 사람이 따라왔다. 또한 유대와 **8** 예루살렘과 이두매와 요단 강 건너편과 그리고 두로와 시돈 근처에서도, 많은 사람이 그가 하신 모든 일을 소문으로 듣고, 그에게로 몰려왔다. **9** 예수님께서는 무리가 자기에게 밀려드는 혼잡을 피하시려고, 제자들에게 분부하여 작은 배 한 척을 마련하게 하셨다. **10** 그가 많은 사람을 고쳐 주셨으므로, 온갖 병으로 고통 받는 사람들이, 누구나 그에게 손을 대려고 밀려들었기 때문이다. **11** 또 악한 귀신들은 예수님을 보기만 하면, 그 앞에 엎드려서 외쳤다. "당신은 하나님의 아들입니다." **12** 그러면 예수님께서는 "나를 세상에 드러내지 말아라" 하고, 그들을 엄하게 꾸짖으셨다.

질문을 만들고 그 답을 말씀에서 찾습니다.

1) 예수님께서는 회당에서 나오셔서 갈릴리 바닷가로 가시니 많은 사람이 몰려와서 혼잡을 피하려고 배를 조금 띄어서 바람을 등지고 말씀을 전하셨습니다. 예수님의 목소리는 뒤에서 불어오는 바람을 타고 멀리까지 들렸습니다. 이때 전하신 말씀은 어떤 말씀일까요? [마태복음 12:15~21]

2) 예수님께서는 상한 갈대를 꺾지 아니하며 꺼져가는 심지를 끄지 아니하신다는 주제로 말씀을 전하신 다음에 온갖 병으로 고통받는 사람들을 그냥 돌려보내지 않으시고 어떻게 하셨을까요? 10절

3) 그들 가운데 있던 귀신들이 예수님을 알아보고 "당신은 하나님의 아들입니다" 라고 예수님께 말하자 무엇이라고 엄하게 꾸짖으셨나요? 12절

4) 예수님께서는 그리스도로 오셨음을 증거하러 오셨는데 왜 "나를 세상에 드러내지 말라"고 엄하게 말씀하셨을까요? [요한복음 7:1]

5) 예수님께서는 자신의 죽을 장소와 때(카이로스:Καιρός)는 하나님 아버지께서
   정하셨기에 사람의 때(크로노스Χρόνος)를 피하기 위해서 "나를 세상에
   드러내지 말라"고 하셨습니다. 하나님께서 정하신 때와 장소는 어디일까요?
   [누가복음 13:33]

6) 믿음의 사람들이 이 진리를 깨닫고 성령님의 음성을 듣고 하나님의 때를
   기다렸다가 말하고 행동하면 어떤 일이 있을까요? [사무엘상 3:19]

7) 누가 충성스러운 하나님의 종이며, 하나님께서도 모든 소유를 충성스러운
   사람에게 맡기실까요? [누가복음 12:42~44]

나눔의 시간

1) 하나님은 어떤 분이십니까?
2) 무엇을 깨달았나요?
3) 적용합니다.
4) 묵상과 함께 하는 말씀기도

내일의 양식 : 마가복음 3:13~19

| # 일상의 기적은
하나님의 나라와 의를 구하다가
저절로 나타난다

이성적이고 논리적이고 합리적인 믿음을 가지고 있는 사람들이 있다. 이 것을 율법 안에서 바르게 사용하며 살아가는 사람은 세상을 바르게 볼 줄 아는 믿음이 있는 사람이다. 예수님께서는 벳세다 광야에서 제자들에게 오천 명이 넘는 사람들의 저녁을 준비하려면 "우리가 어디서 떡을 사서 이 사람 들을 먹이겠느냐"고 물었다. 빌립은 말하기를 사람들에게 조금씩 주어도 이 백 데나리온의 돈이 있어도 모자란다고 이성적으로 계산해서 말씀을 드렸 다. 빌립의 말이 틀리지 않았다. 곁에서 듣고 있던 안드레가 말한다. "여기에 보리빵 다섯 개와 물고기 두 마리를 가지고 있는 한 아이가 있습니다. 그러나 이렇게 많은 사람에게 이것이 무슨 소용이 있겠습니까?"(요 6:9)라고 말씀을 드렸다. 예수님께서는 "사람들을 앉게 하여라" 하시고 떡과 물고기를 가지 시고 하늘을 우러러 감사로 기도하시자 들어 올리신 예수님의 팔을 타고 빵 과 물고기가 내려와 사람들을 배불리 먹이셨다. 여기에서 우리는 오병이어 의 기적이 어떻게 지금도 일어나고 있는지를 생각해 보자.

중요한 것은 예수님께서 먹는 문제를 먼저 꺼내시고 이 일을 시작하셨다는 것이다. 왜 예수님께서 이 일을 먼저 말씀하시고 시작하셨을까? 그것은 사람들이 예수님의 말씀을 들으려고 따라다녔으며 예수님께서는 큰 무리를 보시고, 불쌍히 여기시고 있는데 빈들에서 해는 지고 먹을 것이 없었던 것이다(마 14:15).

　　성도는 믿음 생활을 할 때 하나님께서 주시는 오병이어와 같은 물질이 필요하다. 그러나 이들이 먼저 한 일이 무엇인가? 예수님을 따라다니며 말씀을 듣고 은혜를 받는 일이다. 이것은 먼저 그의 나라와 그의 의를 구하는 일이다. 이때 모든 것을 더하시는 하나님의 축복이 이들에게 나타난 것이다. "너희는 먼저 그의 나라와 그의 의를 구하라 그리하면 이 모든 것을 너희에게 더하시리라"(마 6:33). 하나님의 나라와 의를 먼저 구하는 사람에게 하나님께서는 그 사람이 필요로 하는 것을 주신다는 진리다.

　　하나님의 때란 언제를 말하는가? 하나님의 때는 하늘에 계신 아버지로부터 말씀이 오는 때를 말한다(요 5:19). 그렇다면 아버지의 때는 언제 올까? 우리가 하나님의 나라와 하나님의 의를 먼저 구하며 일상의 삶을 살아갈 때 하나님의 때는 그 사람에게 온다. 예수님께서는 가나의 혼인 잔칫집에서 아직 내 때가 오지 않았다고 어머니 마리아에게 말씀하셨다(요 2:4). 그러나 얼마 안 되어서 아버지로부터 말씀이 오자 바로 순종하셨고 물이 변하여 포도주가 되었다. 그리고 자기의 종들에게 이 진리를 남기셨다. 누가 충성스러운 제자이며 주인의 모든 것을 받을 수 있는 사람인가를 주제로 말씀하신 후에 때를 따라 양식을 나누어 주는 자라고 하셨다(마 24:45~47). 때를 따라 양식을 나누어 주는 자가 누구일까? 일상의 삶을 예수님과 함께 동행 하다가 하나님의 말씀이 오면 말할 것은 말하고 순종하는 사람들이다. 우리가 할 일은 하나님의 때를 얻으려고 노력하는 것이 아니라 하나님의 나라와 의를 먼저 구하는 일이다. 이때 평범한 일상의 삶에서 기적을 만난다. 아멘&샬롬.

기적 플러스⁺

마가복음 3:13~19

¹³ 예수님께서 산에 올라가셔서, 원하시는 사람들을 부르시니, 그들이 예수님께로 나아왔다. ¹⁴ 예수님께서 열둘을 세우시고 그들을 또한 사도라고 이름하셨다. 이것은, 예수님께서 그들을 자기와 함께 있게 하시고, 또 그들을 내보내어서 말씀을 전파하게 하시며, ¹⁵ 귀신을 쫓아내는 권능을 가지게 하시려는 것이었다. 16 예수님께서 열둘을 임명하셨는데, 그들은, 베드로라는 이름을 덧붙여 주신 시몬과, ¹⁷ '천둥의 아들'을 뜻하는 보아너게라는 이름을 덧붙여 주신 세베대의 아들들인 야고보와, 그의 동생 요한과, ¹⁸ 안드레와 빌립과 바돌로매와 마태와 도마와 알패오의 아들 야고보와 다대오와 열혈당원 시몬과, ¹⁹ 예수님을 넘겨준 가룟 유다이다.

질문을 만들고 그 답을 말씀에서 찾습니다.

1) 예수님께서 동산에 올라가셔서 자신이 원하는 사람들을 부르시니 그들이 주님 앞으로 나왔습니다. 12명을 불러서 '사도'(아포스톨로스, ἀποστολος)라는 이름을 주셨는데 그 목적은 그들로 자신과 함께 있게 하고 또 그들을 보내셔서 무엇을 하게 하셨을까요? 14절하

2) 나와 뜻을 같이하여 나와 함께 있고 내 이름으로 나가서 말씀을 전파하게 하시려고 '사도'라는 이름을 붙여 주시고 이 일을 효과적으로 하게 하시려고 어떤 은사까지 주셨을까요? 15절

3) '내 보내다'라는 이름과 함께 사도가 된 12명의 사람은 누구일까요? 16~19절

4) 그러면 가룟 유다에게도 다른 사도와 같이 귀신을 쫓아내는 능력까지 주셨을까요? 15절

5) 그렇다면 은사를 받아서 가룟 유다처럼 능력을 행하는 것과 은혜를 받아서

구원을 받는 것과는 다른 것일까요? 다릅니다. 귀신을 쫓는 은사를 받았다고 구원의 은혜를 받은 사람은 아닙니다. 그래서 예수님께서는 안타까운 심정으로 가룟 유다에 대해서 "그 사람은 차라리 나지 아니하였더라면 자기에게 좋을 뻔하였다"는 말씀을 하셨습니다(막 14:21). 가룟 유다를 시험에 들게 만든 유혹의 뒤에는 무엇이 있었을까요? [마가복음 14:11]

나눔의 시간

1) 하나님은 어떤 분이십니까?
2) 무엇을 깨달았나요?
3) 적용합니다.
4) 묵상과 함께 하는 말씀기도

내일의 양식 : 마가복음 3:20~27

영적 전쟁에서
승리하는 사람들

　보이는 전쟁 이전에 보이지 않는 전쟁이 먼저 있다. 이것을 영적 전쟁이라고 하는데 여기에서 이기는 사람이 승자다. 모세와 이스라엘은 아말렉과의 전쟁에서 기도하는 사람이 승리한다는 것을 알았다. 전쟁이 끝난 다음에 주님께서 모세에게 말씀하시기를 "이것을 책에 기록하여 기념하게 하고 여호수아의 귀에 외워 들리라 내가 아말렉을 없이하여 천하에서 기억도 못 하게 하리라 모세가 제단을 쌓고 그 이름을 여호와 닛시라 하고 이르되 여호와께서 맹세하시기를 여호와가 아말렉과 더불어 대대로 싸우리라"고 하였다. 아말렉은 누구인가? 하나님을 대적하는 어두운 영이다. 오늘날까지 계속되는 영적 전쟁에서 싸우는 자들이 이기는 길은 예수님의 이름으로 하는 기도뿐이다! 우리의 씨름은 혈과 육을 상대하는 것이 아니요, 통치자들과 권세들과 이 어둠의 세상 주관자들과 하늘에 있는 악의 영들을 상대하는 것이다(엡 6:12).

　기도하는 사람들은 영적 전쟁의 배후에 있는 영들을 분별하여 기도의 능력을 발휘할 수 있다. 주님께 속하여 기도하는 우리들은 사람들의 입에서 나오는 말을 듣고 그 영들을 분별할 수 있다. 육신으로부터 나오는 것들은 음행과 더러운 것과 호색과 우상 숭배와 주술과 원수 맺는 것과 분쟁과 시기와 분냄과 당 짓는 것과 분열함과 이단과 투기와 술 취함과 방탕함과 또 그와 같은 것들이다(갈 5:19). 이것은 오늘도 불순종의 아들들 가운데서 역사하는 영들이다(엡 2:2). 기도하는 그리스도인들은 영들을 분별할 수 있다.

바울은 다메섹에서 예수님을 만난 후에 아라비아에 3년 있다가 예루살렘으로 갔는데 유대에 있는 형제들이 그리스도 안에 있는 자신을 얼굴로 알아보지 못하고 전에 우리를 핍박하던 자가 그 믿음을 전한다는 말을 듣고 오히려 하나님께 영광을 돌렸다고 십사 년 후에 말한다(갈 1:22~24). 자신을 얼굴로 알아보지 못했다는 것은 얼굴에 나타나는 영(靈)을 알아보지 못했다는 말이다. 기도하는 우리가 영들을 분별할 수 있는 것은 성령님께서 알려주시는 하나님의 말씀뿐이다(요 16:13~14).

성도가 미혹을 당하지 않고 참과 거짓을 분별하려면 구원의 투구와 성령의 검 곧 하나님의 말씀을 가지고 있으면 된다(엡 6:17). 말씀만이 속이는 이들을 분별할 수 있다. 거짓의 아비 사탄은 아담과 하와를 속였고(창 3:5) 예수님께도 다가와서 3번이나 속이려고 했지만(마 4:3,6,8), 주님께서는 사탄을 3대 0으로 완전히 제압했다. 성도는 영들을 분별함으로 오직 말씀으로 영적 전쟁에서 승리할 수 있다. 이것이 말씀이 주시는 능력이다(히 1:30). 하나님께서는 아브라함을 선택한 이유를 밝히시면서 그가 자식들과 자손들에게 바르고 옳은 말씀을 가르쳐서 나에게 순종하게 하고, 그의 자손들도 아브라함에게 배운 대로 하면, 내가 아브라함에게 약속한 대로 다 이루어 주겠다고 약속하신 이유가 여기에 있다(창 18:19, 새번역). 이처럼 마귀는 하나님의 말씀 끝을 살짝 바꾸는 것이고(창 3:3) 성도의 영적 전쟁의 병기는 바르고 옳은 말씀이다.

말씀을 묵상하는 사람에게서 성령님께서 나타나시는 것은 그가 하나님의 말씀을 바르게 묵상하고 있기 때문이다. 그래서 간절한 마음보다 바르고 옳은 말씀묵상이 먼저다. 그리고 다음에 '바로 그 말씀'에서 나오는 간절한 기도다(잠 8:17). 하나님께서도 이 사람을 보호하시고 지켜 주시는 이유는 그가 예수님의 이름을 알고 있고 그 이름을 부르며 기도로 싸워왔기 때문이다(사 9:6).

영적 싸움은 상대가 누구인지 분별하고 바른 전략을 가져야 승리할 수 있다. 상대가 ①골리앗인지, 아니면 ②사울인지, 아니면 ③압살롬인지, 아니면 ④밧세바인지 분별해야 한다. 골리앗은 예수님의 이름으로 나가서 단번에 멸해야 한다. 그러나 사울이면 원수 갚는 것은 하나님의 손에 있으니, 주님만을 바라보며 현재 상황을 있는 그대로 인내하며 하나님의 때를 기다려야 한다. 이것을 잘한 사람이 요셉과 느헤미야와 다니엘과 다윗이다. 지금은 이들의 리더십이 요구되는 시대에 살고 있다. 압살롬이면 한걸음 물러서서 지혜가 올 때까지 신중(딤후 4:5)해야 하며 밧세바는 180도 돌아서서 피해야 한다. 우리들이 항상 예수님의 죽음을 몸에 짊어지는 것은 영적 전쟁에서 예수님의 생명이 우리 죽을 육체에 나타나기 때문이다(고후 4:10-12). 아멘&샬롬.

기적 플러스⁺

마가복음 3:20~27

20 예수님께서 집에 들어가시니, 무리가 다시 모여들어서, 예수님의 일행은 음식을 먹을 겨를도 없었다. **21** 예수님의 가족들이, 예수님이 미쳤다는 소문을 듣고서, 그를 붙잡으러 나섰다. **22** 예루살렘에서 내려온 율법학자들은, 예수님이 바알세불이 들렸다고 하고, 또 그가 귀신의 두목의 힘을 빌어서 귀신을 쫓아낸다고도 하였다. **23** 그래서 예수님께서 그들을 불러 놓고, 비유로 그들에게 말씀하셨다. "사탄이 어떻게 사탄을 쫓아낼 수 있느냐? **24** 한 나라가 갈라져서 서로 싸우면, 그 나라는 버틸 수 없다. **25** 또 한 가정이 갈라져서 싸우면, 그 가정은 버티지 못할 것이다. **26** 사탄이 스스로에게 반란을 일으켜서 갈라지면, 버틸 수 없고, 끝장이 난다. **27** 먼저 힘센 사람을 묶어 놓지 않고서는, 아무도 그 사람의 집에 들어가서 세간을 털어 갈 수 없다. 묶어 놓은 뒤에야, 그 집을 털어 갈 것이다.

질문을 만들고 그 답을 말씀에서 찾습니다.

1) 예수님께서 가버나움에 있는 집으로 오시자 여느 때처럼 무리가 모여들었습니다. 이것저것 해 달라는 사람들이 많아서 예수님과 그 일행들은 무엇조차도 제대로 하지 못하셨을까요? 20절

2) 예수님께서 정신이 이상하게 잃어 간다는 거짓 소문을 들은 가족들은 예수님을 억지로 구해내려고 무엇을 하러 왔나요? 21절

3) 거짓 소문이 예수님과 가족들의 사이를 어떻게 만들었나요? [마태복음 10:36]

4) 누가 형제자매요, 누가 하늘가족인가요? [누가복음 8:21]

5) 예수님에 대해서 바르게 보지 못하고 거짓 소문을 낸 사람들은 누구일까요? 22절

6) 예수님께서 귀신들로부터 힘을 받아서(마 12:14) 마술을 쓰고 속임수를 써서
   사람들의 관심을 끌고 있다고 거짓 소문을 내고 다니는 종교학자들에게
   무엇이라고 말씀하셨나요? 23~26절

7) 예수님께서는 "사탄이 사탄을 잡는다는 것이 말이 되느냐? 가정이나 나라가
   서로 싸우면 다 멸망한다"고 말씀하시면서 누구를 먼저 묶어 놓아야 세간을
   털어 갈 수 있다고 말씀하시나요? 27절

8) 예수님께서 말씀하시는 힘센 사람은 누구를 말할까요? [에베소서 6:13~14]

나눔의 시간

1) 하나님은 어떤 분이십니까?
2) 무엇을 깨달았나요?
3) 적용합니다.
4) 묵상과 함께 하는 말씀기도

내일의 양식 : 마가복음 3:28~35

가장 큰 기쁨,
하나님께 용서받은 사람

그리스도인에게 큰 기쁨은 두말할 것도 없이 하나님께 용서받은 기쁨이다. 누구든지 예수님을 나의 주 나의 하나님으로 영접한 사람은 옛사람이 지은 모든 죄에서 용서받는다. 사랑 많으신 주님께서는 그들의 불의함을 긍휼히 여기고, 더 이상 그들의 죄를 기억하지 않으신다(히 8:12).

하나님 아버지로부터 용서받은 자의 기쁨을 어떤 말로 대신할 수 있을까! 다윗이 말한다. "복되어라! 거역한 죄 용서받고 허물을 벗은 그 사람! 주님께서 죄 없는 자로 여겨주시는 그 사람! 마음에 속임수가 없는 그 사람! 그는 복되고 복되다!"(시 32:1). 이것이 용서받은 사람의 고백이요, 기쁨이다! 그 마음에는 하나님께 속이는 것이 없다. 투명하게 다 드러내었다는 말이다. 주님의 영이 그와 함께 있기에 가능하다. 주님의 영이 함께하는 정직하고 진실하다는 것은 도덕적이고 양심적인 언행, 그 이상의 것을 말하는데 그것은 성령님께서 그 사람 안에 계셔서 함께 말하고 함께 살아가고 있는 사람을 말한다. 그래서 다윗은 간음과 계획 살인을 범하고 기도하기를 "하나님이여 내 속에

정한 마음을 창조하시고 내 안에 정직한 영을 새롭게 하소서! 나를 주 앞에서 쫓아내지 마시며 주의 성령을 내게서 거두지 마소서"(시 51:10-11)라고 했다. 그리스도의 사람들에게 오신 정직한 영은 두말할 것도 없이 예수님의 이름으로 오신 성령님을 말한다(요 14:26).

그래서 죄에서 씻김을 받고 거듭난 그리스도인의 의는 서기관과 바리새인의 의보다 더 낫다(마 5:20). 왜냐하면 용서받은 사람 안에 있는 의는 하늘나라에 들어갈 예수님의 공로이기 때문이다. 예수님께서는 율법이나 선지자를 폐하러 오신 것이 아니라 완성하러 오셨다. 사람이 지극히 작은 계명 하나라도 버리고 사람을 가르친다면 천국에서 지극히 작은 자가 되고 누구든지 이를 행하며 가르치는 자는 천국에서 크다 일컬음을 받는다. 하늘과 땅이 없어지기 전에는 율법의 일점일획도 결코 없어지지 아니하고 다 이루어진다고 말씀하셨다. 여기에서 "하늘과 땅이 없어지기 전에는"이라는 말씀은 요한계시록 21장에 처음 하늘과 처음 땅이 이루어질 때 기존에 있던 하늘과 땅이 없어지는 때를 말한다. 그러나 이때가 오기 전에 하늘나라에서 지극히 작은 자가 된다는 것은 바울 사도가 그토록 원하는 첫째 부활에 이르지 못한다는 것이고.(빌 3:11), 천국에서 큰 자로 일컬음을 받는 사람은 영광스러운 첫째 부활에 참여하는 자를 말한다(계 20:6). 나는 첫째 부활을 믿고 사모하며 그날을 기다린다(마 11:12).

나는 1986년 가을, 오직 믿음에서 믿음으로 살리라는 로마서 1장 17절 말씀을 깨닫고 회심했다. 그동안 내 안에 들어오지 못하고 내 마음 문밖에서 두

드리며 기다리시던 예수님을 드디어 영접한 것이다. 나는 기쁘기도 하고 한 편으로는 속이 상해서 펑펑 울었다. 기쁜 것은 믿음을 알고 믿음으로 주님을 영접해서 기뻤고, 속이 상한 것은 그동안 문밖에서 예수님을 기다리게 한 믿음 없는 내가 미워서 울었다. 그리고 나는 주님께 여쭈었다. "주님 왜 이제 오셨어요?" 주님은 대답하셨다. "믿음으로 열어주지 않아서 밖에서 기다렸다" (계 3:20). 이 소리는 육성으로 들리는 보이스가 아니라 생각의 소리로부터 오는 깨달음이다. 이때 나는 믿음으로 살지 못한 내가 미워서 가슴을 치며 또 울었다. 용서받은 자는 기쁨과 확신이 있다. 그리스도인은 말씀대로 믿고, 말씀대로 살고, 말씀대로 전하고, 말씀대로 이루어지기를 소망한다. 내 아버지여, 그날까지 내 안에 정직한 영, 성령님으로 항상 함께 해주세요! 아멘&샬롬.

기적 플러스⁺

마가복음 3:28~35

28 내가 진정으로 너희에게 말한다. 사람들이 짓는 모든 죄와 그들이 하는 어떤 비방도 용서를 받을 것이다." **29** 그러나 성령님을 모독하는 사람은 용서를 받지 못하고, 영원한 죄에 매인다." **30** 예수님께서 이 말씀을 하신 것은, 사람들이 "그는 악한 귀신이 들렸다" 하고 말하였기 때문이다. **31** 그 때에 예수님의 어머니와 동생들이 찾아와, 바깥에 서서, 사람을 들여보내어 예수님을 불렀다. **32** 무리가 예수님의 주위에 둘러앉아 있다가, 그에게 말하였다. "보십시오, 선생님의 어머니와 동생들과 누이들이 바깥에서 선생님을 찾고 있습니다." **33** 예수님께서 그들에게 대답하셨다. "누가 내 어머니이며, 내 형제들이냐?" **34** 그리고 주위에 둘러앉은 사람들을 둘러보시고 말씀하셨다. "보아라, 내 어머니와 내 형제자매들이다. **35** 누구든지 하나님의 뜻을 행하는 사람이 곧 내 형제요 자매요 어머니다."

질문을 만들고 그 답을 말씀에서 찾습니다.

1) 용서받지 못할 말이나 행동은 없지만(28절), 그러나 이 죄를 범하면 그 어떤 것으로도 용서를 받을 수 없다고 하셨습니다. 예수님께서 말씀하시는 이 죄는 무엇을 말할까요? 29절

2) 성령님을 모독하는 죄는 영원히 용서받지 못한다고 하시는 이 죄는 어떤 죄를 말할까요? [요한복음 16:9]

3) 예수님을 믿지 않는 죄는 하나님께 영원히 용서받지 못하는 죄의 본질입니다. 예수님께서 이 말씀을 하신 이유는 어디에 있나요? 30절

4) 말씀하고 계실 때에 밖에서 누가 예수님을 찾고 있나요? 31~32절

5) 어머니와 동생들이 예수님을 찾아온 이유는 무엇일까요? [마가복음 3:21]

6) 예수님께서는 둘러앉은 사람들을 눈여겨보시면서 하나님의 뜻을 행하는
   순종이 피보다 진하다고 하셨습니다.. 하나님의 뜻을 따르는 어머니와
   형제들이 누구라고 하시나요? 33~35절

나눔의 시간

1) 하나님은 어떤 분이십니까?

2) 무엇을 깨달았나요?

3) 적용합니다.

4) 묵상과 함께 하는 말씀기도

내일의 양식 : 마가복음 4:1~9

나의 주, 나의 왕, 나의 예수님

누구든지 "예수님은 나의 주, 나의 왕입니다"라고 말하면 주님께서 기뻐하신다. 그러나 반대로 마귀는 자기 사람들을 빼앗긴 것이 속상해서 앙갚음하려고 여러 가지로 유혹해 보지만 나를 지키시는 예수님 때문에 안 되니까 다음 기회를 잡으려고 일단은 돌아선다(눅 4:14, 공동번역). 마귀가 하는 일들을 우리가 모르는 바가 아니다. 마귀는 자기가 하는 말을 하나님의 말씀처럼 들으라고 속삭인다. 마귀의 목적은 우리가 하나님의 나라에서 영광스럽고 거룩하게 살지 못하도록, 어둡고 더러운 자기 나라로 들어오라고 사탕을 주면서 다이아몬드보다 더 값진 믿음을 빼앗으려고 안간힘을 쓴다.

마귀가 예수님 곁에 가서도 변질된 말씀으로 속삭였는데 우리야 말할 것도 없지 않은가? 예수님께 다가가서 "내가 가진 이 모든 권세와 그 영광을 너에게 주겠다. 이것은 아담으로부터 나에게 넘어온 것인데, 나에게 엎드리면 내가 주고 싶은 사람에게 준다"고 장사꾼처럼 거래를 시작한다. 나하고 타협한다면 네 눈에 보이는 것들을 줄 수 있다고 속인다. 너 혼자 유별나게 신앙생활을 한다고 뾰족한 수가 있느냐고 속삭이며 새로운 것을 제시한다(눅 4:6-7). 마귀는 거짓의 아비다. 너처럼 그렇게 신앙생활 하지 않아도 구원은 받는다고 거짓말을 한다. "대부분의 사람들이 선을 그어놓고 신앙생활을 하는데 너만 그렇게 한들 세상이 달라지냐?"고 설득한다. 그러나 예수님을 나의 왕, 나의 주로 믿는 사람은 이렇게 말한다. "나와 내 집은 예수님만을 섬긴다!" 이 믿음이 분명하면 마귀는 떠나고 그 사람 안에 계신 성령님께서 적극적으로 나선다.

바울 사도는 말한다. "우리가 미쳤다고 하면 하나님께 미친 것이요, 정신이 온전하다고 하면 여러분을 두고 온전한 것입니다"(고후 5:13). 여호수아도 동일하다. "나와 우리 집은 누가 뭐라 해도 하나님 말씀만을 따라가고 섬기겠습니다. 여러분들은 왔다 갔다 하지 말고 섬길 분은 오늘 결정하십시오!"(수 24:15)라고 말한다. 베드로도 말한다. "우리는 택하심을 받은 족속이요, 왕과 같은 제사장들이요, 거룩한 민족이요, 하나님의 소유가 된 백성입니다"(벧전 2:9). 우리는 세상에 사는 동안에 하나님의 뜻이면 고난까지도 받을 수 있고 죽을 수도 있는 사람들이다. 왜냐하면 어둠에서 빛 가운데로 인도하신 분의 업적이 나와 나의 가정을 통해서 나타나기를 나의 왕, 나의 주께서 원하시기 때문이다.

매주 3시간을 말씀과 기도 가운데 만나는 형제가 있다. 그 형제에게는 3명의 자녀가 있는데 큰딸이 아침에 출근했다가 저녁에 돌아오더니 아빠에게 말했다. "아빠 사표 내고 왔어요!" "왜?" "나보고 영수증에 적힌 가격보다 더

높게 만들어서 가지고 오라는 거예요! 그래서 사표 내고 왔어요?" "그래, 잘했다." 큰딸은 불의와 타협하지 않으시는 나의 주, 나의 왕, 예수님을 따라간 것이다. 이 예수님께서 오늘도 우리의 주님이시고 아버지다! 우리를 위로하고 보상하고 새로운 길을 준비해 놓으신 분이다. 예수님만이 "나의 주, 나의 왕"이라고 말하며 세상과 타협하지 않는 믿음을 가진 사람을 태초 이래로 하나님은 한 번도 실망시키지 않으셨다. 아멘&샬롬.

기적 플러스+

마가복음 4:1~9

1 예수님께서 다시 바닷가에서 가르치기 시작하셨다. 매우 큰 무리가 모여드니, 예수님께서는 배에 오르셔서, 바다 쪽에 앉으셨다. 무리는 모두 바닷가 뭍에 있었다. **2** 예수님께서 비유로 여러 가지를 가르치셨는데, 가르치시면서 그들에게 이렇게 말씀하셨다. **3** "잘 들어라. 씨를 뿌리는 사람이 씨를 뿌리러 나갔다. **4** 그가 씨를 뿌리는데, 더러는 길가에 떨어지니, 새들이 와서 그것을 쪼아 먹었다. **5** 또 더러는 흙이 많지 않은 돌짝밭에 떨어지니, 흙이 깊지 않으므로 싹은 곧 나왔지만, **6** 해가 뜨자 타버리고, 뿌리가 없어서 말라 버렸다. **7** 또 더러는 가시덤불 속에 떨어지니, 가시덤불이 자라 그 기운을 막아 버려서, 열매를 맺지 못하였다. **8** 그런데 더러는 좋은 땅에 떨어져서, 싹이 나고, 자라서, 열매를 맺었다. 그리하여 삼십 배, 육십 배, 백배가 되었다." **9** 예수님께서 덧붙여서 말씀하셨다. "들을 귀가 있는 사람은 들어라."

질문을 만들고 그 답을 말씀에서 찾습니다.

1) 배를 설교단으로 삼고 바다 쪽에 앉으시고 뭍에서는 많은 사람이 배를 바라보고 모였습니다. 예수님께서 '씨 뿌리는 비유'로 설교를 시작하시면서 어떤 중심으로 들으라고 말씀하셨나요? 3절

2) 씨를 뿌렸는데 세상 사람들이 오가는 것처럼 분주한 길가에 떨어져서 사람들의 발에 밟히고 난 다음에 새들이 먹어 버린(4절) 길가에 떨어진 씨는 왜 죽었을까요? [마태복음 13:19]

3) 더러는 흙보다 돌이 더 많은 갈밭에 떨어져서 싹이 보이는 듯했으나 뿌리가 깊지 않아서 해가 뜨자마자 죽었습니다(5절). 두 번째 돌밭에 떨어진 씨는 왜 뿌리를 내리지 못하고 말라 죽었을까요? [마태복음 13:20~21]

4) 더러는 잡초가 많은 곳에 떨어져서 잡초와 같이 섞여서 자라기는 했는데 열매를 하나도 못 맺고 땅만 버리는 수고를 했습니다(7절). 잡초에 떨어진 씨앗은 하나의 열매도 따지 못했을까요? [마태복음 13:22]

5) 씨는 말씀이요, 뿌리는 사람은 예수님입니다. 좋은 땅에 떨어진 씨는 말씀을 듣고 순종하여 몇 배로 열매를 맺나요? 9절

6) 좋은 땅은 어떤 땅을 말할까요? 어떤 과정을 통해서 철마다 때마다 열매가 주렁주렁 맺힐까요? [베드로후서 1:5~8]

7) 귀가 살아서 이 비유를 잘 듣고 깨닫는 것이 왜 중요할까요? [마가복음 4:13]

나눔의 시간

1) 하나님은 어떤 분이십니까?
2) 무엇을 깨달았나요?
3) 적용합니다.
4) 묵상과 함께 하는 말씀기도

내일의 양식 : 마가복음 4:10~12

깨달음이
중요하다

성경 어디에나 진리가 숨겨져 있기에 성령님으로 깨닫는 것이 중요하다. 왜냐하면 "존귀하나 깨닫지 못하는 사람은 멸망하는 짐승과 같다"고 말씀하셨기 때문이다(시 49:50, 개역개정).

오늘 본문에서도 예수님께서 말씀하시기를 "그들이 보기는 보아도 알지 못하고, 듣기는 들어도 깨닫지 못하게 하셔서, 돌아와 용서를 받지 못하게 하시려는 것"이라고 하셨다(막 4:12). 나는 이 말씀을 처음에 만났을 때 놀라움을 금할 수 없었다. 왜냐하면 예수님께서는 사람들이 말씀을 깨닫고 돌아와 구원받는 것을 기뻐하셨는데 왜 보기는 보아도 알지 못하고, 듣기는 들어도 깨닫지 못하게 하셔서 용서까지 받지 못하게 하신다는 것일까! "아, 주님, 저는 이 말씀의 뜻을 꼭 깨닫고 싶어요"라고 기도하지 않을 수 없었다. 성경을 묵상하다 모르면 다른 성경으로 ①이해가 되어야 하고 ②깨달아야 하고 ③믿어져야 하고 ④말씀대로 살아져야 한다. 만일 그렇지 않으면 잠시 멈추고 이해의 주님께(골 2:2) 생각하고 묵상하고 기도하는 시간을 가져야 한다.

나는 이렇게 깨달았다. 하나님의 말씀을 늘 듣는 사람이 듣기만 하고 순종하지 않고 불순종의 시간은 길어지고 죄로 인하여 마음은 굳어져서 말씀의 반대 자리에까지 가게 되면 구원의 기회까지 잃어버리게 된다는 것이다. 이런 관점에서 성경을 보니 사람의 이름들이 기억이 되었고 구원이 취소되는 경고의 글도 성경에서 100번 이상을 검색할 수 있었다. 예를 들면 항상 배우나 끝내 진리의 지식에 이를 수 없는 얀네와 얌브레와 같이 버림받은 자들을 말한다(딤후 3:7~8). 심지어 출애굽기 32장 33절에서는 간구하는 모세에게 이르시되 "누구든지 내게 범죄 하면 내가 내 책에서 그를 지워 버리리라"고 말씀하셨다. 여기에서 내 책은 생명책에 기록된 자를 말한다.

바울 사도는 깨닫지 못하는 사람들에게 권면한다. "이방인이 그 마음의 허망한 것으로 행함같이 행하지 마세요. 그러면 총명이 어두워지고 그들 가운데 있는 무지함과 그들의 마음이 굳어짐으로 말미암아 하나님의 생명에서 떠나게 됩니다. 그들은 감각 없는 자가 되어 자신을 방탕에 방임하여 모든 더러운 것을 욕심으로 행하게 됩니다"(엡 4:17~19).

나는 깨달음에 대한 중요성을 알고 나를 위해 기도했다. 동서남북 어디를 보아도 부족한 나 같은 사람을 택하여 몸과 입으로 말씀을 전하는 사람으로 삼았을까? 아무리 생각해도 이해가 안 된다. 예수님께서 깨닫게 하신 말씀처럼 나의 본질은 고린도전서 1장 27절에 있다. 그러나 다행스럽게도 말씀을 읽고 묵상할 때 여쭈어보면 성령님께서 가르쳐 주시고 생각나게 하셔서 (요 14:26) 오늘까지 생기는 잃지 않고 있지만, 이 일은 주님 앞에 가는 그 시간까지 멈출 수 없다. 그래야 내 영혼이 예수님과 함께 살아갈 수 있다는 믿음 때문이다. 주님께서 함께 계신 것을 사랑과 말씀으로 날마다 확인되지 않으면 그것은 죽음이다.

모세가 주님을 떠나서는 차라리 죽음을 달라고 기도했고, 엘리야가 로뎀나무 아래서 죽기를 청한 다음에 하나님의 은혜로 쉼을 얻고 언약의 산, 호렙산을 바라보면서 믿음으로 40일을 걸어간 이유는(왕상 19:8) 3가지 기도제목에 대해서 주님의 뜻과 말씀을 받아야 한다는 믿음 때문이었다. 주님의 말씀을 받고 희망의 사람이 되어서 엘리야는 다시 돌아왔으며 이제는 죽여 달라고 기도할 이유는 깨끗이 없어졌다(왕상 19:15-17). 우리가 존경하는 엘리야가 죽기를 원했던 것은 두말할 것도 없이 이세벨이 두려워서가 아니다. 오히려 아합과 이세벨의 생사에 대한 하나님의 뜻을 알고 싶었던 것이다. 오늘도 엘리야처럼 말씀이 깨달아져 심비에 새겨진 사람은 더 살아갈 이유가 있는 사람이다. 아멘&샬롬.

기적 플러스⁺

마가복음 4:10~12

10 예수님께서 혼자 계실 때에, 예수님의 주위에 둘러 있는 사람들이, 열두 제자와 함께, 그 비유들이 무슨 뜻인지를 예수님께 물었다. **11** 예수님께서 그들에게 말씀하셨다. "너희에게는 하나님 나라의 비밀을 맡겨 주셨다. 그러나 저 바깥사람들에게는 모든 것이 수수께끼로 들린다. **12** 그것은 '그들이 보기는 보아도 알지 못하고, 듣기는 들어도 깨닫지 못하게 하셔서, 그들이 돌아와서 용서를 받지 못하게 하시려는' 것이다."

질문을 만들고 그 답을 말씀에서 찾습니다.

1) 예수님께서 혼자 계실 때에 함께 있던 사람과 열두 제자가 씨 뿌리는 비유와 네 가지 마음 밭에 대해서 묻기 시작했습니다. 신중하게 잘 듣고 물어보는 사랑스러운 이들에게 무엇부터 말씀하기 시작하나요? 11~12절

2) 왜 이들에게는 묻는 것마다 알려주어서 하나님 나라의 비밀을 맡기시고 같은 말씀을 들었던 바깥사람들에게는 답은 주지 않으시고 수수께끼처럼 아리송하게 들리게 하실까요? 12절

3) 용서받지 못하게 하는 사망에 이르는 죄가 있기 때문입니다(요한1서 5:16, 막 3:29). 이런 사람이 있었을까요? [디모데후서 3:7~8]

4) 지금도 안타까운 일이 있어서 사랑으로 기도합니다. 듣기는 들어도 깨닫지도 용서받지도 못하는 바깥사람들은 누구를 말할까요? [에베소서 4:18~19]

5) 주님께서 하나님 나라의 비밀을 우리에게 사랑과 은혜로 알려주시고 '그 말씀'을 맡겨 주신 분은 어디에 계시며 누구를 말할까요? [골로새서 1:27]

나눔의 시간

1) 하나님은 어떤 분이십니까?

2) 무엇을 깨달았나요?

3) 적용합니다.

4) 묵상과 함께 하는 말씀기도

내일의 양식 : 마가복음 4:13~20

| 누구든지
좋은 밭이 될 수 있다

누구든지 예수님과 예수님의 말씀을 묵상하면 좋은 밭이 될 수 있다. 그래서 말씀을 묵상하는 사람에게는 반드시 열매의 때가 온다(시 1:3). 이 열매는 한 번 수확하고 끝나지 않는다. 언제나 함께 있어서 따서 먹는다. 먹으면 먹을수록 또 열매를 낳는다. 이것이 세상에 있는 사람들이 모르는 30배, 60배, 100배의 비밀이다. 나는 길가와 같이 분주한 마음, 돌밭같이 단단한 마음, 가시덤불과 같은 마음이 돌아가면서 있었다. 그러나 옥토이신 예수님께서 내 마음에 들어오셔서 말씀으로 기경하시고 곱고 부드러운 땅으로 만드시고 어루만지신다. 나는 부족하다. 그래서 내 안에 들어오신 주님은 나를 그리스도의 사람으로 만드시려고 평생 농사를 지으신다. 베드로전서 1장 9절에 믿음의 결국 곧 영혼의 구원을 받는다는 것은 프쉬케(ψυχή), 혼의 구원을 말한다.

예수님께서는 말씀하시기를 "나는 참 포도나무이고 나의 아버지는 농부이시다. 나와 함께 있으면서 열매를 맺지 못하는 가지는 아버지께서 깨끗게 하시고 열매를 맺는 가지는 더 많은 열매를 맺도록 잘 가꾸신다. 너는 내 교훈을 받아 이미 잘 가꾸어진 가지다. 나를 떠나지 말아라. 나도 너희를 떠나지 않겠다. 포도나무에 붙어 있지 않는 가지가 스스로 열매를 맺을 수 없는 것처럼 너희도 나에게 붙어 있지 않으면 열매를 맺지 못한다. 누구든지 나에게서 떠나지 않고 나와 함께 있으면 그 사람은 많은 열매를 맺는다. 그러나 나를 떠나서는 너희가 아무것도 할 수 없다. 부활 후 주님을 만난 사람들이라도 밤이 새도록 그물을 내렸지만 한 마리도 잡은 것이 없었다.(요21:5) 그러나 내 말을 듣고 배 오른편에 그물을 내리니 그물에 고기가 많이 들어와 들 수가 없었다. 너희가 나에게 붙어 있으면 참으로 나의 사람이 되며 내 아버지께서 내 이름으로 영광을 받으실 것이다"(요 14:13).

이방 종교는 인간이 신을 찾아 삼보일배(三步一拜)를 하지만 그리스도교는 하나님께서 자기 자식을 찾아오신다. 그리고 마음 문밖에서 문을 열 때까지 말씀으로 두드리면서 10년이고 20년이고 기다리신다. 드디어 그가 마음의 문을 열면 그에게 자신이 구원자이심을 밝히고 아빠 아버지로 만나 주신다. 하나님께서는 잃었던 자식을 다시 찾기 위해서 그의 아들을 십자가에 달리게 했다. 그래서 이제는 하나님 아버지 없이는 못 사는 사람이 되었지만, 하나님 아버지도 나 없이는 못 사는 분이 되셨다(출 34:14). 우리를 구원하시기 위해서 자기 몸을 드리신 예수님께서는 우리가 그리스도의 형상을 이루기까지 다시 우리를 위하여 해산하는 수고를 하신다(갈 4:19).

주 예수님께서는 구하는 믿음에 사랑을 더하고, 그 덕스러운 마음에 하나님의 지식을 더하고, 그 지식에 마음의 절제를 더하고, 그 절제에 참아내는 인내를 더하고, 그 인내에 하나님을 인정하고 생각하는 경건을 더하고, 그 경건에 서로를 사랑하고 생각해 주는 우애를 더하고, 그 우애에 예수님의 사랑을 더하도록 하신다. 만일 우리가 이와 같은 8가지 성품을 갖추면 열매가 넉넉해지고 우리 주 예수님, 그리스도를 아는 일에 더욱 밝아지고 언제 어디서나 열매를 맺는 가지가 된다(벧후 1:5~8). 결국 하나님께서는 나를 예수님의 성품에 참여하는 사람이 되게 하시려는 것이다. 그 목적은 옥토와 같은 마음이 되어서 하나님과 한 가족이 되는 것이다(엡 2:19, 새번역). 나는 예수님의 성품에 참여하는 일에는 부족한 사람이다. 내가 말씀을 묵상하는 목적은 좋은 밭이 되어 좋은 열매를 맺고 그리스도의 성품에 참여하는 자가 되는 것이다(벧후 1:4). 아멘&샬롬.

기적 플러스$^+$

마가복음 4:13~20

13 그리고 예수님께서 그들에게 말씀하셨다. "너희가 이 비유를 알아듣지 못하면서, 어떻게 모든 비유를 이해하겠느냐? **14** 씨를 뿌리는 사람은 말씀을 뿌리는 것이다. **15** 길가에 뿌려지는 것들이란 이런 사람들이다. 그들에게 말씀이 뿌려질 때에 그들이 말씀을 듣기는 하지만, 곧바로 사탄이 와서, 그들에게 뿌려진 그 말씀을 빼앗아 간다. **16** 돌짝 밭에 뿌려지는 것들이란 이런 사람들이다. 그들은 말씀을 들으면 곧 기쁘게 받아들이기는 하지만, **17** 그들 속에 뿌리가 없어서 오래가지 못하고, 그 말씀 때문에 환난이나 박해가 일어나면 곧 걸려 넘어진다. **18** 가시덤불 속에 뿌려지는 것들이란 달리 이런 사람들을 가리키는데, 그들은 말씀을 듣기는 하지만, **19** 세상의 염려와 재물의 유혹과 그 밖에 다른 일의 욕심이 들어와 말씀을 막아서 열매를 맺지 못한다. **20** 좋은 땅에 뿌려지는 것들이란 이런 사람들이다. 그들은 말씀을 듣고 받아들여서, 삼십 배, 육십 배, 백배의 열매를 맺는다."

질문을 만들고 그 답을 말씀에서 찾습니다.

1) "너희는 이 진리가 어떻게 되어 가는지 알아들어야 한다. 왜냐하면 이 말씀을 깨닫지 못하면 열매 없이 잘린 가지되어 다른 것들도 알아듣지 못하기 때문이다"(13절). 씨를 뿌린다는 것은 말씀을 뿌린다는 것입니다.(14절) 그런데 마음 밭에 좋은 씨를 뿌리는 사람은 누구인가요? [마태복음 13:37]

2) 어떤 사람은 생각이 분주하고 딱딱한 길바닥에 뿌려진 것과 같아서 말씀을 듣자마자 곧바로 누가 와서 그 좋은 씨를 낚아채 가나요? [마가복음 4:15]

3) 또 어떤 사람은 처음에는 말씀을 듣고 자갈밭처럼 뜨겁게 반응하지만(16절), 유혹을 받거나 어려움이 닥치면 토양이 얕다 보니 말씀을 경홀히 여긴 증거로 쉽게 잊어버립니다. 이들이 누구인가요?

[요한복음 6:66, 창세기 19:14]

4) 천국복음을 듣기는 하지만 이루고 싶은 일들과 야망에 짓눌려서 뿌린 좋은 씨는 자라지 못하고 열매를 맺지 못하는 사람들이 있습니다. 이런 사람들이 많은 편인데 누구일까요? 19절, [마태복음 7:21~23]

5) 좋은 땅에 떨어진 좋은 씨는 말씀을 듣고 마음에 품었다가 기도로 삼십 배, 육십 배, 백배의 열매를 맺는 사람들인데(20절) 이런 사람들이 어떤 열매를 맺나요? [갈라디아서 5:22, 23]

6) 길가나 자갈밭이나 가시덤블과 같은 밭에서 좋은 밭이 되어 좋은 열매를 맺으려면 어떻게 하면 될까요? [시편 1:2, 딤전 4:5]

나눔의 시간

1) 하나님은 어떤 분이십니까?
2) 무엇을 깨달았나요?
3) 적용합니다.
4) 묵상과 함께 하는 말씀기도

내일의 양식 : 마가복음 4:21~25

말씀묵상이
현실이 된다

성경에 기록된 말씀이 실제가 될 때는 말씀을 묵상하는 사람의 마음에 되새김질할 때이다. 말씀묵상을 처음에 시작할 때는 못할 때도 있고 쉴 때도 있지만, 중단하지 않아야 한다. 하루, 이틀 못하면 3일째는 다시 시작해야 한다. 말씀 묵상에서 가장 중요한 것은 적절한 시간과 환경이 루틴이 되어 만들어질 때까지다. 적절한 환경이란 시간과 장소를 말한다. 말씀묵상을 하면서 나에게 알맞은 장소와 시간을 만드는 것이 중요하다. 말씀묵상은 주 예수님께서 그 사람의 인생에 구체적으로 개입하실 수 있도록 명분을 드리는 것이다. 예수님께서 한 사람의 인생에 개입하시는 것이 은혜다. 그래서 말씀묵상으로부터 나오는 말씀기도는 성령님께서 개입하실 수 있도록 거룩한 기회를 드리는 것이다.

예를 들면, 예수님께서 여리고로 지나가신다는 말을 들은 디매오의 아들인 맹인 거지 바디매오가 길가에 앉았다가 "다윗의 자손 예수님, 나를 불쌍히 여겨주세요"라고 외치기 시작한다. 많은 사람이 꾸짖으면서 "시끄럽다!

잠잠하라"고 하면서 무시한다. 그래도 그는 더욱 크게 소리를 지르면서 "다 윗의 자손이여 나를 불쌍히 여겨주소서"를 반복한다(눅 18:38). 이것이 묵상하 는 자가 할 수 있는 유일한 일이다.

그렇다면 바디매오가 지금까지 무엇을 하고 있었을까? 그리스도가 오셨 다는 소식을 누군가한테서 듣고 "다윗의 자손이여 나를 불쌍히 여겨주소서" 를 반복해서 소리를 지른 것이다. 이렇듯 바디매오의 부르짖는 소리는 예수 님께서 일하실 수 있는 거룩한 명분을 드리는 것이다. 부르짖음이 있기 전에 그에게는 "그리스도만이 나를 구원하신다"는 말씀묵상이 있었다. 그의 묵상 은 마침내 하늘의 하나님과 땅에 계시는 예수님과 만나서, 주님이 바디매오 의 인생에 개입하셔서 눈을 뜨게 한 것이다(요 5:19).

이렇듯 말씀묵상은 지금도 하늘의 하나님과 땅의 성령님께서 만나서 한 사람의 인생에 개입하시고 일을 하게 한다. 말씀을 묵상하는 그 인생에 개입 하시는 하나님의 은혜는 하나님의 일하심으로 나타난다. 하나님의 일하심으 로 하나님은 스스로 영광을 받으신다(시 104:31). 바디매오는 자기 아버지로부 터 배워서 이 신앙을 알고 있었다. 아버지로부터 배웠기에 아버지의 이름이 성경에 등장하는 것이다. 바디매오는 자신의 문제는 그리스도가 오셔야 해 결된다는 믿음을 가지고 있었고 정말로 다윗의 자손이 오셨다. 우리도 말씀 을 묵상하고 있다가 부르짖어 기도하면 된다(잠 8:17).

바디매오는 비록 맹인이지만, 그의 아버지의 이름이 바디매오 앞에 복음

서마다 기록될 정도니, 하나님의 사랑을 받은 가정이 분명하다. 성경을 묵상하다 보면 하나님께서 귀히 여기는 사람 앞에는 아버지의 이름이 함께 올라오는 것을 볼 수 있다(느 1:1, 사 1:1, 렘1:1). 바디매오의 눈은 보이지 않았지만, 귀로 들었던 말씀이 마음에 묵상이 되었고 기도응답까지 받은 것이다. 말씀을 묵상하며 기도하는 사람은 하나님의 때가 온다. 이것이 말씀이 그 마음에 머물러 있는 사람의 은혜다. 예수님께서도 이와 같은 유대인을 사랑하셨다(요 8:31). 그래서 말씀묵상은 곧 기도다. 시편 104편 34절을 개역성경과 새번역 성경을 비교해 보면 말씀묵상이 기도라는 것을 알 수 있다. 빛 되신 주님의 말씀은 더 이상 숨길 수 없고 반드시 실제가 되어 영광을 드러내게 된다(눅 11:33). 아멘&샬롬.

기적 플러스⁺

마가복음 4:21~25

21 예수님께서 그들에게 말씀하셨다. "사람이 등불을 가져다가 말 아래에나, 침상 아래에 두겠느냐? 등경 위에다가 두지 않겠느냐? **22** 숨겨 둔 것은 드러나고, 감추어 둔 것은 나타나기 마련이다. **23** 들을 귀가 있는 사람은 들어라." **24** 예수님께서 그들에게 말씀하셨다. "너희는 새겨들어라. 너희가 되질하여 주는 만큼 너희에게 되질하여 주실 것이요, 덤으로 더 주실 것이다. **25** 가진 사람은 더 받을 것이요, 가지지 못한 사람은 그 가진 것마저 빼앗길 것이다."

질문을 만들고 그 답을 말씀에서 찾습니다.

1) "너희는 새겨들어라. 정말 새겨들어라(23절). 사람들이 등불을 가져다가 통속이나 침대 밑에 두지 않고 선반 위에나 탁자 위에 둔다." 빛 되신 하나님의 말씀도 성경책 안이나 마음에 계속 둘 수 없고 결국은 어떻게 된다고 말씀하시나요? 22절 [고후 3:6, 롬 7:6]

2) 순종하는 자에게 주시는 하나님의 저울은 어느 정도로 분명하고 풍성하게 하실까요? 24절

3) "내가 하는 말을 정말 잘 들어라., 세상 사람들이 너희가 하는 일이 다 잘될 것이라고 말하는 약삭빠른 자들의 충고를 조심하여라." 하나님은 받는 자보다 주는 자에게 주시되 덤으로 어떻게 하신다고 하시나요? 25절

4) "귀를 열어 놓고 신중하게 마음에 새겨들어라! 말씀에 순종하여 가진 자는 더 받는다." 그러나 가지지 못한 사람은 어떻게 될까요? 25절

5) 하나님으로부터 받아서 가진 사람과 가지지 못한 사람의 차이는 어느 정도로 날까요? 25절

6) 하나님으로부터 받은 열매의 기쁨은 어느 때 얻는 기쁨보다 더 클까요? [시편 4:7~8]

7) 예수님께서는 우리에게 이런 기쁨을 주시려고 어느 정도로 인내하셨으며 결국은 어떤 목적을 이루셨나요? [히브리서 12:2]

나눔의 시간

1) 하나님은 어떤 분이십니까?
2) 무엇을 깨달았나요?
3) 적용합니다.
4) 묵상과 함께 하는 말씀기도

내일의 양식 : 마가복음 4:26~34

한 사람을 사랑한
행복한 사람들

성경은 한 사람을 사랑한 행복한 사람들의 이야기다. 그 한 사람은 예수님이다. 예수님 때문에 그 인생은 행복으로 시작해서 행복으로 끝난다. 예수님과 관계를 끊으면 살려 준다고 말하며 죽이려는 자들 앞에서 "저들의 죄를 용서해 달라"는 행복한 기도를 하면서 말씀대로 죽는다(마 5:11). 예수님 때문에 매를 맞고 핍박받고 굶고 옥에 갇히고 억울하게 죽으면서까지 하늘 위에 하늘을 바라보면서 주님 계신 곳으로 떠나간다(행 7:55).

예수님하고 같이만 있으면 혼자 있어도 행복하고 즐겁다. 혹자(或者)는 예수님과 동행 하려면 외로움과 고독을 감내해야 한다고 하지만, 예수님과 함께 있다면 이때에도 외로움이 아니라 행복이다. 그러나 주님이 떠나면 ①노래를 불러도 ②여행을 가도 ③잔칫집에 가도 ④사람이 있어도, 행복하지 않다. 그러나 예수님과 함께 있다면 홀로 있어도 행복이요, 기쁨이다. 행복이라는 말은 인생목적을 이루기 위해서 사람들이 지어낸 말이 아니다. 행복이라는 말은 우리를 지으시면서 하나님의 가슴에서 나온 창조어다. "너희는 내가 창조하는 것을 길이길이 기뻐하고 즐거워하여라. 보아라, 내가 예루살렘이 기쁨이 가득 찬 도성으로 창조하고, 그 주민을 행복을 누리는 백성으로 창조하겠다"(사 65:18, 새번역). 하나님께서는 우리에게 영원한 행복을 주시려고 우리를 창조하시기 전에 행복나라를 먼저 만들어 두시고 나를 택하셨다(엡 1:4). 행복은 어디에 있을까? 행복은 예수님께서 계신 곳에 예수님과 함께 있는 것이다(시 16:2, 새번역).

그리스도인의 몸은 땅에 있지만 그 마음은 이미 하늘나라에서 살고 있기에 세상에서 더 소유하려는 일에 애쓰고 힘쓰고 시간을 소비하지 않는다. 지금부터는 다 주님 앞에 내려놓고 주님만 따라가면 된다. 오직 예수님을 바라보고 그의 언약을 되새기고 있으면 말로 다 할 수 없는 행복, 평화, 평강, 평안이 그 자리에 대신한다. 행복은 그리스도인의 대명사다. 사람들은 행복해지려고 많은 것으로 대체하지만 그 어떤 것도 대신할 수 없다.

힘들어하는 사람들을 본다. 사랑하고 기도하는 마음으로 그분들을 보면 예수님과 함께 안식의 공간이 없는 것 같아서 '내 아버지여!' 하며 안타까운 기도를 하게 한다. 그러나 일상에서 주님 한 분으로 행복했던 사람들은 어두운 사자 굴로 들어가고 뜨거운 불에 들어가도 주님만 있으면 충분하다(단 3:25). 이것이 바로 내 아버지, '엘 샤다이'(El Shaddai)의 전능하고 충분하신 하나님이다. 주님만 앞에 있고 나도 주님과 함께 있으면 이것이 인생의 완벽(perfect)이다(창 17:1).

하나님 나라는 쌓아 올린 스펙이나 눈에 보이는 공로로 행복과 불행을 계산하거나 이력으로 평가하지 않는다. 현재 얼마나 가지고 있고 없고도 아니다. 지금 내가 서 있는 곳이 광야냐, 푸른 초장이냐를 가지고도 판단하지 않는다. 오직 예수님을 바라보고 주님하고 있으면 그 사람은 행복이다(마 13:16). 행복 그 자체 때문이 아니다. 주님 덕분에 행복하다. 주님만 함께 계시면 사망의 음침한 골짜기에서도, 원수의 목전에서도 행복을 나눈다(시 23편). 불행은 예수님께서 함께 있지 않은 곳이다. 그러나 예수님만 함께 하면 ①전쟁도 ②불행도 ③어두움도 ④질병도 ⑤죽음도 유월(Passover)하기에 충분하다.

가까운 자리에서 알고 계시는 95세 되신 분이 "홀로 사시는 것이 외롭지 않으시냐"고 사람들이 물으면 이렇게 대답하신다. "나는 외롭지 않습니다. 우리 집 식구는 4명입니다. 나를 지으신 하나님 아버지, 나를 구원하신 예수님, 지금 나와 함께 계신 성령님, 4식구가 함께 살고 있습니다." 한 사람, 예수님을 사랑한 행복한 사람들의 하늘나라 이야기다. 어제는 세계에 남아 있은 미전도 방언 종족을 찾아 소중한 정보를 남긴 형제가 수천 페이지에 달하는 8권의 책을 내게 건네면서(25×18×20) 나는 주님께서 "수고했다"라는 이 말 한마디 들은 것으로 "행복하다"고 말한다. 이제 아프리카 대륙을 마지막으로 오대양 육대주를 마친다고 고백하는 그는 아내와 함께 얼굴에 행복이 가득하다. 아멘&샬롬.

기적 플러스⁺

마가복음 4:26~34

26 예수님께서 또 말씀하셨다. "하나님 나라는 이렇게 비유할 수 있다. 어떤 사람이 땅에 씨를 뿌려 놓고, **27** 밤낮 자고 일어나고 하는 사이에 그 씨에서 싹이 나고 자라지만, 그 사람은 어떻게 그렇게 되는지를 알지 못한다. **28** 땅이 저절로 열매를 맺게 하는데, 처음에는 싹을 내고, 그 다음에는 이삭을 내고, 또 그 다음에는 이삭에 알찬 낟알을 낸다. **29** 열매가 익으면, 곧 낫을 댄다. 추수 때가 왔기 때문이다." **30** 예수님께서 또 말씀하셨다. "우리가 하나님의 나라를 어떻게 비길까? 또는 무슨 비유로 그것을 나타낼까? **31** 겨자씨와 같으니, 그것은 땅에 심을 때에는 세상에 있는 어떤 씨보다도 더 작다. **32** 그러나 심고 나면 자라서, 어떤 풀보다 더 큰 가지들을 뻗어, 공중의 새들이 그 그늘에 깃들일 수 있게 된다." **33** 예수님께서는, 그들이 알아들을 수 있는 정도로, 이와 같이 많은 비유로 말씀을 전하셨다. **34** 비유가 아니면 말씀하지 않으셨으나, 제자들에게는 따로 모든 것을 설명해 주셨다.

질문을 만들고 그 답을 말씀에서 찾습니다.

1) 하나님의 나라는 씨를 뿌려 놓고 잠든 사람과 같다고 했습니다. 씨는 터져서 싹이 나와 무럭무럭 자라고 있는데 잠이 든 사람은 알고 있다고 하나요? 아니면 모르고 있다고 하나요? 27절하

2) 누구의 도움이 없어도 씨를 뿌리면 땅이 알아서 합니다. 처음에는 푸른 줄기를 내고 다음에는 꽃봉오리를 내고 다음에는 익은 곡식이 달립니다. 이제 곡식이 영글면 어느 때가 왔다고 말씀하시나요? 29절

3) 한 사람이 예수님을 나의 주 나의 하나님으로 영접하여 추수 때가 되었다는 것은 언제쯤을 말하나요? [딤후4:7~8]

4) "또 하나님의 나라는 어떻게 이야기할 수 있을까? 하나님의 나라는 세상에 그 어떤 씨보다 작은 좁쌀과 같다." 그러나 자라면 가지가 무성한 나무가 되어 누가 와서 둥지를 틀 정도로 큰다고 하시나요? 32절

5) 예수님께서는 그들의 인생경험과 신앙수준에 맞추어서 얽힌 말씀들을 풀어서 알아들을 수 있을 정도로 자세히 말씀해 주었고 제자들에게는 특별히 어떻게 해 주셨나요? 34절

6) 직분은 하나님의 일을 잘 수행하라고 주시는 기능직, 봉사직이며 책임져야 할 직분입니다. 심지어 사도직까지도 그렇습니다(엡 4:11~12). 그러나 세속적인 사람들이 권위직과 명예직과 계급직으로 만들어 놓았습니다. 예수님께서 오시는 '그날'에 칭찬 듣는 예수님의 제자는 누구일까요? [마태복음 25:23]

7) 왜 제자들에게는 따로 불러서 혼돈할 수 있는 말씀들을 이해할 수 있도록 잘 풀어서 가르쳐 주실까요? [마가복음 4:11]

8) 교사이신 성령님께서는 어떤 방법으로 이해할 수 있도록 지금도 가르쳐 주시고 계실까요? [요한복음 14:26]

나눔의 시간

1) 하나님은 어떤 분이십니까?
2) 무엇을 깨달았나요?
3) 적용합니다.
4) 묵상과 함께 하는 말씀기도

내일의 양식 : 마가복음 4:35~41

사람들의 **관심,**
1순위는 무엇일까요?

사람들이 관심을 크게 갖는 부분은 동서양을 막론하고, 건강이다. 그리고 건강에 대한 가치를 우선한다. 왜냐하면 건강하지 않으면 다른 사람에게 피해를 주기 때문이다. 그 사람이 가족이든 타인이든 불구하고 죄송하고 미안하다. 그러나 우리를 창조하신 주님께서 말씀하시는 건강을 알면 건강하게 살아갈 수 있다. 사람이 건강하게 사는 것은 하나님의 본뜻이다. 나는 그대가 건강하기를 원한다. 얼굴에는 환한 밝음이 나오고 몸에는 활기가 넘치고 마음에는 생기가 있고(창 2:7) 영과 혼과 몸, 전인격에는 주 하나님으로부터 은총을 받기를 원한다(고후 13:13).

예수님께서 말씀하시는 건강은 여기에 있다. 주님께서는 사람을 지으셨기에 사람의 몸 건강을 잘 알고 계신다. 그러면 사람의 건강은 어디에 있을까? 사람의 건강은 눈에 있다고 말씀하셨다. 반대로 눈이 망가지면 몸도 망가진다고 말씀하셨다.

"네 눈은 몸의 등불이다. 네 눈이 성하면, 네 온 몸도 밝을 것이요, 네 눈이 성하지 못하면, 네 몸도 어두울 것이다"(눅 11:34).

이렇듯 건강을 좌우하는 것은 눈에 있다. 눈이 성하면 온몸이 빛처럼 밝아진다고 하셨다. 눈이 건강해야 온몸이 밝아지고 눈이 어두우면 온몸이 어두워진다. 여기에서 '밝아진다'로 사용된 헬라어 '포떼이노스'라는 단어는 안개와 구름이 낀 어두운 날에도 안개와 구름이 걷히고 햇살이 비치고 있는 것을 말한다. 포떼이노스는 빛이라는 말과 동의어다. 반대로 '어두워진다'로 사용된 '스꼬떼이노스'는 어두워져서 점점 꺼져가는 것을 말한다. 몸이 어두워져 가고 있다는 말이다. 그러나 눈이 밝으면 온몸이 밝아진다. 하나님께서는 눈을 통해서 건강한 빛이 몸 안으로 들어가는 원리로 사람을 지으신 것이다. 그래서 눈이 무엇을 보느냐에 따라서 몸이 건강해지기도 하고 어두워지기도 한다.

최초로 눈을 잘못 사용해서 건강을 잃은 부부는 아담과 하와다. 하와가 범죄할 때 그 나무를 '본즉' 먹음직도 하고 보암직도 하고 지혜롭게 할 만큼 탐스럽기도 한 나무처럼 보였다(창 3:6). 그 이후로 모든 사람이 아담과 하와가 반역한 원죄를 따라 살아왔지만, 말씀과 성령님으로 거듭난 그리스도인들은 주 예수님을 바라보며(히 12:2) 말씀대로 믿고, 말씀대로 살고, 말씀대로 기도한다.

어떻게 사람이 건강하게 살 수 있을까? 멋진 내 눈을 예수님께 두면 몸도 마음도 영혼도 건강해진다('must keep our eyes on Jesus,' 히 12:2). 24시간 눈을 예수님과 '그 말씀'에 두면 온몸이 구석구석 밝아지고 건강해진다. 이것이 건강에 대한 창조주의 원리다. 온몸과 마음에 건강을 주는 것은 한시도 말씀에서 눈을 떼지 않는 것이다. 주님께서 말씀하신다. "아이들아, 내가 하는 말을 잘 듣고, 내가 이르는 말에 귀를 기울여라. 이 말에서 한시도 눈을 떼지 말고, 너의 마음속 깊이 잘 간직하여라. 이 말은 그것을 얻는 사람에게 생명이 되며, 그의 온몸에 건강을 준다. 그 무엇보다도 너는 네 마음을 지켜라. 그 마음이 바로 생명의 근원이기 때문이다"(잠 4:20~23).

사람의 몸과 마음을 움직이는 곳이 눈이다. 그래서 몸이 1,000냥이면 눈이 999냥이라는 말을 한다. 눈을 지키는 것이 마음을 지키는 것이고 마음을 지키는 것이 생명의 근원을 지키는 것이다. 그래서 눈을 잘못 사용하면 지옥 불에 들어간다고 예수님께서 말씀하셨다(마 5:29). 심지어 예수님께서는 믿음이 없는 사람들을 향하여 가슴 아픈 말씀도 남기셨다. "너희가 눈이 먼 사람들이라면, 도리어 죄가 없을 것이다. 그러나 너희가 지금 본다고 말하니, 너희의 죄가 그대로 남아 있다."

27년 전에 우리 집은 T.V에 대한 심각성을 깨닫고 온 가족이 의논한 후에 100% 찬성으로 T.V를 집에서 퇴출했다. 그 이후로 가족 간에 대화시간이 더 넉넉해졌다. 결론은 예수님이었다. 지금 생각해 보아도 잘했다고 생각한다. 더욱더 감사는 새 가족을 이룬 두 아이의 가정에도 T.V가 없다. 아멘&샬롬.

기적 플러스⁺

마가복음 4:35~41

³⁵ 그날 저녁이 되었을 때 예수님께서 제자들에게 말씀하셨다. "바다 저쪽으로 건너가자." ³⁶ 그래서 그들은 무리를 남겨 두고, 예수님을 배에 계신 그대로 모시고 갔는데, 다른 배들도 함께 따라갔다. ³⁷ 그런데 거센 바람이 일어나서, 파도가 배 안으로 덮쳐 들어오므로, 물이 배에 벌써 가득 찼다. ³⁸ 예수님께서는 고물에서 베개를 베고 주무시고 계셨다. 제자들이 예수님을 깨우며 말하였다. "선생님, 우리가 죽게 되었는데도, 아무렇지도 않으십니까?" ³⁹ 예수님께서 일어나 바람을 꾸짖으시고, 바다더러 "고요하고, 잠잠하여라" 하고 말씀하시니, 바람이 그치고, 아주 고요해졌다. ⁴⁰ 예수님께서 그들에게 말씀하셨다. "왜들 무서워하느냐? 아직도 믿음이 없느냐?" ⁴¹ 그들은 큰 두려움에 사로잡혀서 서로 말하였다. "이분이 누구이기에, 바람과 바다까지도 그에게 복종하는가?"

질문을 만들고 그 답을 말씀에서 찾습니다.

1) 예수님께서 "저편으로 건너가자"고 하셔서 순종하여 다른 배들과 함께 가고 있는데 어떤 일이 일어났을까요? 37절

2) 큰 풍랑과 파도가 일어나서 배 안에는 물이 차기 시작하고 죽을 지경인데 예수님께서는 배 뒤에서 베개를 베시고 무엇을 하고 계신가요? 38절

3) 제자들이 "우리가 죽게 되었는데 선생님은 아무렇지도 않으십니까?"라고 급하게 깨우며 말씀드리니 예수님께서 일어나셔서 무엇이라고 하십니까? 39절

4) 예수님께서 말씀하시니 바람은 멎고 파도는 잔잔한 호수처럼 고요해졌다. 그리고 제자들에게 무엇이라고 꾸짖으시나요? 40절

5) 제자들은 두려움에 사로잡혀 있는데 바람과 바다까지 순종하는 것을 보면서도
   예수님께서 누구와 동행하고 있다는 것을 제자들은 모르고 있을까요?
   [요한복음 5:19]

6) "바다 저쪽으로 건너가자"고 말씀하신 분은 예수님입니다. 그래서 순종하고
   있는데 죽을 일이 생겼습니다. 이때는 어떻게 하고 있는 것이 좋을까요?
   [사도행전 12:6, 시편 127:2]

7) 베드로와 바울과 실라는 알았습니다. 주 예수님만을 바라보는 이 믿음은
   어디에서 나온 믿음일까요? [로마서 14:8]

나눔의 시간

1) 하나님은 어떤 분이십니까?
2) 무엇을 깨달았나요?
3) 적용합니다.
4) 묵상과 함께 하는 말씀기도

내일의 양식 : 마가복음 5:1~20

예수님의 이름,
임마누엘이 힘이요, 능력입니다

예수님의 이름 중에 놀라운 이름은 임마누엘이다. 이 이름은 예수님을 영접한 사람에게만 주시는 특별한 이름이다. 이 이름을 알고 있는 사람은 하늘나라의 '특권층'이다(요 1:12).

나는 급할 때 먼저 하는 기도가 임마누엘의 기도이다. 0시 4분, 일과를 정리하고 글을 쓰다가 전화를 받고 급히 응급실로 달려갔다. 사랑하는 자매가 갑자기 응급실에 실려 갔기 때문이다. 가서 보니, 이것저것 다 검사하고 응급실 한쪽에 누워있었다. 어디선가 들려오는 아이의 울음소리가 내 마음을 더 애타게 했다. 인턴 의사가 왔다. "검사 결과에서 특별한 것은 없었습니다. 일단 집으로 돌아가셔도 될 것 같습니다."

응급실 밖으로 나오려고 하는데 누군가가 나를 알아보고 불렀다. "그래, 아름아, 어찌된 일이니!" 주위를 둘러보니 형제와 가족들도 모여 있다. 아버지가 기저질환이 있으신데 갑자기 심정지가 되어서 오늘 밤 넘기기가 어렵다는 말을 듣고 온 가족이 초주검이 되어 있었다. 기도 부탁을 받고 응급실 밖으로 나와서 복도에 모이니 6명이다. 이 순간에 주님께 드릴 기도가 무엇일까를 생각했다. 물론 아버지를 살려달라는 기도를 해야겠지만 임마누엘의 예수님께서 우리와 함께해 달라는 기도를 드리자고 말씀을 드리고 조용히 기도를 올렸다. 누가 말도 안 했는데 손에 손을 잡고 복도 바닥에 무릎을 꿇었다. 조용히 시작된 기도는 아름다운 향연(香煙)이 되어 타오르는 한 줄기의 빛과도 같은 느낌이 있었다. 기도를 마치고 새벽공기를 가르고 집으로 돌아오는데 벨 소리가 울렸다. "목사님, 아버지 심장이 돌아왔어요!"

임마누엘의 예수님께서 함께해 달라는 기도가 전부였는데 함께 계신 주님께서 우리들의 인생에 개입하셔서 일하시고 영광을 받으셨다(시 104:31). 주님께서 우리와 함께하시기를 살아나는 것보다 먼저 구하니 아버지가 세상을 떠나가시다가 다시 사랑하는 아내와 아들과 딸이 있는 곳으로 돌아오셨다. 예수님의 이름, 임마누엘(마 1:23), 우리의 영원한 아빠 아버지다(롬 15:15). 제자들은 알고 기도했다. "손을 내밀어 병을 낫게 하시고 표적과 기사가 거룩한 종 예수님의 이름으로 이루어지게 하옵소서 하더라"(행 4:30).

구원과 복(83~40)은 임마누엘의 예수님과 함께 있는 사람들에게 주어지는 특별한 은혜다. 사도 중에 한 사람을 더 세워야 하는데 조건은 한 가지였다. 처음부터 지금까지 우리와 함께 다니던 사람이다(행 1:22). 이 조건이 임마누엘이다.

예수님께서 요한복음 6장에서 시작하신 성회는 만 명이 넘는 사람들이 모였는데 다 떠나고 불과 몇 명만 남았다. 주님께서 묻는다. "너희까지도 떠나가려느냐?" 베드로가 대답한다. "주여, 영생의 말씀이 주님께 있사오니 우리가 누구에게로 가오리이까"(요 6:68). 그렇다. 임마누엘의 주님께서 함께 만 계시면 여리고든 홍해든 요단강이든 죽음이든 문제가 되지 않는다. 가나안에 들어간 여호수아와 갈렙이 한 말을 우리는 기억하고 있다. "그 땅 백성을 두려워하지 마십시오. 그들은 우리의 밥입니다. 그들의 방어력은 사라졌습니다. 주님께서 우리와 함께 계시니 그들을 두려워하지 마십시오." 이것이 바로 여호수아와 갈렙 안에 있었던 임마누엘의 예수님이다. 아멘&샬롬.

기적 플러스⁺

마가복음 5:1~20

1 그들은 바다 건너편 거라사 사람들의 지역으로 갔다. **2** 예수님께서 배에서 내리시니, 곧 악한 귀신 들린 사람 하나가 무덤 사이에서 나와서, 예수님과 만났다. **3** 그는 무덤 사이에서 사는데, 이제는 아무도 그를 쇠사슬로도 묶어 둘 수 없었다. **4** 여러 번 쇠고랑과 쇠사슬로 묶어 두었으나, 그는 쇠사슬도 끊고 쇠고랑도 부수었다. 아무도 그를 휘어잡을 수 없었다. **5** 그는 밤낮 무덤 사이나 산 속에서 살면서, 소리를 질러 대고, 돌로 제 몸에 상처를 내곤 하였다. **6** 그가 멀리서 예수님을 보고, 달려와 엎드려서 **7** 큰소리로 외쳤다. "더 없이 높으신 하나님의 아들 예수님, 나와 무슨 상관이 있습니까? 하나님을 두고 애원합니다. 제발 나를 괴롭히지 마십시오." **8** 그것은 예수님께서 이미 그에게 "악한 귀신아, 그 사람에게서 나가라" 하고 명하셨기 때문이다. **9** 예수님께서 그에게 물으셨다. "네 이름이 무엇이냐?" 그가 대답하였다. "군대입니다. 우리의 수가 많기 때문에 붙여진 이름입니다." **10** 그리고는, 자기들을 그 지역에서 내쫓지 말아 달라고 예수님께 간청하였다. **11** 마침 그 곳 산기슭에 놓아기르는 큰 돼지 떼가 있었다. **12** 귀신들이 예수님께 간청하였다. "우리를 돼지들에게로 보내셔서, 그것들 속으로 들어가게 해주십시오." **13** 예수님께서 허락하시니, 악한 귀신들이 나와서, 돼지들 속으로 들어갔다. 거의 이천 마리나 되는 돼지 떼가 바다 쪽으로 비탈을 내리달아, 바다에 빠져 죽었다. **14** 돼지를 치던 사람들이 달아나 읍내와 시골에 이 일을 알렸다. 사람들은 일어난 일이 무엇인지 보러 왔다. **15** 그들은 예수님께 와서, 귀신 들린 사람 곧 군대 귀신에 사로잡혔던 사람이 옷을 입고 제정신이 들어 앉아 있는 것을 보고, 두려워하였다. 16 처음부터 이 일을 본 사람들은, 귀신 들렸던 사람에게 일어난 일과 돼지 떼에게 일어난 일을 그들에게 이야기하였다. **17** 그러자 그들은 예수님께, 자기네 지역을 떠나 달라고 간청하였다.

18 예수님께서 배에 오르실 때에, 귀신 들렸던 사람이 예수님과 함께 있게 해 달라고 애원하였다. **19** 그러나 예수님께서는 허락하지 않으시고, 그에게 말씀하셨다. "네 집으로 가서, 가족에게, 주님께서 너에게 큰 은혜를 베푸셔서

너를 불쌍히 여겨 주신 일을 이야기하여라." **20** 그는 떠나가서, 예수님께서
자기에게 하신 일을 데가볼리에 전파하였다. 그리하니 사람들이 다 놀랐다.

질문을 만들고 그 답을 말씀에서 찾습니다.

1) 예수님께서 바다 건너편 거라사 지방으로 가시니 미친 사람이 무덤 사이에서
   나와서 예수님께 무엇이라고 애원하나요? 7절

2) 힘이 센 사람도 잡아 둘 수 없고 밧줄과 쇠사슬까지도 끊어 버리고 자기 몸을
   뾰족한 돌로 상하게 하고 있던 귀신 들린 사람이 예수님께 달려와서 엎드리며
   자기를 괴롭히지 말아 달라고 애원하는 이유는 무엇일까요?
   8절 [요한1서 3:8]

3) 난동을 피우며 '패거리'라고 말하는 귀신들이 말하기를 자기들을 이 동네에서
   내쫓지 말고 돼지에게 보내어 살게 해 달라고 애원해서 예수님께서 허락하여
   들어가니 돼지 떼가 미쳐서 어떻게 되나요? 13절

4) 곁에서 돼지를 치던 사람들이 혼비백산하여 사람들에게 가서 알리니 동네
   사람들이 와서 이 사실을 눈으로 확인하고 예수님께 무엇을 요구하나요? 17절

5) 은혜를 받고 예수님께 더 있어 달라는 사람(요 4:40)들도 있는데 왜 이
   사람들은 자기 동네에서 떠나 달라고 했을까요? [고린도전서 2:14~15]

6) 온전히 치유 받은 사람에게 너에게 큰 은혜를 베푸셔서 불쌍히 여겨주신 일을
   어디에 가서 알리라고 예수님께서 말씀하셨을까요? 19절

7) 가족들이 무엇을 했길래 예수님께서 나를 따라오지 말고 네 집에 있는
   가족에게 가서 알리라고 하셨을까요? [마가복음 9:29]

8) 여기에서 우리는 가족들이 하나가 되어 기도하면 주 하나님의 마음을
   움직인다는 것을 알 수 있습니다. 예수님께서는 왜 귀신들에게 이름을 먼저
   묻고 멸망시켰을까요? [고린도후서 2:11]

나눔의 시간

1) 하나님은 어떤 분이십니까?
2) 무엇을 깨달았나요?
3) 적용합니다.
4) 묵상과 함께 하는 말씀기도

내일의 양식 : 마가복음 5:21~34

예수님을 믿는 **믿음이** **구원**입니다

구원을 받는 것은 오직 믿음이다. 사람이 구원받지 못하는 것은 죄가 많아서가 아니라 믿음이 없어서 구원받지 못하는 것이다. 그러나 나는 불행하게도 이렇게 중요한 진리를 예수님을 믿는다고 하면서 10년 넘게 몰랐다. 믿음에 대해서 성경 지식으로는 말씀을 알고 있었는데 믿음으로 사는 것이 무엇인 줄 모르고 있으니 제대로 된 기도응답은 고사하고 영혼 구원도 흔들려서 때마다 일마다 갈팡질팡했다.

믿음이 무엇인지 모르고 하는 신앙(信仰)생활은 정말 힘들고 혼란스럽고 어려웠다. 나는 신앙이 좋게 보이는 사람들이 하는 행동만을 보고 따라 했다. 예를 들면 예배드리고 기도하고 성경 읽고 찬송을 부르고 봉사하고 헌금은 드렸다. 돌이켜 생각해 보면 어른 흉내를 내는 아이들과 같았다. 그리고 이렇게 생각했다. 나는 죄도 별로 안 짓고 문제도 없는데 세상이 문제라고 생각했다. 그러다가 결정적인 순간이 나에게 찾아왔는데 그것은 믿음 없는 것이 죄의 본질이라는 말씀을 요한복음 16장 9절에서 깨닫게 된 것이다. 아! 그래서 믿음 없는 사람은 아무것도 안 되는구나!

"죄에 대하여 깨우친다고 함은 세상 사람들이 나를 믿지 않기 때문이요."

예수님의 말씀처럼 '믿음으로 살지 않는 것이 죄라고 한다면 죄를 안 짓고 믿음으로 사는 것이란 무엇인가?'를 가지고 고민하기 시작했다. 그러다가 히브리서 11장 1절에서 시작된 믿음이 12장 2절에서 내 눈과 마음이 예수님을 바라보고 생각하고 의식하고 사는 것임을 깨닫게 된 것이다. 믿음의 조상 아브라함도, 이삭도, 야곱도, 요셉도 그랬고 사도들과 제자들도 예수님을 바라보고 따라가며 살았기에 용서받고 구원을 받았는데, 이렇게 중요한 진리를 모르고 지내온 것이다.

그러나 이제는 예수님과 그 말씀을 바라보고 살아가는 삶이 경건의 훈련으로 시작되면서 달라진 것은 말씀묵상이었다. 말씀이 마음에 남아서 생각나고 기억되는 것이다. 정말 나로서는 놀라운 일이었다. 지금 와서 생각하니 말씀이 내 마음에 남아서 믿음이 된 것이다(히 8:10). 이것을 고린도후서 3장 3절은 이렇게 알려주고 있다. "먹물로 쓴 것이 아니라 살아계신 하나님의 영으로 쓴 것이요, 돌 판에 쓴 것이 아니라 가슴 판에 쓴 것이다."

믿음으로 시작해서 믿음으로 살아가는 것만이 하나님을 만나고 죄를 이기고 영생으로 가는 길이라는 것을 드디어 알게 되고 실제가 된 것이다. 지금은 어디서나 벽을 바라보고 있는 것을 좋아하게 되고 하늘을 바라보는 것을 좋아하고 블루색을 좋아한다. 이런 것들이 주님만을 바라보려는 미세한 일 중의 하나가 된 것이다. 이 모든 것을 떠나서 24시간 주님만을 바라보며 생각하는 것이 중요하다. 그래야만 행복하기 때문이다.

성경에 믿음으로 나타난 성도들도 그랬다. 하박국은 믿음으로 살았고 주 하나님께서도 그에게 응답하셨다. "내가 초소 위에 올라가서 서겠다. 망대 위에 올라가서 나의 (믿음의) 자리를 지키겠다. 주님께서 나에게 무엇이라고 말씀하실지 기다려 보겠다. 내가 호소한 것에 대하여 주님께서 어떻게 대답하실지를 기다려 보겠다"(합 2:1)고 하였다. 그 다음을 읽어보면 이런 믿음을 응답하셨다.

예수님께서도 어디서나 믿음의 자리를 지키면 믿음이 죽었던 자도 살아나게 한다고 말씀하셨다. "모세가 광야에서 뱀을 든 것 같이, 인자도 들려야한다. 그것은 그를 믿는 사람마다 영생을 얻게 하려는 것이다"(요 3:14~15). 모세가 광야에서 뱀을 든 사건은, 민수기 21장 8~9절을 보면 죽어가는 사람들이 모세가 만든 놋 뱀을 바라보면 살아났다. 놋 뱀은 죄인을 위해서 대신 저주를 받으신 예수님을 말한다(갈 3:13).

믿음으로 살아가는 사람은 예수님과 친밀해진다. 이 친밀함은 한 집에서 살고 있는 가족이다(엡 2:19). 그래서 예수님을 믿는 믿음을 가진 사람은 예수님의 몸에 붙어 있는 가지다(요 15:15). 아멘&샬롬.

기적 플러스⁺

마가복음 5:21~34

21 예수님께서 배를 타고 맞은편으로 다시 건너가시니, 큰 무리가 예수님께로 모여들었다. 예수님께서 바닷가에 계시는데, **22** 회당장 가운데서 야이로라고 하는 사람이 찾아와서 예수님을 뵙고, 그 발아래에 엎드려서 **23** 간곡히 청하였다. "내 어린 딸이 죽게 되었습니다. 오셔서, 그 아이에게 손을 얹어 고쳐 주시고, 살려 주십시오." **24** 그래서 예수님께서 그와 함께 가셨다. 큰 무리가 뒤 따라 오면서 예수님을 밀어댔다. **25** 그런데 열두 해 동안 혈루증을 앓아 온 여자가 있었다. **26** 여러 의사에게 보이면서, 고생도 많이 하고, 재산도 다 없앴으나, 아무 효력이 없었고, 상태는 더 악화되었다. **27** 이 여자가 예수님의 소문을 듣고서, 뒤에서 무리 가운데로 끼여 들어와서는, 예수님의 옷에 손을 대었다. **28** 그 여자는 "내가 그의 옷에 손을 대기만 하여도 나을 터인데!" 하고 생각하고 있었던 것이다. **29** 그래서 곧 출혈의 근원이 마르니, 그 여자는 몸이 나은 것을 느꼈다. **30** 예수님께서는 곧 자기에게서 능력이 나간 것을 몸으로 느끼시고, 무리 가운데서 돌아서서 "누가 내 옷에 손을 대었느냐?" 하고 물으셨다. **31** 제자들이 예수님께 "무리가 선생님을 에워싸고 떠밀고 있는데, 누가 손을 대었느냐고 물으십니까?" 하고 반문하였다. **32** 그러나 예수님께서는 그렇게 한 여자를 보려고 둘러보셨다. **33** 그 여자는 자기에게 일어난 일을 알므로, 두려워하여 떨면서, 예수님께로 나아와 엎드려서 사실대로 다 말하였다. **34** 그러자 예수님께서 그 여자에게 말씀하셨다. "딸아, 네 믿음이 너를 구원하였다. 안심하고 가거라. 그리고 이 병에서 벗어나서 건강하여라."

질문을 만들고 그 답을 말씀에서 찾습니다.

1) 예수님께서 가버나움으로 다시 건너가시니 야이로라고 하는 회당장이 주님의 발 앞에 엎드려 "내 딸이 죽음의 문턱에 와 있습니다. 오셔서 손을 얹어 살려 주세요"라고 정신없이 구하니 어떻게 하시나요? 24절

2) 예수님께서 회당장의 집으로 가시는데 사람들이 많아서 밀고 당기고
하였습니다. 이때 12년 동안 피가 엉겨서 등이 굽어 죽는 혈루병을 앓던
연약한 여인도 죽을힘을 다하여 예수님의 옷에 손만 닿으면 나을 수 있다는
믿음을 가지고 예수님의 옷자락 끝에 손을 대니 어떤 일이 일어났나요? 29절

3) 그 순간에 주님께서는 "누가 내 옷에 손을 대었느냐?"라고 말씀하시니
제자들이 말하기를 "지금 선생님의 옷에 손을 댄 사람이 한두 사람인가요"
라고 하자, "아니다. 누가 내 옷에 손을 대었다. 나는 내게서 능력이 나간 것을
알고 있다"(눅 8:46)라고 말씀하시고 무리를 둘러보시니 그 여자가 자기에게
일어난 일을 알고 두려워 떨면서 모든 일을 사실대로 사람들 앞에서 간증
(눅8:47)하니 예수님께서는 이 여인에게 치료받은 확신을 주시고 그다음에
무엇을 더 받고 돌아가나요? 34절

4) 여인은 몸 치료도 받고 영혼까지 구원(소떼리아, soteria)을 얻었습니다. 네
명의 친구들에게 침상에 실려 온 중풍병 환자(막 2:5)와 나병 환자 열 명이
예수님 말씀에 순종하여 제사장에게 보여주러 가다가 치료받은 것을 알고
다시 예수님께 돌아온 사마리아 사람처럼(눅 17:19) 영혼까지 구원받았습니다.
몸 치료와 함께 영혼까지 구원받은 이들에게서 나타나는 공통점은
무엇일까요? [시편 50:23]

나눔의 시간

1) 하나님은 어떤 분이십니까?
2) 무엇을 깨달았나요?
3) 적용합니다.
4) 묵상과 함께 하는 말씀기도

내일의 양식 : 마가복음 5:35~43

하나님을
감동시키는 사람들

믿음으로 하는 말이 하나님을 감동시킨다. 그래서 믿음은 그 사람의 마음과 입에 있다고 말씀하셨다. 누구든지 예수님을 나의 주님이라고 입으로 고백하고, 하나님께서 예수님을 죽은 사람들 가운데서 살리신 것을 마음으로 믿으면 구원을 얻는다(롬 10:9). 이와 같이 아브라함도 여호와를 믿으니 여호와께서 이를 그의 의로 여기셨다(창 15:6). 이것이 바울이 로마서 4장에서 말하는 믿음이다. 그러나 야고보가 말하는 아브라함의 믿음은 모리아 산에서 그 독자 이삭을 하나님께 드리는 믿음이다(창 22:12). 그래서 믿음과 행함은 하나다.

그러나 믿음을 방해하는 3가지를 알아야 한다. 의심, 두려움, 애착이다. 첫번째 의심은 하나님의 말씀과 주님께서 하신 일들을 눈으로 보고 귀로 들을 때 끼어들어 온다. 끼어들어 오는 것은 논리적이고 과학적이고 산술적인 이성이다. 예를 들면, 물 위로 걸으신 예수님에 대한 말씀을 들을 때다(마 14:26). 또 예수님께서 벳세다 광야에서 "어디에서 빵을 사다가, 이 사람들을 먹이겠느냐?"라고 물으실 때 빌립이 산술적으로 이백 데나리온이 있어도 충분하지 않다고 말한다(요 6:5). 빌립의 계산이 틀리지는 않았지만 믿음 앞에서 계산적인 이성이 항복하지 않으면 그 신앙은 바다 가운데서 표류할 수 있다. 그러나 반대로 그 이성이 말씀 앞에서 "말씀대로 이루어질 줄 믿습니다"라고 말하면 믿음이 역사한다(눅 1:38).

다음은 두려움이다. 두려움은 자주 등장하는 믿음의 적이다. 그래서 성경에 두려움이라는 단어가 12달 동안 365번이 등장한다고 말하는 분도 계시지만 실제로는 500번도 넘는다. 회당장 야이로는 예수님께서 고쳐 주신다는 말을 듣고 예수님과 함께 집으로 가다가 딸이 죽었다는 소식을 듣고 두려워한다. 예수님께서 이것을 아시고 "두려워하지 말고 나를 믿기만 해라 그리하면 딸이 구원을 얻는다"(눅8:50)고 말씀하셨다. 왜냐하면 야이로의 마음 안에 두려움이 작동하는 것을 아시고 말씀으로 막으신 것이다. 두려움은 자기 아들을 아끼지 아니하시고 우리 모든 사람을 위하여 내어주신 이가 어찌 그 아들과 함께 모든 것을 우리에게 주시지 아니하겠느냐는 한마디 말씀으로 막을 수 있고 승리까지 할 수 있다(롬 8:32).

다음은 애착이다. 애착은 사랑하는 사람들과의 관계에서 온다. 애착은 자신의 일이나 가족들이 어려움을 겪고 있을 때 나타난다. 그리고 믿음을 방해한다. 그래서 이런 기도는 내가 아닌 다른 사람이 기도하고 나는 하나님의 뜻을 구하면 된다. 예수님께서도 자신의 문제를 제자들에게 도움을 청하고 자신은 하나님의 뜻을 구했다. 그리고 승리하셨다(마 26:42). 그래서 예수님께서

마가복음 묵상과 나눔

는 마지막 날 밤에 제자들에게 "너희는 서로 사랑하라"는 말씀을 무려 4번이나 하셨다. 이것은 서로를 위해서 기도해야 할 것을 염두에 두고 하신 말씀이다. 왜냐하면 내 문제는 너의 기도로 이루어지기 때문이다. 사람이 기도의 사람을 한 명 얻는 것은 한 나라를 얻는 것과 같다.

우리가 얻는 개인적인 것들은 나를 사랑하는 예수님의 기도를 포함해서 너의 기도로 하나님께서 응답하신다. 그래서 우리가 하나님으로부터 받은 귀한 것들은 내가 감히 구하지도 생각하지도 못한 것들이다. 이것은 하나님을 감동시키는 사랑하는 너의 기도로 내가 받아 누리는 것이다. 아! 다윗, 그는 이것을 일찍이 알고 하나님을 사랑하고 기도하는 사람들을 곁에 두어서 다윗이 다윗처럼 된 것이다(시 101:6). 하나님의 일이란 결코 우연은 없다. 누군가의 기도다. 이것이 하나님을 감동시킨다. 아멘&샬롬.

기적 플러스⁺

마가복음 5:35~43

³⁵ 예수님께서 말씀을 계속하고 계시는데, 회당장의 집에서 사람들이 와서, 회당장에게 말하였다. "따님이 죽었습니다. 이제 선생님을 더 괴롭혀서 무엇하겠습니까?" ³⁶ 예수님께서 이 말을 곁에서 들으시고서, 회당장에게 말씀하셨다. "두려워하지 말고 믿기만 하여라." ³⁷ 그리고 베드로와 야고보와 야고보의 동생 요한 밖에는, 아무도 따라오는 것을 허락하지 않으셨다.

³⁸ 그들이 회당장의 집에 이르렀다. 예수님께서 사람들이 울며 통곡하며 떠드는 것을 보시고, ³⁹ 들어가셔서, 그들에게 말씀하셨다. "어찌하여 떠들며 울고 있느냐? 그 아이는 죽은 것이 아니라 자고 있다." ⁴⁰ 그들은 예수님을 비웃었다. 그러나 예수님께서는 그들을 다 내보내신 뒤에, 아이의 부모와 일행을 데리고, 아이가 있는 곳으로 들어가셨다. ⁴¹ 그리고 아이의 손을 잡으시고 말씀하셨다. "달리다굼!" 이는 번역하면 "소녀야, 내가 네게 말한다. 일어 나거라" 하는 말이다. ⁴² 그러자 소녀는 곧 일어나서 걸어 다녔다. 소녀의 나이는 열두 살이었다. 사람들은 크게 놀랐다. ⁴³ 예수님께서, 이 일을 아무에게도 알리지 말라고 그들에게 엄하게 명하시고, 소녀에게 먹을 것을 주라고 말씀하셨다.

질문을 만들고 그 답을 말씀에서 찾습니다.

1) 회당장의 집에서 온 사람들이 "따님이 죽었습니다. 이제는 선생님께 부탁한들 무엇을 기대하겠습니까"라는 말을 듣고 '이제는 끝이 났구나'하며 두려워하는 야이로에게 예수님께서 즉시 무엇이라고 말씀하셨나요? 36절

2) 예수님께서는 회당장에게 너는 나만을 신뢰하고 믿으라고 하시면서 베드로와 야고보와 요한과 그 일행을 데리고 들어가셔서 죽은 아이의 손을 잡고 무엇이라고 말씀하시나요? 41절

3) "저렇게 한다고 죽은 아이가 살아서 나올 수 있냐"고 입방아를 찧는 이들과 곡하던 사람들이 아이가 살아서 나오는 것을 보고 어떻게 반응하나요? 42절

4) 사람들이 다 볼 수 있도록 시신이 누워있는 큰 방에서 죽은 아이를 살리시면 전도에 큰 도움이 되셨을 텐데 오히려 사람들을 밖으로 내보내신 뒤에 왜 베드로와 야고보와 요한과 부모와 그 일행만을 데리고 들어가셔서 아이를 살리셨을까요? [갈라디아서 5:6]

5) 믿음의 역사는 사랑으로 역사하는 믿음입니다. 죽은 아이를 살리는데 예수님의 한마디로 충분했습니다(시 107:20). 예수님께서 선포하신 한마디 말씀은 어디에서 왔을까요? [요한복음 5:19]

나눔의 시간

1) 하나님은 어떤 분이십니까?
2) 무엇을 깨달았나요?
3) 적용합니다.
4) 묵상과 함께 하는 말씀기도

내일의 양식 : 마가복음 6:1~6상

붙어 있는 가지는
열매를 맺는다

누구든지 예수님께 붙어 있으면 열매를 맺는다. 사망의 음침한 골짜기에서도, 원수의 목전에서도 떨어져 있지 말고 붙어 있어야 한다. 그러면 예수님으로부터 오는 말씀과 기도라는 영생의 젖줄이 그 가지로 흘러간다. 붙어 있는 가지에 예수님의 말씀과 기도라는 젖줄이 들어가면 믿음의 용기와 성령님의 생기를 얻는다(창 2:7). 이때 열매를 맺지 못하는 가지는 제거하시고 열매를 맺는 가지는 농부이신 하나님께서 더 많은 열매를 맺게 하신다.

붙어 있는 가지는 예수님과 한 영이 되는 것이다(고전 6:17). 예수님께 붙어 있는 가지는 기쁠 때나 슬플 때나 비가 오나 눈이 오나 예수님과 함께하는 가지다. 요셉은 이루 말할 수 없는 고난 중에도, 다니엘은 나라를 잃었지만 주님께 붙어 있었다. 다윗은 그 무서운 죄악 중에도 주님을 떠나지 않았다. 붙어 있는 가지에는 하늘에서 이루어진 아버지의 뜻이 땅에서 이루어지는 시간을 갖는다(행 1:22).

하나님의 열매는 한 철만 맺는 1년생이 아니다. 하나님의 열매는 철마다 달마다 열리는 다년생이며 받는 이와 주는 이에게 큰 기쁨이다. 주님께서 사람의 마음에 주신 기쁨은 농부가 햇곡식과 새 포도주를 수확할 때에 누리는 기쁨보다 크다(시편 4:7). 그리고 눕거나 잠드는 평안까지 주신다(행 12:7). 이것이 붙어 있는 가지에게 주시는 영생의 열매다. 열매를 받은 사람은 일생 그 열매를 먹으며 주님께 감사를 드리고 거저 받았으니, 이웃에게 거저 주는 넉넉한 사람이 된다.

하나님께서 주시는 열매는 어떤 것들이 있을까? 다른 곳에도 있지만 고린도전서 12장 8~11절, 갈라디아서 5장 22~23절에 집중되어 있다. 우리가 열매를 받으면 아버지께서 아들로 말미암아 영광을 받으시는 기쁨의 시간이 된다. 아버지는 아들로 인하여 열매를 맺는 것을 기뻐하신다(요 14:13, 15:8). 나에게 주신 열매는 모르는 것을 물으면 말씀으로 알려주시는 지식의 열매다. 붙어 있는 나에게 오셔서 주님께서 일하시고 주신 열매이기에 이것을 보고 스스로 기뻐하시는 주님께 영광을 드린다(시104:31). 누구든지 붙어만 있으면 그 사람에게는 꼭 맞는 열매가 맺힌다.

예수님께서 벳새다의 광야에서 시작하셨던 사경회는 10,000명 이상으로 모였다. 그리고 해가 저물어 가자, 오병이어로 남자만 5천 명이 넘는 사람들을 배불리 먹이셨다. 만 명도 넘는 사람들이 빵과 고기는 잘 먹었지만, 잘못된 신앙관으로(요 6:26) 따라오던 사람들을 따돌리기 위해서 예수님께서는 제자들을 먼저 가버나움으로 건너보내고 자신도 산으로 피하여 기도하시다가 그 새벽에 건너가셨는데, 다음 날에까지 예수님을 찾아 죽고 살기로 따라온 사람들에게 "내 살을 먹고 내 피를 마시는 자는 영생을 가졌고 마지막 날에 내가 그 사람을 다시 살린다"라고 말씀하시자 그동안 따라다녔던 제자들까지 하나둘씩 떠나는 초유의 사건이 벌어졌다(요 6:66). 이들이 포도나무에서 잘려 나간 것은 말씀을 받아먹지 않았기 때문이다. 다 떠나고 이제는 정말 몇 명의 제자들만 남았다. 예수님께서는 비장한 각오로 말씀하시기를 "너희도 가려느냐?"고 묻자, 시몬 베드로가 대답한다. "주여, 영생의 말씀이 주님께 있사오니 우리는 갈 수 없습니다." 베드로는 영생의 예수님께 붙어 있어야 한다는 것을 알았다.

가룟 유다가 불쌍하게 세상을 종식하고 그 자리에 1명을 충원하는데, 필요한 조건은 한 가지다. 우리와 항상 함께 붙어 있었던 사람이다(행 1:22). 이 사람은 기쁠 때나 슬플 때나 함께 있었던 사람이다. 다윗이 했던 일 중에서 가장 잘한 것은 원수의 목전에서, 사망의 음침한 골짜기에서도 주님께 붙어서 떨어지지 않았다는 것이다. 다윗도, 베드로도 그 외에 사람들도 포도나무이신 예수님께 붙어 있었던 목적지는 세상이 아니라 영원한 주님의 집이었다(시 23:6). 마지막 열매는 베드로전서 1장 9절이다. 그래서 신랑 되신 예수님께 나를 신부로 드리는 것이다(계 21:2). 아멘&샬롬.

기적 플러스⁺

마가복음 6:1~6상

1 예수님께서 거기를 떠나서 고향에 가시니, 제자들도 따라갔다. **2** 안식일이
되어서, 예수님께서 회당에서 가르치기 시작하셨다. 많은 사람이 듣고, 놀라서
말하였다. "이 사람이 어디에서 이런 모든 것을 얻었을까? 이 사람에게 있는
지혜는 어떤 것일까? 그가 어떻게 그 손으로 이런 기적들을 일으킬까?
3 이 사람은 마리아의 아들 목수가 아닌가? 그는 야고보와 요셉과 유다와 시몬의
형이 아닌가? 또 그의 누이들은 모두 우리와 같이 여기에 살고 있지 않은가?"
그러면서 그들은 예수님을 달갑지 않게 여겼다. **4** 그래서 예수님께서 그들에게
말씀하셨다. "예언자는 자기 고향과 자기 친척과 자기 집 밖에서는, 존경을 받지
않는 법이 없다." **5** 예수님께서는 다만 몇몇 병자에게 손을 얹어서 고쳐 주신 것
밖에는, 거기서는 아무 기적도 행하실 수 없었다. **6** 그리고 그들이 믿지 않는 것에
놀라셨다.

질문을 만들고 그 답을 말씀에서 찾습니다.

1) 예수님께서는 가버나움을 떠나서 자라나신 나사렛에(1절) 가서 말씀을
   전하셨는데 사람들이 감탄했습니다(2절). 예수님께서 어떤 말씀으로
   가르치셨길래 이들이 놀라움을 금치 못했을까요? [누가복음 4:17~19]

2) 말씀을 듣고 나서 예수님을 가리키면서 "이 사람이 어디에서 이런 지혜를
   얻고 그 손으로 기적을 일으킬까? 이 사람은 마리아의 아들 목수가 아닌가?
   야고보와 요셉과 유다와 시몬의 형이 아닌가? 그리고 누이들은 여기에 있지
   않은가?"라고 말하며(3절) 달갑지 않게 여기는 이들은 감동할 정도로 말씀을
   듣기는 들었지만, 어디에서 떠나 있는 불쌍한 자들인가요? [에베소서 4:18]

3) 예수님께서 성경을 펴서 가르치신 이사야 61장은 그리스도가 오시면 그

언약을 이루신다는 이사야의 예언이며 주님께서 그대로 말씀하시고 복음을 이루셨습니다. 그리고 이들 앞에 와 있는데 왜 그리스도를 볼 수 없고 들을 수 없을까요? [사도행전 28:26]

4) 하나님의 아들이신 그리스도를 볼 수 없는 눈은 어떤 프레임의 잣대를 가지고 있을까요? [고린도후서 5:16]

나눔의 시간

1) 하나님은 어떤 분이십니까?
2) 무엇을 깨달았나요?
3) 적용합니다.
4) 묵상과 함께 하는 말씀기도

내일의 양식 : 마가복음 6:6하~13

83 / 26 | 은사 받은 사람과 은혜 받는 사람은 다르다

은사와 은혜가 다르다는 것은 은사 받은 사람이 은혜 받은 사람이 아니고, 은혜 받은 사람이 은사를 받은 사람이 아니라는 말이다. 그러나 은혜도 받고 은사도 받으면 더욱 좋다. 그렇다면 은사는 무엇이고 은혜는 무엇인가? 은사는 재능이고 은혜는 예수님을 닮아가고 있는 사람을 말한다.

성경에 나오는 발람이나 사울 왕이나 가룟 유다 같은 사람들이나 목회서신에 나오는 뼈아픈 사람들은 은사는 있었으나 은혜는 없었다(딤전 1:20, 딤후 2:17, 4:14). 교회 안에서 은사가 나타나는 사람을 은혜 받은 사람으로 인정하고 세우면 공동체에 어려움이 오게 된다. 은혜는 개인에게 주시는 것이고 은사는 공동체에 덕을 세우기 위해서 주신 것이다(고전 14:2~5). 가룟 유다도 병든 사람을 고쳐 주며, 죽은 사람을 살리며, 나병 환자를 깨끗하게 하며, 귀신을 쫓아내는 은사를 다른 제자들과 동일하게 받았다(마 10:8). 교회 안에서 어떤 사람에게 은사가 나타나는 것으로 인하여 마음을 열어 놓고 함께 했다가 훼파되고 혼란에 빠져있다는 소식을 듣는 것은 마음이 아프고 개탄스러운 일이다. 주님께서도 받은 은사를 목적대로 바르게 사용하지 않는 사람들에 대해서 엄중히 경고하셨다(마 7:22~23).

이렇듯 은사를 받은 사람들이 시험에 빠지는 이유는 공동체의 유익을 위해서 주신 은사를 자신의 사욕이나 야망을 위해서 사용할 때 교회 전체 또는 일부가 무너지기 시작한다. 교회 안에서 은사를 사용하는 사람들의 문제가 있음이 여러 차례 보였지만 그가 가지고 있는 직분으로 은폐되어 방어하거나 치유할 수 없는 것이 오늘날 공동체의 걱정스러운 현실이다. 이런 일들이 있게 되면 은사를 사용한 그 이상으로 공동체는 고통과 어두움에 빠진다. 되돌아볼 때 연단 받은 사람들은 어두움의 터널에서 나오겠지만 바른 말씀으로 서 있지 않으면 회복이 안 되는 어려움을 겪었다는 것이 세계교회가 갖고 있는 역사의 혈흔이며 상처다(히 10:26).

자신이나 타인에게 은사가 나타나면 조심 없이 사용하는 것을 반드시 경계해야 하고 은사를 사용하는 사람을 신중하게 지켜보면서 그가 교만하여 넘어지지 않도록 기도와 말씀으로 섬겨야 한다. 예수님 이후에 세워진 교회들은 밖에서 오는 시련과 연단은 이겼지만, 안에서 나타나는 시험으로 훼파되고 무너지게 된 것들은 대부분 공동체를 은사로 사유화했기 때문이다. 그럼에도 주님께서는 한번 주신 은사를 그 사람에게서 빼앗지 않으신다(약 1:17).

성경에 나타나는 은사는 신유의 은사, 방언과 통변의 은사, 말씀 예언의 은사, 지식과 지혜의 은사, 영분별의 은사 등이 있다. 중요한 것은 교회에서 은사가 나타나는 사람을 은혜 받은 사람으로 착각하지 않아야 한다. 한국교회는 은사를 받은 사람들로 인하여 받았던 큰 상처를 씻지 못하고 있다. 문제는 두 가지다. 하나는 '하나님의 음성'을 들었다는 거짓 메시지를 말씀으로 검증되지 않은 상태에서 인정하고 사용하는 잘못과 두 번째는 겉으로 나타나는 은사만을 보고 그것이 은혜인 줄 알고 분별없이 인정하고 그를 따라갔기 때문이다. 은사가 나타나는 것은 좋은 것이지만, 반드시 공동체의 덕을 위해서만 사용되어야 한다. 은사 받은 사람과 은혜 받는 사람은 다르다. 아멘&샬롬.

기적 플러스+

마가복음 6:6하~13

6절하 그리고 예수님께서는 마을들을 두루 돌아다니시며 가르치셨다. **7** 그리고 열두 제자를 가까이 부르셔서, 그들을 둘씩 둘씩 보내시며, 그들에게 악한 귀신을 억누르는 권능을 주셨다. **8** 그리고 그들에게 명하시기를, 길을 떠날 때에는, 지팡이 하나 밖에는 아무것도 가지고 가지 말고, 빵이나 자루도 지니지 말고, 전대에 동전도 넣어 가지 말고, **9** 다만 신발은 신되, 옷은 두 벌 가지지 말라고 하셨다. **10** 또 그들에게 말씀하셨다. "어디서 어느 집에 들어가든지, 그 곳을 떠날 때까지 거기에 머물러 있어라. **11** 어느 곳에서든지, 너희를 영접하지 않거나, 너희의 말을 듣지 않거든, 그 곳을 떠날 때에 너희의 발에 묻은 먼지를 떨어서, 그들을 고발할 증거물로 삼아라." **12** 그들은 나가서 회개하라고 선포하였다. **13** 그들은 많은 귀신을 쫓아내며, 수많은 병자에게 기름을 발라서 병을 고쳐 주었다.

질문을 만들고 그 답을 말씀에서 찾습니다.

1) 예수님께서 두루 다니시면서 가르치시다가 열두 제자를 불러서 둘씩 짝을 지어 주시고(7절) 복음을 전파하고 병든 자를 고치며 죽은 자를 살리며 나병 환자를 깨끗하게 하며 귀신을 쫓아내되 너희가 거저 받았으니 거저 주라(마 10:8)고 하시면서 그러나 무엇을 먼저 전하라고 하셨나요? 12절

2) 복음전파의 길로 보내시면서 별도의 것들을 준비하지 말고(8절) 머무를 집을 정하면 다른 집에서 더 잘해 준다고 해도 가지 말고 언제까지 그 집에서 머물라고 하셨나요? 10절

3) 예수님께서 전도자들에게 이렇게 자세하게 명하신 이유는 왜일까요? [이사야 26:4]

4) "어느 곳에 가든지 너희를 맞아들이지 않고 너희의 말을 듣지 않으면 조용히 나와서 너희의 갈 곳으로 가면 된다"(11절). 그러나 주님의 이름으로 가는 너희를 맞아들이면 그 집이 누구를 맞아들이는 것과 같다고 말씀하시나요? [마태복음 10:40]

5) 제자들은 가는 곳마다 회개를 선포했는데(12절) 순종하는 사람들에게 어떤 일들이 나타났을까요? 13절

나눔의 시간

1) 하나님은 어떤 분이십니까?
2) 무엇을 깨달았나요?
3) 적용합니다.
4) 묵상과 함께 하는 말씀기도

내일의 양식 : 마가복음 6:14~29

아는 것과
모르는 것의 차이

하나님을 아는 것과 모르는 것의 차이는 천국과 지옥의 거리만큼이나 떨어져 있다. 이 말은 죄와 회개를 잘못 알고 무지하게 살았던 나를 빗대어 하는 말이다. 신앙생활의 첫 번째가 회개인데 이것이 잘못되었으니, 예수님과 인격적 만남도 없었다. 나는 회개와 믿음에 대해서 무지했다.

회개와 믿음을 모르고 하는 신앙생활은 예배참석과 교회봉사와 십일조다. 그러니 누가 봐도 나는 신앙 좋은 청년이었다. 사실은 아닌데... 나는 회개를 이렇게 알고 있었다. 지은 죄에 대해서 ①반성하며 ②탄식하며 ③후회하면서 '다시는 죄를 짓지 말아야지' 다짐하는 것이었다. 회개기도가 안 되어서 회개가 안 된 것도 모르고 회개하면 축복을 주신다고 하니 기도를 시작하면 언제나 회개부터 했다. 회개를 바르게 하지 못해서 회개가 안 된 것도 모르고 있었다. 탄식과 후회만 계속되었다.

회개가 안 되니 죄를 이기지도 못했고 신앙생활은 메마르고 힘들었다. 지금 와서 깨닫고 보니 은혜다운 은혜도 없었던 것이다. 바르고 옳지 않은 방법으로 신앙생활을 하고 있으니 당연히 은혜는 받지도 못했고 고범죄와 짐짓 죄가 내 허락도 없이 내 안을 들어왔다 나갔다가 하며 농락을 당했다(히 10:26, 시 19:13).

①이기심과 ②욕심과 ③탐욕과 ④음란과 ⑤거짓과 ⑥분냄과 ⑦시기와 ⑧ 질투가 기회만 되면 나를 흔들었다. 내 신앙은 건강을 유지하고 먹고살고 돈을 버는 것 이외에 이렇다 할 것들은 없었다. 완전히 기복주의고 종교적이었다. 그때 받은 은혜는 심은 대로 거두는 신앙이었고 말씀묵상, 죄씻김, 기쁨, 원수사랑, 거듭남, 예수님과 친밀한 동행은 없었다.

힘든 신앙생활을 10년 동안 하다가 구원은 오직 믿음으로 예수님을 영접해야 한다는 진리를 알고 체험한 이후에도 긴 시간이 지난 다음에 말씀묵상을 통해서 회개에 대해서 깨달았다. 그래도 불행 중 다행이다.

그때까지 죄의 본질은 예수님을 믿음으로 바라보고 말씀으로 살지 않는 것이라는 진리를 몰랐다(요 16:9). 믿음이 무엇인 줄도 모르고 있으니, 회개가 안 되었고 회개가 안 되니 계속해서 죄를 짓게 된 것이다. 성경은 죄에 대해서 하마르티아(άμαρτία)라는 단어를 266번 사용했는데 '과녁을 빗나간 것이 죄다'라는 것을 지식으로 알고 있었다. 죄가 과녁에서 빗나간 것으로만 알았지, 활을 잡은 궁사가 바르게 쳐다보지 않아서 과녁에서 빗나갔다는 것을 깨닫지 못했다. 그렇다면 성경이 말하는 죄는 무엇인가? 궁사가 과녁을 바르게 보지 않고 활을 당기듯이 내 눈과 마음이 주님을 향하여 믿음으로 바라보고 있지 않은 것이 죄다.

예수님께서는 죄에 대해서 "죄는 세상 사람들이 나를 믿지 않는 것이다" (요 16:9)라고 하셨다. 죄사함은 믿음으로 살 때 은혜로 받는데 믿음으로 살아가는 것을 모르고 있으니, 용서도 못 받고 죄사함도 거듭남도 없었던 것이다. 믿음으로 살아가는 사람은 "믿음의 주님을 바라보는 것이다"(히 12:2). 이해를 돕기 위해서 영어성경을 사용하자. 영어성경 CEV는 "We must keep our eyes on Jesus" 라고 말하고 NIV는 "fixing our eyes on Jesus"라고 말한다. CEV는 두 눈을 예수님께 두는 것을 말하고, NIV는 두 눈을 예수님께 고정시키는 것이라고 말한다. 맞다! 믿음으로 사는 것은 예수님께 눈을 고정시키고 예수님께 마음을 두는 것이다.

이렇게 믿음과 죄를 알고 24시간 예수님을 바라보려고 의지하다 보니 ① 죄에서 180도 돌아서는 회개와 ②믿음의 확신과 ③말씀과 가까워지고 ④지루하고 따분했던 신앙생활이 즐겁고 기뻤다. 찬송가 438장, '내 영혼이 은총 입어'가 내 찬송이 되었다. 아는 것과 모르는 것의 차이가 이렇게 크고, 알고 순종하는 것과 몰라서 바르게 순종하지 못하는 차이는 천국과 지옥만큼이나 떨어져 있다. 아멘&샬롬.

기적 플러스⁺

마가복음 6:14~29

14 예수님의 이름이 널리 알려지니, 헤롯왕이 그 소문을 들었다. 사람들은 말하기를 "세례자 요한이, 죽은 사람들 가운데서 살아났다. 그 때문에 그가 이런 놀라운 능력을 발휘하는 것이다" 하고, **15** 또 더러는 말하기를 "그는 엘리야다" 하고, 또 더러는 "옛 예언자들 가운데 한 사람과 같은 예언자다" 하였다.
16 그런데 헤롯이 이런 소문을 듣고서 말하기를 "내가 목을 벤 그 요한이 살아났구나" 하였다. **17** 헤롯은 요한을 잡아오게 하여서, 옥에 가둔 일이 있었다. 헤롯이 자기와 형제간인 빌립의 아내 헤로디아 때문에 그렇게 했던 것이다. 헤롯이 그 여자를 아내로 맞았으므로, **18** 요한이 헤롯에게 형제의 아내를 차지하는 것은 옳지 않다고 말해왔기 때문이다. **19** 그래서 헤로디아는 요한에게 원한을 품고, 요한을 죽이고자 하였으나, 뜻을 이루지 못하였다. **20** 그것은, 헤롯이 요한을 의롭고 성스러운 사람으로 알고, 그를 두려워하며 보호해 주었고, 또 그의 말을 들으면 몹시 괴로워하면서도 오히려 달게 들었기 때문이다.
21 그런데 좋은 기회가 왔다. 헤롯이 자기 생일에 고관들과 천부장들과 갈릴리의 요인들을 청하여 놓고, 잔치를 베풀었는데, **22** 헤로디아의 딸이 춤을 추어서, 헤롯과 그 자리에 앉아 있는 사람들을 즐겁게 해주었다. 왕이 소녀에게 말하였다. "네 소원을 말해 보아라. 내가 들어주마." **23** 그리고 그 소녀에게 굳게 맹세하였다. "네가 원하는 것이면, 이 나라의 절반이라도 주겠다." **24** 소녀가 바깥으로 나가서, 자기 어머니에게 말하였다. "무엇을 달라고 청할까요?" 그 어머니가 말하였다. "세례자 요한의 머리를 달라고 하여라." **25** 소녀는 급히 왕에게로 돌아와서 청하였다. "곧바로 서둘러서 세례자 요한의 머리를 쟁반에 담아서 내게 주십시오." **26** 왕은 마음이 몹시 괴로웠지만, 맹세한 것과 거기에 함께 앉아 있는 사람들 때문에, 소녀가 달라는 것을 거절할 수 없었다. **27** 그래서 왕은 곧 호위병을 보내서, 요한의 목을 베어 오게 하였다. 호위병은 나가서, 감옥에서 요한의 목을 베어서, **28** 쟁반에 담아 소녀에게 주고, 소녀는 그것을 자기 어머니에게 주었다. **29** 요한의 제자들이 이 소식을 듣고 와서, 그 시체를 거두어다가 무덤에 안장하였다.

질문을 만들고 그 답을 말씀에서 찾습니다.

1) 예수님의 이름이 만인의 입에 오르내리니 헤롯은 그 소문을 듣고 "세례자 요한이, 죽은 사람들 가운데서 살아났다"라고 말하고(14절), 다른 사람들은 "그는 엘리야다"라고 말하고 또 다른 사람들은 "예언자 가운데 한 사람이다" 라고 말하니(15절), 헤롯이 소문을 듣고 끝까지 자신의 생각을 굽히지 않고 무엇이라고 말하고 있나요? 16절

2) 헤롯은 동생의 아내, 헤로디아를 가로채어 자기 아내를 삼은 일로 인하여 세례 요한이 '불륜'이라고 말하자 헤로디아의 증오와 극성에 못 이겨서 요한에게 죄명을 만들어서 옥에 가두었습니다. 이때 헤로디아에게 요한을 죽일 수 있는 좋은 기회가 어떻게 찾아왔나요? 21~24절

3) 헤롯은 자기가 초대한 사람들 앞에서 우쭐대는 급한 마음을 가지고 한 말로 인하여 헤로디아의 딸이 세례 요한의 머리를 달라고 하니 어떻게 결정하나요? 26~28절

4) 원한을 풀지 않고 있는 헤로디아는 누구의 조정을 받고 있다가 기회가 다가오자 이렇게까지 사악한 행동을 거침없이 하게 되었을까요? [에베소서 4:26~27]

5) 세례 요한의 제자들이 세례 요한의 시신을 거두어다가 무덤에 안장하고(29절) 이와 같은 비통한 소식을 누구에게 가서 알리나요? [마태복음 14:12]

나눔의 시간

1) 하나님은 어떤 분이십니까?
2) 무엇을 깨달았나요?
3) 적용합니다.
4) 묵상과 함께 하는 말씀기도

내일의 양식 : 마가복음 6:30~34

성경이 참 좋다
하나님 아버지가 좋다

성경은 군대에 간 아들에게 엄마가 쓴 편지와 같다. 그러나 나는 처음 읽을 때 성경을 이해하지 못했다. 나하고는 맞지 않는 어려운 책이라고 생각하고 5분도 안 되어서 덮어 버렸다. 두 번째, 세 번째도 같은 형편이었다. 잠이 오는 약이라도 되는 듯 성경을 읽다가 엎드려서 잠이 든 적이 한두 번이 아니다. 그러나 지금은 아니다. 왜 그럴까? 그 이유는 하나다. "예수님은 나에게 누구인가?"를 알고 나니 성경처럼 친밀한 친구가 또 어디에 있을까 싶다. 아무리 생각해 보아도 이런 분은 내게 없다.

성경은 처음에 '태초'라고 시작해서 끝에는 "은혜가 모든 사람에게 있기를 빕니다"라는 말씀까지 예수님으로 시작해서 예수님으로 끝나는 책이다(요 5:39). 그래서 성경에 나오는 글과 글 사이에 '예수님'으로 읽으면 그 뜻을 깨닫고 해석이 된다. 예를 들면 고린도전서 13장에 사랑이라는 말씀이 11번이 나오는데 사랑 대신에 예수님을 넣어서 읽으면 그 뜻이 더 명료해진다. 또, 히브리서 11장에는 믿음이라는 단어가 28번이나 나오는데 믿음 대신에 예수님으로 바꾸어서 읽으면 뜻이 확실해지면서 내 안으로 말씀이 들어오는 것과 같은 느낌이 있다. 마태복음 5장에 8가지 복이 나오는데 복 대신에 예수님을 넣어서 읽으면 더 좋은 것이 아니라 정확하다. 구약에는 율법이 나오고 신약에는 그 율법이 들어갈 곳에 말씀이라는 단어가 나온다. 여기에도 예수님으로 읽으면 더 좋다. 신구약 성경에 나오는 '언약' 대신에 예수님으로 읽으면 더 행복해진다. 아멘!

성경처럼 깊은 뜻이 담겨져 있고 진실한 책은 세상에 없다. 성경은 구약이 37권, 신약이 27권 모두 66권이다. 구약이 929장이며 신약이 260장이다. 신구약 합해서 1,189장이며, 절수로는 구약이 23,214절이며 신약이 7,959절이다. 글자 수로는 구약이 2,728,110개이며 신약이 838,380개 이다. 성경은 주전 1450년 전부터 주후100년까지 1,550년 동안 성령님의 리더십으로 40명의 대필자를 뽑아서 '예수님과 영생'이라는 목적을 가지고 기록했다(벧전 1:9). 믿음, 곧 말씀의 목적은 나에게 영원한 생명을 주기 위해서 기록했는데 그 어느 말씀도 하나님의 마음과 뜻이 담겨 있지 않은 곳이 없다(마 5:18).

성경을 배우려면 예수님의 사랑을 받고 바른 해석과 관점을 가지고 있는 사람을 만나는 것이 중요하다. 이 사람이 아빠나 엄마가 되면 세상에서 더 바랄 것이 없다. 묵상의 순서로는 처음에 창조로 시작(1~11장)하고 그다음에는 12장부터 50장까지 아브라함, 이삭, 야곱, 요셉의 창가정사를 하고 다음에는 예수님의 생애와 제자들의 생애를 하나로 엮은 누가복음과 사도행전을 연이어 묵상한 다음에 한 사람과 인류의 구원계획을 밝히신 로마서를 16장까지 묵상하고 출애굽기부터 요한계시록까지 동선(역사서)을 따라서 읽고 묵상하는 것이 좋다.

결혼하고 부부가 함께 정자와 난자에서 건강한 잉태(예 1:5)가 준비되면서 0세부터는 안정을 주는 아빠의 음성으로 읽어주는 말씀을 듣다가 만 3세부터는 엄마, 아빠와 함께한 가족이 같이 읽고 그 주제를 나누고 함께 묵상하는 것이 좋다. 이것이 가족 안에서 루틴(routine)만 되면 그때 주시는 은혜로 인하여 온 세상을 준다 해도 그쪽으로 갈 수 없고 중단할 수 없는 묵상하는 가족이 된다(시 1편). 우리 집은 묵상하는 가족이다. 지금은 초등학교 2학년이 된 첫 손주에게 500페이지가 넘는 그림성경을 선물했는데 3번 이상을 읽고 묵상했고 지금은 4번째를 하고 있다는 말을 듣고 놀랐다. 이 책에 추천사를 쓴 하늘이다. 지금 여러분의 형편이 어떠하든지 있는 자리에서 시작하는 것이 중요하다. 내 아이들이 정신적으로 자아의식이 높아지는 사춘기가 오기 전에 성경 1독 묵상을 목표로 시작하는 것이 지혜로운 부모다. 사춘기를 정점으로 볼 때 시간이 부족하면 창세기⇨누가복음⇨사도행전⇨로마서를 마치고 구약은 다음 기회로 두고 마태복음으로 시작할 수 있다.

성경은 사람으로 하여금 그리스도 예수님 안에 있는 믿음으로 말미암아 구원에 이르는 지혜를 갖게 하고 하나님의 감동으로 쓴 책으로 교훈과 책망과 바르게 함과 의로 교육하기에 유익하며 사람을 온전하게 하며 모든 선한 일을 행할 능력을 갖출 수 있도록 만들어 준다(딤후 3:15). 세상에 어떤 글도 내가 한 말을 그대로 이루겠다고 언약하고 검증된 책이 없는데 그대로 이루시겠다고 약속하시고 눈으로 볼 수 있도록 오늘도 이루어 가고 계시는 신실한 분이 우리를 지으신 내 아버지, 주 하나님이다. 성경이 참 좋다. 하나님 아빠, 아버지가 좋다!(롬 8:15). 아멘&샬롬.

기적 플러스⁺

마가복음 6:30~34

30 사도들이 예수님께로 몰려와서, 자기들이 한 일과 가르친 일을 다 그에게 보고하였다. **31** 그 때에 예수님께서 그들에게 말씀하셨다. "너희는 따로 외딴 곳으로 와서, 좀 쉬어라." 거기에는 오고가는 사람이 하도 많아서 음식을 먹을 겨를조차 없었기 때문이다. **32** 그래서 그들은 배를 타고, 따로 외딴 곳으로 떠나갔다. **33** 그런데 많은 사람이 이것을 보고, 그들인 줄 알고, 여러 마을에서 발걸음을 재촉하여 그곳으로 함께 달려가서, 그들보다 먼저 그 곳에 이르렀다. **34** 예수님께서 배에서 내려서 큰 무리를 보시고, 그들이 마치 목자 없는 양과 같으므로, 그들을 불쌍히 여기셨다. 그래서 그들에게 여러 가지로 가르치기 시작하셨다.

질문을 만들고 그 답을 말씀에서 찾습니다.

1) 예수님을 가운데 모시고 사도들이 돌아와 그동안 있었던 일들과 가르친 일들을 다 말씀드렸습니다(30절). 제자들의 말을 다 듣고 예수님께서 기뻐하시면서 무엇을 제안하셨나요? 31절

2) 오고 가는 사람들이 많아서 쉼이 필요했습니다(32절). 그래서 예수님과 제자들은 배를 타고 사람을 피해서 외딴곳으로 급히 갔는데 거기에 누가 있었나요? 33절

3) 예수님께서 배에서 내려서 쉴 곳으로 가보니 목자 없는 양들같이 큰 무리가 있는 것을 보시고 마음이 찢어지듯 아파하시면서 쉬지도 못하시고 무엇을 하셨나요? 34절

4) 예수님께서 여러 가지로 가르치신(34절하) 내용들은 무엇일까요? [마태복음 5,6,7장]

5) 예수님께서는 이사야 61장과 마태복음 5~7장과 씨 뿌리는 비유를 주로 말씀하셨습니다. 목자 없는 양은 어디에 속한 사람들을 말할까요? [사도행전 8:31]

___

나눔의 시간

1) 하나님은 어떤 분이십니까?

2) 무엇을 깨달았나요?

3) 적용합니다.

4) 묵상과 함께 하는 말씀기도

___

내일의 양식 : 마가복음 6:35~44

죽음의 자리에서도
평안할 수 있습니다

나는 죽음의 절벽 끝이 아니라 죽음의 터널을 지나 일곱 번이나 갔다 왔는데 여전히 하루를 살아가고 있다. 주님의 은혜가 나를 놓지 않기에 주님과 동행하고 있다. 예수님을 믿을 수 있는 믿음이 주님을 바라봄으로 평안을 누리는 특권을 죽음을 지나오면서 받고 있다(요 1:12). 지금까지 거룩하신 예수님께서 말씀묵상으로 죄인과 함께하셨기에 존재한다. 그래서 나는 나에게 이렇게 인생을 정리했다.

"진짜 인생은 첫째 부활에서부터야! 아직 시작도 안 했어!"

꿈을 이루는 것은 고사하고 일을 하다가 실패하고 이루지 못한 일들이 많다. 그러나 예수님 말씀대로 자녀들은 하늘나라에서 그 뜻이 다 이루어진 것을 보고(마 6:10) 위로를 받는다. 작은 꿈도 못 이룬 자가 소망이 있는 것은 예수님께서 오시는 '그날'이 오고 있기 때문이다. 오늘도 말씀(행 1:11)하신 '그날'이 '오늘'이기를 기도하고 나도 '그날'에 주님과 함께 있기를 간절히 소망한다. 그래서 이스라엘의 구원을 위해서 메시아닉 쥬(Jew, 유대인)를 위해서 기도하고 이방인의 수가 채워지기를 헌신하고 기도한다. 한국민족의 소망은 있다! 그것은 북으로 가는 길이 열려서 땅끝으로 떠나는 것이다.

주님께서 목자가 되시니 우리는 부족함이 없다. 푸른 초장 쉴만한 물가만이 아니라 사망의 음침한 골짜기나 원수의 목전에서도 여호와는 나의 목자다. 한번은 이런 일이 있었다. 이삿짐을 집 앞에 내렸는데 못 들어가고 있었다. 그 이유는 1999년 4월 4일, 죽음을 건넌 후, 10개월 만에 작은 보금자리로 아이들과 함께 들어가야 하는데 못 들어가고 있었던 것이다. 아내의 이야기를 듣고 어려운 사정이 있는 친구가 잔금 지급 날짜에 맞추어서 준다고 해서 작지만, 어려운 곳에 돌려주었는데 약속한 날에 받지 못해서 못 들어가고 있었다. 집에 들어가지 못하고 길에서 잔금이 오기를 기다리고 있는데 비까지 뿌렸다. 부랴부랴 비닐을 구해다가 대충 덮었다. 처음 온 동네에 이삿짐이 길을 가로막고 있으니 오고 가는 이웃들에게 미안했다. 작은 물질이 한 사람을 살리기는 했는데 이제는 우리 가족이 세상의 구경거리가 되게 하셨다(히 10:33). 이때 사람과 세상을 보면 평안이 없다. 그러나 주님을 바라보면 평안이 있다. 찬송가 413장이 답이다.

"내 평생에 가는 길 순탄하여 늘 잔잔한 강 같든지 큰 풍파로 무섭고 어렵든지 나의 영혼은 늘 편하다. 내 영혼 평안해. 내 영혼 내 영혼 평안해. 저 마귀는 우리를 삼키려고 입 벌리고 달려와도 주 예수님 우리의 대장되니 끝내 싸워서 이기리라. 내 영혼 평안해. 내 영혼 내 영혼 평안해."

어느새 해는 지고 있는데 저 멀리서 그 형제의 아내가 미안한 마음과 당황스러운 마음으로 급히 달려오는 것이 보였다. 만일 그때 서로가 상한 마음을 가지고 어려운 말들이 오고 갔으면 형제와 자매처럼 늘 곁에서 함께 살자고 오늘까지 말하지는 못했을 것이다. 27년 전에 있었던 일이지만 배수의 진을 건너온 작은 강이라 선명하게 남아 있다. 묵상편지가 아니면 가슴에만 남아 있을 텐데...

내 나이를 하루의 시간으로 치면 오후 5시 30분, 저녁노을로 붉게 물든 시간이다. 그러나 이 글을 쓰면서 마음을 함께 하는 그대와 같은 친구가 있으니 외롭지 않다. 크리스천의 진짜 인생은 하늘나라에서 시작된다! 조건은 하나다. 나도 예수님도 함께 만 할 수 있다면 말이다. 주님 안에서 일어난 일이라면 똑같은 고난도 특별한 사랑이요! 더 좋은 부활이다(빌 3:11). 누군가 욥의 친구처럼 내게 다가와서 "이래도 원망하지 않고 하나님만을 믿을래?"라고 물을 때, 욥처럼 "나는 아버지의 품 외에는 갈 곳이 없어요"(욥 1:21)라고 말할 수 있다. 그래서 이 사람은 죽음의 자리에서도 갈 곳을 바라보고 있기에 평안할 수 있다. 아멘&샬롬.

기적 플러스⁺

마가복음 6:35~44

35 날이 이미 저물었으므로, 제자들이 예수님께 다가와서 말하였다. "여기는 빈 들이고 날도 이미 저물었습니다. **36** 이 사람들을 헤쳐, 제각기 먹을 것을 사 먹게 근방에 있는 농가나 마을로 보내시는 것이 좋겠습니다." **37** 예수님께서 그들에게 말씀하셨다. "너희가 그들에게 먹을 것을 주어라." 제자들이 그에게 말하였다. "그러면 우리가 가서 빵 이백 데나리온 어치를 사다가 그들에게 먹이라는 말씀입니까?" **38** 예수님께서 그들에게 말씀하셨다. "너희에게 빵이 얼마나 있느냐? 가서, 알아보아라." 그들이 알아보고 말하였다. "빵 다섯 개와 물고기 두 마리가 있습니다." **39** 예수님께서는 제자들에게 명하여, 모두들 떼를 지어 푸른 풀밭에 앉게 하셨다. **40** 그들은 백 명씩 또는 쉰 명씩 떼를 지어 앉았다. **41** 예수님께서 빵 다섯 개와 물고기 두 마리를 들어서, 하늘을 쳐다보고 축복하신 다음에, 빵을 떼어서 제자들에게 주시고 사람들에게 나누어 주게 하셨다. 그리고 그 물고기 두 마리도 모든 사람에게 나누어 주셨다. **42** 그들은 모두 배불리 먹었다. **43** 빵 부스러기와 물고기 남은 것을 주워 모으니, 열두 광주리에 가득 찼다. **44** 빵을 먹은 사람은 남자 어른만도 오천 명이었다.

질문을 만들고 그 답을 말씀에서 찾습니다.

1) 예수님께서 직강하시는 복음강의가 은혜로워서 시간이 가는 줄도 모르고 있다가 어느새 해는 지기 시작했습니다(35절). 제자들이 주님께 말하기를 "여기는 허허벌판이니 사람들은 보내서 저녁을 구해서 먹을 수 있도록 해야 할 것 같습니다"라고 말씀을 드리니(36절) 예수님께서 무엇이라고 하시나요? 37절상

2) 제자들이 "우리가 이백 데나리온이라는 큰돈을 어디에서 구해서 빵을 사다가 먹이라는 말입니까"라고 말씀을 드리니 예수님께서 무엇이라고

말씀하시나요? 38절상

3) "우리에게는 빵 다섯 개와 물고기 두 마리가 있습니다"하고 예수님의 손에 드리니 백 명씩, 쉰 명씩 떼를 지어 푸른 풀밭에 앉게 하시고 빵과 물고기를 드시고 하늘을 우러러 감사로(요 6:11, 새번역) 축복기도를 하시니 예수님의 팔을 타고 갓 구워진 빵과 물고기가 아래로 쏟아져 내려와 모든 사람이 배불리 먹고 얼마나 남았을까요? 43절

4) 빵과 물고기를 먹은 사람이 어린아이와 여자를 빼고 20세 이상으로 남자만 몇 명이었을까요? 44절

5) 이런 일이 가능할까요? [누가복음 1:37, 출애굽기 16:13, 31]

나눔의 시간

1) 하나님은 어떤 분이십니까?
2) 무엇을 깨달았나요?
3) 적용합니다.
4) 묵상과 함께 하는 말씀기도

내일의 양식 : 마가복음 6:45~52

"내 기도는 왜 응답이 늦어질까?"
"하나님께서는 내 기도를 들으실까?"

만일, 이런 일이 있으셨다면 기도의 마음을 바로 잡으면 해결된다. 기도의 마음은 무엇일까? 기도는 내 소원이나 응답이 본래 목적이 아니라, 예수님과 친해지는 것이다. 하나님께서 어떤 사람의 기도를 무엇이든지 구하는 것마다 다 들어 주시는 것은 그 사람과 친하기 때문이다. 친하지도 않은데 한 번, 두 번씩 들어주시는 것은 그 기도 응답의 목적이 그 사람과 친해지고 싶어서이다. 기도를 응답해 주시는 하나님의 속뜻은 기도하는 사람이 자신만을 사랑하며 바라보며 자신과 살아가게 하시려는 것이다(요일 1:1~4).

사도행전 3장을 보면 나면서부터 앉은뱅이로 살면서 성전 입구에 앉아서 구걸하던 사람을 베드로와 요한이 일으켜 세웠다. 앉은뱅이는 성전 안으로 들어가서 찬양하며 걷기도 하고 뛰기도 했다. 이것을 본 사람들 사이에서 소동이 일어났다. 왜냐하면 성전에 드나들던 사람들은 누구나 앉은뱅이를 다 알고 있었기 때문이다. 이 사람은 전형적인 앵벌이다. 어제도 그제도 많은 사람이 이용하는 해가 뜨는 동쪽 입구에 앉아서 밥벌이를 했다. 그런데 이 사람이 갑자기 성전 안에 들어와서 뛰기도 하고 걷기도 하니 소동이 난 것이다. 사람들은 놀라서 베드로와 요한을 바라보며 칭송하기 시작했다.

베드로가 이것을 보고 백성에게 말한다. "이스라엘 사람들아, 이 일을 왜 놀랍게 여기느냐? 왜 우리가 개인의 권능과 경건으로 이 사람을 걷게 한 것처럼 주목하느냐!" 왜 예수님을 주목하지 않고 우리를 바라보느냐고 따지듯이 말한다. 지금도 하나님은 얼마든지 기적을 창출하실 수 있다. 하나님은 모든 것을 원하는 대로 무엇이든지 다 하시는 분이다(엡 1:11). 문제는 우리가 누구와 친해서 누구를 늘 바라보고 주목하느냐에 달려 있다. 여기서 오해하지 말아야 할 것은 단순한 바라봄이 아니라, 예수님과 말씀으로 24시간 친하게 지내는 것이다. 예수님하고 친해지는 것, 이것이 믿음이다. 믿음으로 예수님과 친하게 사는 삶은 기적이 목적이 아니다. 기도응답도 목적이 아니다. 오직 예수님과 서로를 알아 가며 동행하며 친하게 지내는 것이다. 말씀으로 친해져서 예수님만 바라보며 사는 것이 하나님께서 원하시는 인생의 완벽이다(창 17:1).

살아있는 사람에게 결코 멈추면 안 되는 3가지 조건이 있다. 그것은 심장의 맥박이 뛰는 것과 예수님을 바라보는 것과 간절한 기도다. 믿음이 살아서 뛰는 그리스도인은 예수님을 바라보고 살면서 간절히 기도하여 자신의 인생을 행복한 만남의 시간으로 만든 사람이다. 이 만남은 예수님과 만남, 말씀과의 만남이다(잠 8:17).

기도는 잘하고 못하고도 아니고, 시간이 길고 짧은 것도 아니다. 그리고 기도는 0점 또는 100점이라는 점수도 나오지 않는다. 오직 한 가지만 하면 된다. 그것은 주님을 바라보고 예수님과 친한 사람이 예수님의 기도문(마 6:13)대로 하늘에서 이루어진 아버지의 뜻이 땅에서 이루어지기를 원해서 간절히 기도하는 사람이다.

예수님과 친하면 주님의 소원을 나에게 구하게 하신다. 예수님과 친한 사람이 예수님의 소원(마 6:9~11)을 아버지께 구하면 하나님께서는 예수님의 이름 때문에 내 기도를 이루어 주신다(요 14:13). 나는 예수님의 소원을 구하고 예수님은 내 소원을 이루신다(마 6:33). 아버지의 뜻이 이루어지는 것이 이 사람의 기쁨이다(시 47편).

예수님을 바라보고 살아가는 예수님과 친한 이 사람, 예수님의 소원을 구하고 예수님의 뜻이 이루어지는 것을 기뻐하고 행복해하는 이 사람, 이 사람에게 어떤 일들이 있을까? 예수님께서는 내가 생각하지도 못한 것들을 이루신다. 그리고 두 사람은 절친이 된다. 이것이 하나님께서 기도에 응답하시는 본래의 마음이다. 그러나 선하신 예수님께서는 누가 생떼를 부리고 기도하면 전혀 친하지 않아도 들어 주신다(눅 18:8). 그러나 이 사람의 믿음은 나중에 불 가운데 확인하신다(고전 3:15). 아멘&샬롬.

마가복음 6:45~52

45 예수님께서는 곧 제자들을 재촉하여, 배를 태워, 자기보다 먼저 건너편 벳새다로 가게 하시고, 그 동안에 무리를 헤쳐 보내셨다. **46** 그들과 헤어지신 뒤에, 예수님께서는 기도하시려고 산에 올라가셨다. **47** 날이 저물었을 때에, 제자들이 탄 배는 바다 한가운데 있었고, 예수님께서는 홀로 뭍에 계셨다. **48** 그런데 예수님께서는, 그들이 노를 젓느라고 몹시 애쓰는 것을 보셨다. 바람이 거슬러서 불어왔기 때문이다. 이른 새벽에 예수님께서 바다 위를 걸어서 그들에게로 가시다가, 그들을 지나쳐 가려고 하셨다. **49** 제자들은 예수님께서 바다 위로 걸어오시는 것을 보고, 유령으로 생각하고 소리쳤다. **50** 그를 보고, 모두 놀랐기 때문이다. 그러나 예수님께서 곧 그들에게 말씀하셨다. "안심하여라. 나다. 두려워하지 말아라." **51** 그리고 예수님께서 그들이 탄 배에 오르시니, 바람이 그쳤다. 그래서 제자들은 몹시 놀랐다. **52** 그들은 빵을 먹이신 기적을 깨닫지 못하고, 마음이 무뎌져 있었다.

질문을 만들고 그 답을 말씀에서 찾습니다.

1) 예수님께서는 제자들을 배에 태워 건너편으로 가게 하시고(45절) 무리를 헤쳐서 보내신 다음에 산으로 올라가셔서 무엇을 하셨을까요? 46절

2) 이때 기도하시는 예수님의 마음을 들여다볼 수 있을까요? [히브리서 5:7]

3) 예수님께서는 기도하시면서 하나님 아버지와 어떤 대화를 했을까요? [요한복음 5:19]

4) 예수님께서는 온유하시고 늘 차분히 행동하십니다. 그리고 사람이 모이는 것을 좋아하시는 분입니다. 그러나 오늘은 제자들을 다른 곳으로 급히 먼저 가라고 하시고 모인 사람들을 헤쳐 보내시고 왜 당신은 가까운 산으로 홀로

가셨을까요? [요한복음 6:15]

5) 바다 건너편으로 보낸 제자들이 탄 배는 떠날 때와는 다르게 큰바람이
   불어와서 노를 젓느라고 애를 쓰는 것을 기도 중에 아셨지만 도움을 청하지
   않으면 그냥 지나쳐 가려고 바다 위를 걸어서 건너가고 계셨습니다(48절하).
   그러나 예수님께서 바다 위를 걸어오시는 것을 제자들이 보고 유령이라고
   두려워서 "유령이 나타났다"고 소리를 질렀습니다(49절). 이때 "안심하여라!
   나다, 두려워하지 말라"고 알아들을 수 있도록 말씀하셨습니다. 목소리를
   알아듣고 제자들이 예수님을 배로 영접하니 그렇게 심하게 불던 바람까지도
   어떤 모습으로 바뀌었을까요? 51절

6) 제자들이 바람과 싸워서 믿음으로 이기지도 못하고 물 위를 걸어오시는
   예수님도 알아보지 못하는 이유는 어디에 그 원인이 있다고 제자들에게 속이
   상한 마음으로 말씀하실까요? 52절

7) 제자들은 예수님께서 자기들을 도우시려고 시공간을 초월해서 바다 위를
   걸어서 오시는 주님도 알아보지도 못하고 유령이라고 말하는 제자들의 눈과
   마음이 어두운 이유는 어디에 있었을까요? [이사야 44:18]

나눔의 시간

1) 하나님은 어떤 분이십니까?
2) 무엇을 깨달았나요?
3) 적용합니다.
4) 묵상과 함께 하는 말씀기도

내일의 양식 : 마가복음 6:53~56

기도의 시간과 자리는
어디를 가든지 있어야 합니다

기도와 말씀묵상의 자리는 어디를 가든지 확보해야 한다. 집을 떠나서 여행 중에는 더욱 중요하다. 예수님과 함께 이야기를 나누는 장소는 내 편에서는 예수님을 찾고, 예수님 편에서는 나를 만나주시는 곳이다. 성경은 이렇게 예수님과 만난 사람들의 이야기를 엮어낸 책이다. 하나님의 기억에 들어간 이야기는 그 자손에게까지 이어진다. 하나님께서는 이삭에게 "나는 너의 아버지 아브라함의 하나님이니 네 아버지를 보아서 너에게 은혜를 주겠다"고 말씀하셨다(창 26:24).

요한복음 4장 26절을 보면 남편 5명을 거치면서 계대결혼(마 22:25~27)을 했던 여인을 예수님께서 만나주셨다. 누구든지 예수님을 만나면 영원한 기억으로 남게 된다. 야곱의 우물가에서 그리스도를 만났던 여인은 그동안 그리스도를 마음에 품고 있었던 것이 그날에 이루어진 것이지, 우연히 이루어진 것이 아니다(요 4:25). 예수님께서도 이 여인을 만나려고 각본을 짜시고 제자들을 양식을 사가지고 오라고 마을로 보냈다(요 4:8). 그리고 먼저 우물가에 가서 이 여인이 오기를 기다렸다.

"너희 가운데서 아들이 빵을 달라고 하는데 돌을 줄 사람이 어디에 있으며, 생선을 달라고 하는데 뱀을 줄 사람이 어디에 있겠느냐? 너희가 악해도 너희 자녀에게 좋은 것을 줄 줄 알거든, 하물며 하늘에 계신 너희 아버지께서, 구하는 사람에게 좋은 것을 주지 아니하시겠느냐? 그러므로 너희는 무엇이든지, 남에게 대접을 받고자 하는 대로, 너희도 남을 대접하여라. 이것이 율법과 예언서의 본뜻이다"(마 7:7~12).

예수님께서는 산상수훈에서 자신의 율법(고전 9:21)을 말씀하시면서 너희는 좁은 문으로 들어가야 한다고 말씀하셨다. 교회당 안에 들어온 사람들 가운데는 그 길이 넓어 멸망하는 문으로 들어가는 자가 많다. 너는 생명으로 인도하는 좁고 협착한 문으로 들어가라고 간곡히 말씀하셨는데, 이 좁은 문, 좁은 길은 고생하는 길이 아니라 예수님을 만나는 길이다(마 7:13~14).

아들이 접시를 내밀면서 빵이나 생선을 달라고 하는데 돌이나 뱀을 줄 부모가 어디 있느냐고 반문하셨다. 예수님께서는 나쁜 부모들도 안 하는 짓을 하늘 아버지께서 하시겠느냐고 반문하신 것이다. 이렇듯 기도는 좁은 문으로 들어가서 예수님을 구하는 것이다. 우리는 기도응답을 필요할 때나 겨우 한 번, 두 번 받고 끝나는 사람이 아니라 계속 예수님을 구해서 은혜를 받아야 할 사람들이다.

마가복음 묵상과 나눔

터키 루스드라에 한 사람이 있었다. 이 사람은 나면서부터 못 걷는 사람이었다. 그러나 설교시간에 주님의 종이 전하는 말씀을 귀에 담았다. 이때 그 사람 안에 예수님을 찾고 구하는 믿음이 있는 것을 바울이 보고 큰 소리로 말하였다. "그대의 발로 똑바로 일어서시오." 그러자 그는 벌떡 일어나서, 걷기 시작하였다. 태어나서 처음으로 걷는 감동의 시간이었다(행 14:8~10). 바울은 단지 말씀 전하는 일에 순종했는데 발을 쓰지 못하는 사람이 말씀을 간절히 사모함으로 기도의 소원을 이룬 것이다. 이 사람은 말씀이신 예수님, 그리스도를 구한 것이다.

또 거라사 마을에서 군대 귀신 들렸던 자가 치유를 받고 회복한 다음에 예수님을 따라가려고 하니 예수님께서는 다른 곳과는 다르게 처음으로 "가족에게 가서 너에게 큰 은혜를 베푸셔서 너를 불쌍히 여겨 주신 일을 이야기하라"고 하셨다. 이는 그의 가족들이 하나님께 기도했음을 우리는 알 수 있다. 가족들의 기도는 예수님께서 거라사에 오실 명분을 드렸고 군대 귀신 들렸던 사람은 예수님께 은혜를 입은 것이다(막 5:19). 가족이 하나가 되어서 기도해야 한다. 가족의 기도는 산을 옮긴다(마 21:21). 하나님의 사람들은 기도하는 자리에서 주님을 만난다. 그래서 믿음의 사람은 어디를 가든지 무엇을 하든지 기도의 자리와 시간을 가지고 있어야 한다. 만일 이런 사람과 친구가 된다는 것은 한 나라를 얻는 것보다 더 귀하다. 왜냐하면 죽으면 없어질 세상나라보다 기도는 자손대대로 남아 있기 때문이다. 아멘&샬롬.

기적 플러스⁺

마가복음 6:53~56

53 그들은 바다를 건너가서, 게네사렛 땅에 이르러 닻을 내렸다. **54** 그들이 배에서 내리니, 사람들이 곧 예수님을 알아보고, **55** 그 온 지방을 뛰어다니면서, 예수님께서 어디에 계시든지, 병자들을 침상에 눕혀서 그 곳으로 데리고 오기 시작하였다. **56** 예수님께서, 마을이든 도시이든 농촌이든, 어디에 들어가시든지, 사람들이 병자들을 장터거리에 데려다 놓고, 예수님께 그 옷술만에라도 손을 대게 해달라고 간청하였다. 그리고 손을 댄 사람은 모두 병이 나았다.

질문을 만들고 그 답을 말씀에서 찾습니다.

1) 예수님께서 오병이어의 기적을 일으키신 벳세다 광야는 갈릴리 호수 1시 방향에 있고 게네사렛 땅은 10시 방향에 있습니다. 여기에 예수님께서 오셨다는 소문을 듣고 아픈 사람들과 혼자 올 수 없는 병자들은 들것에 실려서 순식간에 모여들었습니다. 그리고 예수님의 옷 술에라도 손을 댄 자는 어떻게 되었을까요? 56절하

2) 이런 치유와 회복의 믿음은 예수님에 대한 소문을 듣고(막 5:27) 나오든지, 아니면 성경을 배워서 예수님이 나를 구하시는 그리스도임을 알고(딤후 3:15) 나오든지, 아니면 어디서나 예수님께 어떤 마음을 갖고 어떻게 구하기만 하면 그리스도를 만나고 치료까지 받을 수 있을까요? (잠 8:17)

나눔의 시간

1) 하나님은 어떤 분이십니까?
2) 무엇을 깨달았나요?

3) 적용합니다.

4) 묵상과 함께 하는 말씀기도

내일의 양식 : 마가복음 7:1~13

백 년보다 나은 하루를
살아가는 사람들

우리는 백 년보다 더 나은 하루를 살고 있다. 100년을 어두운 가운데서 부유하고 호사스럽게 사는 것 보다 오늘 하루를 빛 가운데 사는 사람이 더 행복하기 때문이다(눅 16:25). 왜냐하면 이 빛만이 영원한 행복으로 이어져 있기 때문이다. 여호와의 인자하심이 자기를 경외하는 자에게 영원까지 이르며 그의 의는 자손의 자손에게 이르기 때문이다(시 103:17).

우리가 빛 가운데 있을 수 있는 것은 그 빛이 나에게 오셔서 내가 맛보아알기 때문이다(시 34:8). 예수님을 믿는 사람들이 항상 빛 가운데 있기를 갈망하는 것은 그 어떤 조건도 없다. 그냥 빛 가운데 있고 싶어 한다. 우리는 빛 가운데 있는 것을 조금도 두려워할 필요가 없다. 이 빛은 태초 이전부터 있었는데 이제는 나를 위해서 이 땅으로 오셨다(요 1:4).

우리가 주님과 함께 살았던 일들이 주님의 두루마리 책에 담겨 있기에 주님 앞으로 나온다. 나의 인생을 주님께서 헤아리시고, 내가 흘린 눈물을 주님의 가죽부대에 담아 두었다(시 56:8). 성경을 기록한 사람들은 말씀을 받아서 기록할 때 파피루스(90cm, 물가에서 4, 6m까지 자라는 고대식물로 종이가 발견되기 전까지 사용)나 양피지(양의 가죽)에 받아쓰고 난 다음에 가죽부대에 담아 두었다. 이 안에 내 인생에서 있었던 모든 일들도 기록해 두신다는 말씀이다. 새 포도주는 새 가죽부대에 담아 두신다(눅 5:38). 그러나 하나님께서는 예수님의 보혈로 죄 씻김 받은 죄에 대해서는 기억조차 하지 않으신다(요한1서 1:9, 사 43:25). 이런 은혜를 받고 빛 가운데 살아가는 사람은 자기 행위가 하나님 안에서 이루어졌음을 드러내려는 것이다(요 3:21). 우리가 믿음으로 말한 것과 행한 일들은 빛 가운데 드러난다.

조금도 두려워하지 말라! 하나님의 나타나심은 믿는 자는 더 이상 두려워 하지 않는다(창 15:1). 아무리 가려 놓아도 벗겨지지 않을 것이 없고, 골방에서 한 말도 알려지지 않을 것이 없다(눅 12:2). 고통스럽고 억울한 일들로 인하여 슬퍼하지 말라. 전능자가 알고 계신다. 예수님은 구원과 사랑의 하나님이시며, 동시에 공의와 정의의 하나님이시다. 하나님은 공의와 사랑을 동시에 이루신다. 어두운 데서 말한 것들을 빛 가운데 다시 들을 것이고, 귀에 대고 속삭인 것들이 지붕 위에서 선포될 것이다(눅 12:3). 주님의 빛을 만나면 그동안 우리가 보던 낮의 해는 어두움이다(사 60:19). 그리스도인의 인생은 빛 가운데 있다.

빛 가운데 계신 주님을 사랑한다. 이분이 우리의 절친한 친구이시다(요 15:15). 우리의 옛사람은 그리스도와 함께 죽었다(롬 6:6). 이제는 그와 함께 살아간다. 우리의 신앙생활이 어려운 것은 예수님과 함께 죽지 않고 살아서 예수님을 믿기 때문이다. 그래서 우리는 매일 선포한다. "어두운 가운데 백 년을 살기 보다는 빛 가운데 하루를 살기를 원합니다." 주님께서 오시는 그날, 주님 계신 곳에 우리는 있게 된다. 나를 마지막까지 인도하시고 나와 함께 하실 이는 오직 한 분, 예수님뿐이시다(요 14:1~4). 아멘&샬롬.

기적 플러스+

마가복음 7:1~13

1 바리새파 사람들과 예루살렘에서 내려온 율법학자 몇 사람이 예수께로 몰려왔다. **2** 그들은 예수의 제자들 가운데 몇 사람이 부정한 손 곧 씻지 않은 손으로 빵을 먹는 것을 보았다. **3** 바리새파 사람과 모든 유대 사람은 장로들의 전통을 지켜, 규례대로 손을 씻지 않고서는 음식을 먹지 않았으며, **4** 또 시장에서 돌아오면, 몸을 정결하게 하지 않고서는 먹지 않았다. 그 밖에도 그들이 전해 받아 지키는 규례가 많이 있었는데, 그것은 곧 잔이나 단지나 놋그릇이나 침대를 씻는 일이다. **5** 그래서 바리새파 사람들과 율법학자들이 예수님께 물었다. "왜 당신의 제자들은 장로들이 전하여 준 전통을 따르지 않고, 부정한 손으로 음식을 먹습니까?" **6** 예수님께서 그들에게 대답하셨다. "이사야가 너희 같은 위선자들을 두고 적절히 예언하였다. 이렇게 기록되어 있다. '이 백성은 입술로는 나를 공경해도, 마음은 내게서 멀리 떠나 있다. **7** 그들은 사람의 훈계를 교리로 가르치며, 나를 헛되이 예배한다.' **8** 너희는 하나님의 계명을 버리고, 사람의 전통을 지키고 있다." **9** 또 그들에게 말씀하셨다. "너희는 너희의 전통을 지키려고 하나님의 계명을 잘도 저버린다. **10** 모세가 말하기를 '네 아버지와 네 어머니를 공경하여라' 하고, 또 '아버지나 어머니를 욕하는 자는 반드시 죽을 것이다' 하였다. **11** 그러나 너희는 말한다. 누구든지 아버지나 어머니에게 말하기를 '내게서 받으실 것이 고르반 곧 하나님께 드리는 예물이 되었습니다' 하고 말만 하면 그만이라고 말한다. **12** 그러면서 아버지나 어머니에게 그 이상 아무것도 해 드리지 못하게 한다. **13** 너희는 너희가 물려받은 전통을 가지고, 하나님의 말씀을 헛되게 하며, 또 이와 같은 일을 많이 한다.".

질문을 만들고 그 답을 말씀에서 찾습니다.

1) 바리새파와 종교학자들이 몰려와서 예수님께 말하기를 "당신의 제자들은 음식을 먹기 전에 정결예식을 소홀히 하고 부정한 손으로 빵과 잔을 들어서 먹습니까"라고 트집을 잡았습니다(5절). 왜냐하면 이들은 먹기 전에 의식적으로 손 씻는 시늉을 했으며 특히 시장에서 돌아오면 우상에게 올라간 이것저것을 만졌기 때문에 손과 잔과 그릇에 부정이 탔다고 문질러서 씻었기 때문입니다. 여기에 대해서 주님께서 무엇이라고 대답하셨을까요? 6~9절

2) 예수님께서 입술과 마음이 다르게 움직이는 이중인격자들이 내 이름을 팔아서 고상한 훈계를 하고 그럴듯한 세상지식으로 드리는 예배는 결국 어떻게 된다고 말씀하셨나요? 7절하

3) 예수님께서 계속 말씀하셨습니다. "모세는 '네 아버지와 네 어머니를 공경하라'고 하였다. 그러나 너희는 부모에게 드릴 것이 있어도 '부모 대신에 하나님께 드리는 예물입니다'라고 드리면 부모에 대한 의무는 다했다고 생각하며 그 이상은 하지 않는다." 많은 사람이 이런 전통을 따라서 하기에 하나님의 말씀이 어떻게 된다고 하시나요? 13절

4) 하나님께서는 40년 동안 수십만 명의 사람들이 드린 희생제물과 예배를 한 번도 받지 못했다고 누구를 통해서 말씀하셨나요? [사도행전 7:42]

나눔의 시간

1) 하나님은 어떤 분이십니까?
2) 무엇을 깨달았나요?
3) 적용합니다.
4) 묵상과 함께 하는 말씀기도

내일의 양식 : 마가복음 7:14~23

한 사람에게 있어서 흥하고 망하고 성하고 쇠하는 것들을 결정할 수 있을 정도로 조심해야 할 3가지가 있는데 그중의 하나가 주님께 드리는 말이다. 살아있는 사람은 누구나 입으로 말하고 귀로 들을 수 있기 때문에 모든 사람이 여기에 적용된다. 성경도 사람이 살고 죽는 권세가 혀에서 나오는 말이라고 한다(잠 18:21). 가나안을 정탐하고 돌아온 12사람 중에도 10명은 죽고 2명은 살았고, 사울 왕이 죽은 다음에 한 청년이 사울이 죽은 소식을 다윗에게 전하다가 자기가 한 말 때문에 그 자리에서 목숨을 잃었다(삼상 1:15). 수로보니게 여인이 있었다. 이 여인의 입에서 나온 한마디 말이 딸을 살리고 자신은 슬픔에서 빠져나왔다(막 7:28). 성경은 새와 짐승은 길들일 수 있는데 사람의 혀는 안 된다고 하셨다(약 3:6~8). "내 삶을 두고 맹세한다. 너희 말이 내 귀에 들린 대로 내가 너희에게 행하리라"(민 14:28).

내 입술의 말을 길들일 수 있는 사람은 나밖에 없는데 어떻게 혀의 말을 잘 사용할 수 있을까? 정말 이것을 그대가 원한다면 말할 때 3가지를 유념해야 한다. 1, 지금 내가 하려는 이 말이 듣는 사람의 마음에 들을 준비가 되어 있는가? 2, 내가 하려고 하는 이 말이 생각하고 만들어진 말인가? 3, 이 말이 때에 맞는가? ①분위기, ②준비된 말, ③때, 이 3가지를 생각하고 말하면 3살 된 아이들에게도 효과가 있다. 사실 이 방법은 예수님께서 늘 사용하셨다. 처음에는 복잡하고 귀찮은 생각이 들어도 습관만 되면 효과적이고 그만한 가치가 있는 일이라는 것을 곧 알게 된다.

독일에서 있었던 일이라고 한다. 어떤 자매가 혀암에 걸려서 이제 혀를 절단해야 하는 마지막 시간이 찾아왔는데 의사가 말한다. "이제 다른 곳으로 암이 전이되는 것을 막기 위해서 혀를 절단하는 수술을 시작해야 합니다. 앞으로 더 이상 소리를 내서 말을 못하게 되는데 마지막으로 하고 싶은 말이 있으면 하세요." 잠시 침묵이 흐른 다음에 환자는 3마디의 말을 했다고 한다.

"하나님, 감사합니다."

"하나님, 감사합니다."

"하나님, 감사합니다."

그 방에 있던 주치의를 비롯한 가족들과 간호사들까지 눈물을 흘렸다고 한다. 하나님께서 사람에게 입과 혀를 주신 이유는 감사와 믿음의 말을 하기 위해서다. 성경에서 10명이 몹쓸 병에서 치료받았는데 1명이 다시 예수님께 와서 엎드려 감사하는 말을 하다가 '이것이 웬일인가?' 몸만이 아니라 이제는 그의 영혼까지 구원받았다(눅 17:16). "유 카리스데오!"

감사의 말을 가장 많이 한 사람은 다윗이 아닌가 싶다. 다윗은 사울과는

마가복음 묵상과 나눔

다르게 수많은 범죄와 고난에도 불구하고 주님을 바라보며 감사의 말을 드린 것이 은혜가 되어서 자신이 한 말에 곡을 붙여서 찬양을 불렀다. 그리고 그는 누구보다도 하나님으로부터 은혜를 입었다. 사람이 가진 것이 좀 부족하거나 스펙이 부족해도 그 사람의 말이 아름다우면 깊은 인상을 남긴다. 이런 사람은 나이와 상관없이 품위가 있는 사람이 된다. "말이 부드러우면, 더욱 많은 지혜를 가르친다"(잠 16:21)고 하셨고 "마음이 지혜로운 사람은 말을 신중하게 하고, 하는 말에 설득력이 있다"(잠 16:23)고 하셨다. 예수님께서는 "다투지도 않고, 외치지도 않을 것이다. 거리에서 그의 소리를 들을 사람이 없을 것이다"(마 12:19)고 하셨다. 이런 분들이 세상에 많이 계시지는 않지만, 모든 이들로부터 사랑을 받고 만나고 싶은 사람이다. 노인이 아니라 어른이 된다. 아멘&샬롬.

기적 플러스⁺

마가복음 7:14~23

14 예수님께서 다시 무리를 가까이 부르시고서, 그들에게 말씀하셨다. "너희는 모두 내 말을 듣고 깨달아라. **15** 무엇이든지 사람 밖에서 사람 안으로 들어가는 것으로서 그 사람을 더럽히는 것은 아무것도 없다. **16** 사람에게서 나오는 것이 그 사람을 더럽힌다." **17** 예수님께서 무리를 떠나 집으로 들어가셨을 때에, 제자들이 그 비유를 두고 물었다. **18** 예수님께서 그들에게 말씀하셨다. "너희도 아직 깨닫지 못하느냐? 밖에서 사람의 몸속으로 들어가는 것이 사람을 더럽히지 못한다는 것을 알지 못하느냐? **19** 밖에서 사람 안으로 들어가는 것은 무엇이든지, 사람의 마음속으로 들어가지 않고, 뱃속으로 들어가서 뒤로 나가기 때문이다." 예수님께서는 이런 말씀을 하여 모든 음식은 깨끗하다고 하셨다. **20** 또 그들에게 말씀하셨다. "사람에게서 나오는 것, 그것이 사람을 더럽힌다. **21** 나쁜 생각은 사람의 마음에서 나오는데, 곧 음행과 도둑질과 살인과 **22** 간음과 탐욕과 악의와 사기와 방탕과 악한 시선과 모독과 교만과 어리석음이다. **23** 이런 악한 것이 모두 속에서 나와서 사람을 더럽힌다."

질문을 만들고 그 답을 말씀에서 찾습니다.

1) 예수님께서는 자기에게로 온 사람들을 불러 놓고 말씀하시기를 "잘 듣고 마음에 새겨 두어라"고 하셨습니다(14절). 내 인생을 망쳐 놓는 것은 입으로 들어가는 것이 아니라(15절) 입에서 나오는 어떤 것들이 망친다고 하실까요? 20~22절

2) 깨닫지 못한 제자들이 "선생님, 모르겠습니다. 알려 주세요"라고 말하니(17절) 예수님께서 입으로 삼켜서 뱃속으로 들어가는 것은 뒤로 나가는 것이니 사람을 더럽히지 못하고 입에서 나오는 나쁜 말들은 사람의 마음과 생각에서

나오는데 곧 음행과 탐욕과 시기와 악한 시선이(22절) 입으로 나와서 그 사람을 어떻게 만든다고 하셨나요? 23절하

3) 악한 시선은 사람을 더럽히고 끝 날에는 어디로 데리고 가나요? [마태복음 5:28]

4) 내 눈은 내 것입니다. 더럽고 악한 시선으로 가려고 하는 것으로부터 승리하려면 내 눈과 시선은 어디에 두어야 행복할까요? [히브리서 12:2]

나눔의 시간

1) 하나님은 어떤 분이십니까?
2) 무엇을 깨달았나요?
3) 적용합니다.
4) 묵상과 함께 하는 말씀기도

내일의 양식 : 마가복음 7:24~30

성경의 **통일성,
역사성, 예언성**

성경은 3가지 면에서 진실만을 기록했다. 그래서 성경에는 3가지의 거룩한 물줄기가 처음부터 끝까지 흐르고 있다. 그 물줄기는 역사성과 통일성과 예언성(계시성)이다.

첫째로 통일성이다.

성경에 나타난 통일성의 주제는 영생이다. 그 주인공은 물론 예수님이다(요 5:39). 그래서 성경은 처음부터 끝까지 예수님의 이야기다. 그 통일성의 내용은 점진적으로, 반복적으로, 확대적으로 나타난다. 성경은 주전 1450년부터 주후 100년까지 40명의 저자가 1,550년 동안 통일성을 가지고 기록했다. 그래서 예수님 없이는 시작도 없고 영생도 없고 끝도 없다(엡 3:11, 골 1:16) 성경은 통일성을 가지고 기록되었기 때문에 통(通)으로 보면 처음부터 끝이 보이고 끝에서 다시 처음을 볼 수 있다.

마치 프로기사가 바둑을 다 둔 다음에 처음부터 복기하는 것과 같다. 두 가지만 예를 들면 창세기 12장에 등장하는 아브라함을 알려면 로마서 4장과 히브리서 11장을 함께 읽어야, 하나의 통일성을 갖고 성경을 볼 수 있다. 또 마태복음 26장 13절과 마가복음 14장 9절에 한 여인이 향유옥합을 가지고 나와서 예수님의 발에 붓는다. 그러나 제자들은 "낭비하지 말고 팔아서 가난한 사람들에게 나누어 줄 수 있는 것이 아닌가?"라고 책망한다. 제자들의 눈에는 거기까지만 보인 것이다. 그러나 제자들이 부활의 예수님을 만나고 눈이 열려서 이 여인이 한 일은 예수님의 장례를 미리 준비한 일이며 예수님께서도 "온 천하에 어디서든지 이 복음이 전파되는 곳에서는 이 여자가 행한 일도 말하여 그를 기억하게 하라"고 말씀하셨다. 이것이 통일성이다. 성경은 창조부터 종말까지 하나의 통일성을 가지고 기록되었다.

두 번째로 역사성이다.
성경을 알면 인류의 시작 이전과 끝나고 난 이후를 알 수 있다. 그래서 성경을 아는 사람은 어제와 오늘과 내일을 알고 자신의 마지막 날과 그다음 날까지도 준비할 수 있다. 역사가 주는 미래에 대한 계시다. 그래서 성경을 묵상하는 사람의 정체성에는 하나님으로부터 오는 믿음의 용기와 성령님으로부터 오는 살아있는 생기가 나온다(창 2:7). 성경에는 인명과 지명뿐만 아니라 수천 년의 족보들이 등장한다. 족보는 한 시대를 함축하고 새로운 일을 시작하는 새 역사의 신호탄이다. 성경처럼 인류의 역사를 자세히 기록한 책은 없다.

세 번째로 예언성, 또는 계시성이다.
하나님께서는 4,000년 전에 아브라함에게 나타나셔서 이렇게 말씀하셨다. "내가 너와 언약을 세운다. 이 가나안 땅을, 너와 네 뒤에 오는 자손에게 영원한 소유로 모두 주고, 나는 그들의 하나님이 될 것이다"(창 17:7~8). 아브라함의 자손들은 430년 후에 출애굽을 통해서 가나안 땅을 차지한다. 그러나 북이스라엘은 주전 722년에 앗수르에게 나라를 잃고 남 유다는 주전 586년에 바벨론에 포로로 잡혀간다. 그때부터 2,600년이 지나고 이스라엘은 1948년 5월 14일에 나라와 주권과 땅을 다시 찾았다. 아브라함의 후손들이 나라를 다시 찾은 것은 하나님의 언약 때문이다. 세상에 어떤 나라가 2,700년이 지난 다음에 나라와 국민과 주권과 땅을 찾을 수 있다는 말인가? 이것은 하나님께서 예언하시고 열려진 말씀 때문이다. 그러나 기억해야 할 사실은 성경과 함께하는 예언은 있어도 성경을 떠나서는 예언이 없다(요 16:14~15). 한 가지 사실은 우리가 성경에 나타난 통일성, 역사성, 계시성을 오직 믿음으로 갖고 있다는 것이다. 아멘&샬롬.

기적 플러스+

마가복음 7:24~30

24 예수님께서 거기에서 일어나셔서, 두로 지역으로 가셨다. 그리고 어떤 집에 들어가셨는데, 아무도 그것을 모르기를 바라셨으나, 숨어 계실 수가 없었다. **25** 악한 귀신 들린 딸을 둔 여자가 곧바로 예수님의 소문을 듣고 와서, 그의 발 앞에 엎드렸다. **26** 그 여자는 그리스 사람으로서, 시로페니키아 출생인데, 자기 딸에게서 귀신을 쫓아내 달라고 예수님께 간청하였다. **27** 예수님께서 그 여자에게 말씀하셨다. "자녀들을 먼저 배불리 먹여야 한다. 자녀들이 먹을 빵을 집어서 개들에게 던져 주는 것은 옳지 않다." **28** 그러나 그 여자가 예수님께 말하였다. "주님, 그러나 상 아래에 있는 개들도 자녀들이 흘리는 부스러기는 얻어먹습니다." **29** 그래서 예수님께서 그 여자에게 말씀하셨다. "네가 그렇게 말하니, 돌아가거라, 귀신이 네 딸에게서 나갔다." **30** 그 여자가 집에 돌아가서 보니, 아이는 침대에 누워 있고, 귀신은 이미 나가고 없었다.

질문을 만들고 그 답을 말씀에서 찾습니다.

1) 예수님께서 자기가 이쪽으로 피해 가는 것을 아무도 모르기를 원하셨지만, 사람들의 눈은 피할 수 없었습니다(24절). 이때 고통당하는 딸을 가진 한 여자가 예수님 앞에 무릎을 꿇고 어떤 일로 도와 달라고 애원할까요? 26절

2) 자기 딸을 고쳐 달라고 간청하며 애원하는 헬라 여인에게 예수님께서 말씀하시기를 "줄을 서서 기다려라 먼저 자녀들에게 먹이고 남는 것이 있으면 개들의 차지다"라고 하셨습니다. 두로(레바논티레) 여인은 이스라엘이 혐오스럽게 생각하는 북이스라엘의 7번째 왕이었던 아합의 아내 이세벨의 고향입니다(왕상 16:31). 그러나 이방 여자가 예수님의 말을 듣고 어떻게 반응하나요? 28절

3) 예수님께서 이 여자의 말을 듣고 감동하십니다. 예수님께서는 이 여자가 내 마음을 움직여 딸에게서 귀신이 나간 이유가 어디에 있다고 말씀하시나요? 29절

4) 여자가 집에 돌아와서 보니 딸아이가 어떻게 되었을까요? 30절

5) 예수님께서 공개적으로 여자에게 하신 말씀(27절)은 누구에게나 수치스럽고 모욕적으로 들릴 수 있습니다. 그러나 오직 딸을 고쳐야 한다는 엄마의 애타는 마음이 자존심과 자아까지 죽어서 반응한 한마디 "개들도 자녀들이 흘리는 부스러기는 얻어먹는다"는 말(28절)이 어떻게 예수님으로부터 큰 믿음(마 15:28)으로 칭찬까지 받고 큰 역사가 일어나게 되었을까요? [민수기 14:28]

나눔의 시간

1) 하나님은 어떤 분이십니까?
2) 무엇을 깨달았나요?
3) 적용합니다.
4) 묵상과 함께 하는 말씀기도

내일의 양식 : 마가복음 7:31~37

성령님으로 살아간다는 것은 무엇일까?

　주님께서 말씀하시는 성령님으로 살아가는 것을 알기 위해서 참으로 긴 시간을 가졌다. 왜냐하면 성도는 성령님으로 살아가야 한다는 절대가치를 성경으로 깨달았기 때문이다. "너희 속에 하나님의 영이 거하시면 너희가 육신에 있지 아니하고 영에 있나니 누구든지 그리스도의 영이 없으면 그리스도의 사람이 아니다"(롬 8:9)라는 말씀이 나를 놀라게 했다. '그리스도의 영이 없으면 그리스도의 사람이 아니라니, 그렇다면 나는 어떻게 된다는 말인가?' 나는 성령님의 인도를 받으며 살고 싶었다. 어떻게 내 안에서 만들어지는 육신적인 생각과 성령님의 생각을 분별하며 오직 성령님의 인도함을 받고 살아갈 수 있을까?

　내가 먼저 깨달았던 것은 성령님의 생각과 육신적인 생각은 서로가 적대관계(敵對關係)로 서로가 원하는 것을 하지 못하게 한다는 것이다(갈 5:17). 먼저 육체에서 나오는 생각들은 무엇이 있는가? 갈라디아서 5장 19~21절에 15가지로 나와 있다. "육체의 일은 분명하니 곧 ①음행과 ②더러운 것과 ③호색과 ④우상 숭배와 ⑤주술과 ⑥원수 맺는 것과 ⑦분쟁과 ⑧시기와 ⑨분냄과 ⑩당 짓는 것과 ⑪분열함과 ⑫이단과 ⑬투기와 ⑭술 취함과 ⑮방탕함과 또 그와 같은 것들이라 전에 너희에게 경계한 것 같이 경계하노니 이런 일을 하는 자들은 하나님의 나라를 유업으로 받지 못한다." 그러나 성령님으로 나오는 생각은 갈라디아서 5장 22~23절에 나오는 9가지 열매들이다. "오직 성령의 열매는 ①사랑과 ②희락과 ③화평과 ④오래 참음과 ⑤자비와 ⑥양선과 ⑦충성과 ⑧온유와 ⑨절제니 이같은 것을 금지할 법이 없다."

이와 같이 15가지의 육신을 따라 살아가는 사람은 육신에 속한 것을 생각한다. 그러나 성령을 따라 사는 사람은 성령에 속한 9가지를 생각한다. 육신에 속한 생각은 그 마지막이 죽음이지만 성령에 속한 생각은 생명과 평화이다(롬 8:5~6). 우리가 어떻게 성령님을 따라 살아갈 수 있을까? 성령님을 따라 살아가기 위해서는 예수님을 믿음으로 바라보고 생각하면 누구나 된다. 왜냐하면 이것이 성령님으로 살아가는 자세와 태도이기에 그렇다. 구원받은 그리스도인은 진리를 갈망하고 성령님으로 살아가기 위해서 기도하며 내 안에서 육신의 사람과 영의 사람이 싸울 때 성령님을 따라, 말씀을 따라 살아가는 것을 선택한다(롬 8:4). 예수님을 영접하기 전에는 그 영이 죽은 자라 선택이 없다. 그러나 예수님을 영접하면 하늘나라에 갈 때까지 선택이 계속된다(신 30:19, 렘 21:8).

이렇게 내 안에서 나오는 육신의 생각과 성령님이 주시는 생각들을 신중하고 분별 있게 사용하면 성령 하나님께서는 더 나은 진리의 말씀을 장절로

마가복음 묵상과 나눔

인도하시는데 그것이 바로 요한복음 14장 26절이다. "그러나 보혜사, 곧 아버지께서 내 이름으로 보내실 성령께서, 너희에게 모든 것을 가르쳐 주실 것이며, 또 내가 너희에게 말한 모든 것을 생각나게 하실 것이다." 그러나 하나님으로부터 온 말씀이라는 확신이 있어도 먼저는 ①양심으로 다음은 통일성이 있는 ②말씀으로 ③성령님으로 신중하게 분별해야 한다. 예수님께서도 하나님의 아들로 오셨지만, 오직 말씀과 기도를 통해서(히 5:7) 성령 하나님으로만 말씀하시고 일하시고 살아가셨다(요 5:19). 아멘&샬롬.

기적 플러스⁺

마가복음 7:31~37

31 예수님께서 다시 두로 지역을 떠나, 시돈을 거쳐서, 데가볼리 지역 가운데를 지나, 갈릴리 바다에 오셨다. **32** 그런데 사람들이 귀 먹고 말 더듬는 사람을 예수님께 데리고 와서, 손을 얹어 주시기를 간청하였다. **33** 예수님께서 그를 무리로부터 따로 데려가서, 손가락을 그의 귀에 넣고, 침을 뱉어서, 그의 혀에 손을 대셨다. **34** 그리고 하늘을 우러러보시고서 탄식하시고, 그에게 말씀하시기를 "에바다" 하셨다. 그것은 열리라는 뜻이다. **35** 그러자 곧 그의 귀가 열리고 혀가 풀려서, 말을 똑바로 하였다. **36** 예수님께서 이 일을 아무에게도 말하지 말라고 그들에게 명하셨으나, 말리면 말릴수록, 그들은 더욱더 널리 퍼뜨렸다. **37** 사람들이 몹시 놀라서 말하였다. "그가 하시는 일은 모두 훌륭하다. 듣지 못하는 사람도 듣게 하시고, 말 못하는 사람도 말하게 하신다."

질문을 만들고 그 답을 말씀에서 찾습니다.

1) 예수님께서는 두로 지방을 떠나서 시돈을 지나 갈릴리로 돌아오셔서 데가볼리 지방으로 오시자(31절) 사람들이 예수님 앞으로 말도 못하고 듣지도 못하는 사람을 데리고 오니(32절) 주님께서 어떻게 하여 말하게 하고 듣게 하셨을까요? 33~35절

2) 예수님의 기도 한마디, '에바다'는 어디에서 왔을까요? [요한복음 5:19, 12:49]

3) 믿음이 있는 사람은 어떤 모습으로 살다가 하나님의 때를 만날까요? [히브리서 12:1~2상]

4) 예수님의 이름으로 기도하면 하나님께서 들어 주시는 이유는 무엇일까요? [요한복음 14:13]

5) 예수님께서는 이 일을 사람들에게 알리지 말라고 하셨습니다. 왜
   예수님께서는 사람들에게 알리지 말라고 늘 말씀하실까요? [요한복음 7:1, 6]

6) 성령 하나님으로부터 이와 같은 한마디 말씀이 오면 예수님과 같은 사역을
   우리도 할 수 있을까요? [누가복음 1:37, 요한복음 14:12]

나눔의 시간

1) 하나님은 어떤 분이십니까?
2) 무엇을 깨달았나요?
3) 적용합니다.
4) 묵상과 함께 하는 말씀기도

내일의 양식 : 마가복음 8:1~10

간절한 **영성은** **선택**이 아닙니다

구원받은 사람은 진리를 구하며 사모하는 독특한 모습이 보인다. 왜냐하면 이전과는 다르게 내 안에서 옛사람과 새사람의 싸움이 있기 때문이다. 그래서 거듭난 사람이 성령님으로 살아가고 싶은 간절한 영성은 선택이 아니다. 필수로 나타나는 감성이다. 이것이 바로 신앙이 건강하다는 증명이다.

그럼에도 불구하고 그리스도인이 성령님의 인도를 받지 못하면 영의 생기(창 2:7)와 혼의 용기(히 12:2)와 몸의 열성(요삼 2)이 떨어지기 시작한다. 스트레스가 더 들어오기 시작하고 때로는 마음은 평안하지 못하고 몸이 처지기 시작한다. 스마트폰은 가지고 있는데 빨간 표시등이 들어와 충전이 떨어져 가는 것과 같다. 성경에 등장하는 많은 그리스도인에게 이런 증상이 있었다. 야곱도(창 32:26), 다윗도(시 51:11), 에스더도(에 4:16), 바울(롬 7:24)도 그 외에 사람들이 모두 그랬다. 오늘은 엘리야를 살펴보겠다.

엘리야는 주님의 인도를 더 이상 받지 못하자 생기와 용기가 떨어졌다. 엘리야는 갈멜산 사역 이후에 더 이상 주님의 인도하심이 나타나지 않자, 로뎀나무 아래에 죽기를 간청한다. 그러나 하나님께서 번아웃(burnout)된 엘리야에게 먼저 주신 은혜는 쉼과 먹을 것이다. 로뎀나무 아래서 며칠을 쉬고 일어난 엘리야는 시내산 안에 있는 호렙산을 바라보면서 600km를 사십 일 동안 걸어간다. 엘리야가 언약의 산을 바라보면서 걸었던 이 사건을 바르게 아는 것이 중요하다. 주님의 언약을 바라보면서 40일을 걸었던 엘리야는 동굴에 도착하여 첫날을 지냈는데 주님께서 하신 첫 말씀이 "엘리야야, 너는 여기에서 무엇을 하고 있느냐?"라는 말씀이다. 사실 이 질문은 40일 동안 광야를 걸어오면서 엘리야가 자신에게 물었던 영적 정체성에 대한 질문인데 하나님께서 물었다. 이 질문에 대한 엘리야의 답은 오직 하나이다. "내가 존재하는 것은 주님입니다. I AM WHO I AM입니다." 이 말은 현재진행형의 하나님, 임마누엘의 하나님이라는 것이다. 엘리야는 지금도 성령님으로 사는 것이 자기가 숨을 쉬는 이유요, 존재라고 말하는 것이다. 그래서 주님께서 약속하신 언약의 산(레 25:1~2)을 바라보면서 40일을 걸어 왔던 것이다. 그리고 더 살아가는 이유는 지금 살아서 역사하시는 언약의 말씀이다. 성령님의 사람은 언제나 현재진행형의 믿음이다. 주님께서 엘리야의 믿음을 아시고 드디어 말씀하신다.

"너는 돌이켜, 광야 길로 해서 다마스쿠스로 가거라. 거기에 이르거든, ① 하사엘에게 기름을 부어서, 시리아의 왕으로 세우고, 또 ②님시의 아들 예후에게 기름을 부어서, 이스라엘의 왕으로 세워라. 그리고 ③아벨므홀라 출신인 사밧의 아들 엘리사에게 기름을 부어서, 네 뒤를 이을 예언자로 세워라.

하사엘의 칼을 피해서 도망하는 사람은 예후가 죽일 것이고, 예후의 칼을 피해서 도망하는 사람은 엘리사가 죽일 것이다. 그러나 나는 이스라엘에 칠천 명을 남겨 놓을 터인데, 그들은 모두 바알에게 무릎을 꿇지도 아니하고, 입을 맞추지도 아니한 사람이다. 너는 혼자가 아니다"(왕상 19:9~18).

이제 성령님의 인도를 받은 엘리야는 생기와 용기를 얻고 다시 돌아간다. 갈멜산에서 불이 내리고 이방신을 따르던 자들을 죽이는 크고 놀라운 인도하심이 있었지만, 정작 아합과 이세벨에 대한 말씀이 있어야 할 인도하심이 없자, 엘리야가 로뎀나무 아래에서 죽기를 구했던 것이지, 자기를 죽인다는 이세벨의 협박이 두려워서 도망다닌 것이 결코 아니다. 엘리야가 호렙산을 향하여 40일을 걸었던 것(Walking prayer)은 오늘의 믿음을 바라며(히 12:2) 부르짖어 기도하는 것과 같다(잠 8:17). 그리스도인은 엘리야처럼 현재진행형으로 인도하심을 받아야 생기와 용기가 있고 하나님의 나라 안에서 살아갈 수 있다. 이분이 우리가 믿는 I AM WHO I AM의 하나님, 임마누엘이다.

예수님께서도 이렇게 자신을 간절히 찾는 자들과 친구가 되기를 원하시는 것은 그가 하시려는 오늘의 일들을 알려 주고 싶어서이다. 이것이 하나님께서 원하시는 믿음이다. "이제부터는 내가 너희를 종이라고 부르지 않겠다. 종은 그의 주인이 무엇을 하는지를 알지 못한다. 그러나 내가 알려 주어서 나를 알고 있는 너희는 나의 친구다." 아멘&샬롬.

기적 플러스⁺

마가복음 8:1~10

¹ 그 무렵에 다시 큰 무리가 모여 있었는데, 먹을 것이 없었다. 예수님께서 제자들을 가까이 불러 놓고 말씀하셨다. ² "저 무리가 나와 함께 있은 지가 벌써 사흘이나 되었는데, 먹을 것이 없으니 가엾다. ³ 내가 그들을 굶은 채로 집으로 돌려보내면, 길에서 쓰러질 것이다. 더구나 그 가운데는 먼 데서 온 사람들도 있다." ⁴ 제자들이 예수님께 말하였다. "이 빈들에서, 어느 누가, 무슨 수로, 이 모든 사람이 먹을 빵을 장만할 수 있겠습니까?" ⁵ 예수님께서 그들에게 물으셨다. "너희에게 빵이 몇 개나 있느냐?" 그들이 대답하였다. "일곱 개가 있습니다." ⁶ 예수님께서는 무리에게 명하여 땅에 앉게 하셨다. 그리고 빵 일곱 개를 들어서, 감사 기도를 드리신 뒤에, 떼어서 제자들에게 주시고, 사람들에게 나누어 주게 하시니, 제자들이 무리에게 나누어 주었다. ⁷ 또 그들에게는 작은 물고기가 몇 마리 있었는데, 예수님께서 그것을 축복하신 뒤에, 그것도 사람들에게 나누어 주게 하셨다. ⁸ 그리하여 사람들이 배불리 먹었으며, 남은 부스러기를 주워 모으니, 일곱 광주리에 가득 찼다. ⁹ 사람은 사천 명쯤이었다. 예수님께서는 그들을 헤쳐 보내셨다. ¹⁰ 그리고 곧 제자들과 함께 배에 올라, 달마누다 지방으로 가셨다.

질문을 만들고 그 답을 말씀에서 찾습니다.

1) 사람들이 하나님의 말씀을 듣고 치유와 회복은 얻었지만, 먹을 것이 없어서 굶고 있으니 예수님께서는 가여운 마음(2절)으로 제자들에게 무엇이라고 말씀하셨나요? 3절

2) 예수님께서는 여기에서 저들을 그냥 보내면 돌아가다가 길에서 쓰러질 사람들도 있다(3절)고 하시면서 제자들에게 무엇이라고 말씀하셨나요? 4절

3) 제자들이 "우리가 빈들에서 무슨 수로 수천 명이나 되는 사람들을 먹일 수 있습니까"라고 말씀을 드리니 예수님께서 무엇이라고 말씀하시나요? 5절

4) 예수님께서 빵 일곱 개와 물고기를 몇 마리를 들고 하늘을 우러러 감사기도를 드리자, 예수님의 팔 아래로 빵과 물고기가 줄줄이 떨어져 어떻게 되었나요? 6~7절

5) 허기만 채운 것이 아니라 4천 명이나 되는 사람들이 배불리 먹고 남은 조각이 얼마나 될까요? 8절

6) 예수님께서는 사랑하고 경외하는 사람들에게는 먹거리를 주시고, 맺으신 언약을 영원토록 기억하십니다.(시 111:5, 새번역). 몸과 마음도 치유 받고 빵과 물고기로 배부르게 먹은 군중들 사이에서 예수님을 어느 자리에 옹립하려고 하나요? [요한복음 6:15]

7) 이것을 아시고 예수님께서는 사람들을 헤쳐서 집으로 돌려보내시고 제자들과 함께 어디로 급히 피해 가셨을까요? 10절하

나눔의 시간

1) 하나님은 어떤 분이십니까?
2) 무엇을 깨달았나요?
3) 적용합니다.
4) 묵상과 함께 하는 말씀기도

내일의 양식 : 마가복음 8:11~21

| 고달픈 신앙생활에서
벗어나기 시작했다

내가 힘들고 고달픈 신앙생활을 10년을 넘게 해 온 이유가 있다. 그것은 회개를 하기는 하는데 회개가 안 되는 것이다. 회개가 안 된 사람이라는 것이 분명한 것은 회개한 사람은 죄에서 돌아서는 사람인데 나는 마음과 생각으로 같은 죄를 또 지었다. 그래서 내 영과 혼과 몸은 건강하지 못했다. 이런 증거를 가지고 있음에도 불구하고 신앙을 다 안다고 생각하고 성경을 배우려는 겸손한 자세가 겉으로만 있어 보였고 행함으로는 없었다. 이런 자세와 태도가 교만한 사람인 것을 나도 몰랐고 같이 사는 사람도 몰랐다.

나는 스스로에게 핑계를 가지고 있었는데, 그것은 하나님의 때가 되지 않았다고 여겼다. 또는 환경이 안 좋아서 어쩔 수 없었다고 생각했다. 이렇게 환경과 세상과 남을 탓하는 무지와 교만이 나를 더 어두운 곳으로 데리고 갔다. 그것은 하나님과 말씀을 몰랐던 결과다. 그래서 겉으로는 아닌데 속으로는 죄를 안고 살았다.

내 생각과 의식구조는 내 중심적이고 세속적이었는데 '모르쇠'를 하고 있었다. 입으로는 예수님을 주님이라고 부르면서 실제로는 예수님께서 주(主)가 아니었다. 지금 돌이켜 생각해 보면 예수님께서는 나에게 무시를 당하고 계셨다. 내 인생의 주인은 빈틈없이 내가 주인이었다. 이쪽으로 건너와서 저쪽을 보니 그때에는 합리적인 내 생각만 있을 뿐, 믿음으로 사는 것은 겉으로만 있었다. 내 기도는 내 형편과 돌아가는 상황과 돈을 계산한 다음에 적당히 타협하는 이성적 판단으로 결론을 맺었다. 이런 것에 갇혀서 10년 넘게 나오지 못하고 있었는데 문제를 인식조차 못 하고 있었던 것이다. 지금 생각해 보면 무당 같은 내 이성이 믿음을 가로막고 있었다. 이런 나의 모습은 말씀이 아니면 그 누구도 볼 수 없었다. 그때 나의 신앙은 육신에 속한 신앙인이었고 선한 목자를 떠난 어린 양이었다(고전 3:1). 그러나 예수님은 나를 떠나지 않고 문밖에서 문을 두드리며 기다리고 계셨다. 나는 마음의 문을 열어 주님을 영접하여 말씀대로 순종하며 살면 되는데 라오디게아 교회처럼 문밖에 예수님을 세워둔, 예수님이 없는 교회였다(계 3:20).

이렇게 힘들고 고달픈 신앙생활을 하다가 전도폭팔 7기로 훈련을 받던 중에 구원받은 간증문을 쓰는 시간이 있었는데 3차례나 통과하지 못한 다음에야 오직 믿음으로 주님을 영접할 수 있다는 진리를 깨닫게 되었고, 오직 믿음으로 예수님을 나의 주 나의 하나님으로 영접하는 기적과 같은 일이 있었다(롬 1:17). '믿음'이라는 진리를 깨닫는 순간, 예수님을 전인격적으로 만났다. 나로서는 두 번 다시는 없는 일생일대(一生一大)의 사건이었다.

그 후로 고달픈 신앙생활에서 평안을 경험했다. 그리고 '나 같은 죄인이 주님과 동행할 수 있을까?'라는 생각을 했다. 어떻게 하면 주님을 알고 믿음으로 살아갈 수 있을까? 그것은 오직 말씀으로 돌아가 성경을 처음부터 읽고 묵상하는 것 이외에 없다는 결론을 가졌다. 그래서 성경을 묵상해 오다가 건강한 그리스도인은 오직 말씀묵상과 말씀기도 외에 다른 길은 없다는 것을 깨닫게 되었다. 진리를 추구한 결과였다. 그리고 그때부터 말씀묵상과 말씀기도가 나를 살려내기 시작했다(요 1:1). 아멘&샬롬.

기적 플러스⁺

마가복음 8:11~21

¹¹ 바리새파 사람들이 나와서는, 예수님께 시비를 걸기 시작하였다. 그들은 예수님을 시험하느라고 그에게 하늘로부터 내리는 표징을 요구하였다. ¹² 예수님께서는 마음속으로 깊이 탄식하시고서 말씀하셨다. "어찌하여 이 세대가 표징을 요구하는가! 내가 진정으로 너희에게 말한다. 이 세대는 아무 표징도 받지 못할 것이다." ¹³ 그리고 예수님께서는 그들을 떠나, 다시 배를 타고 건너편으로 가셨다. ¹⁴ 제자들이 빵을 가져오는 것을 잊었다. 그래서 그들이 탄 배 안에는 빵이 한 개밖에 없었다. ¹⁵ 예수님께서 제자들에게 경고하여 말씀하셨다. "너희는 주의하여라. 바리새파 사람의 누룩과 헤롯의 누룩을 조심하여라." ¹⁶ 제자들은 서로 수군거리기를 "우리에게 빵이 없어서 그러시는가 보다" 하였다. ¹⁷ 예수님께서 이것을 아시고 말씀하셨다. "어찌하여 너희는 빵이 없는 것을 두고 수군거리느냐? 아직도 알지 못하고 깨닫지 못하느냐? 너희의 마음이 그렇게도 무디어 있느냐? ¹⁸ 너희는, 눈이 있어도 보지 못하고, 귀가 있어도 듣지 못하느냐? 기억하지 못하느냐? ¹⁹ 내가 빵 다섯 개를 오천 명에게 떼어 주었을 때에, 너희는 남은 빵 부스러기를 몇 광주리나 가득 거두었느냐?" 그들이 그에게 대답하였다. "열두 광주리입니다." ²⁰ "빵 일곱 개를 사천 명에게 떼어 주었을 때에는, 남은 부스러기를 몇 광주리나 가득 거두었느냐?" 그들이 대답하였다. "일곱 광주리입니다." ²¹ 예수님께서 그들에게 말씀하셨다. "너희가 아직도 깨닫지 못하느냐?"

질문을 만들고 그 답을 말씀에서 찾습니다.

1) 바리새파, 곧 율법주의자들이 예수님께 달라붙어서(11절) 당신이 누구인지 입증하라고 몰아세우며 하늘로부터 오는 표징을 내놓으라고 요구합니다.

그러나 예수님께서는 탄식하시며 너희가 기적과 표징을 구하지만, 그것을 받을 수 없다고 하셨습니다(12절). 예수님께서 이들을 떠나 배를 타고 건너편으로 가셨습니다(13절). 그러나 제자들은 배 안에 부스러기 빵 하나밖에 없다는 것을 알고 서로 말하기 시작했습니다(14절). 그때 예수님께서는 제자들에게 무엇을 조심하라고 경고하시나요? 15절

2) 제자들은 예수님께서 빵을 가져오지 않은 것에 대해서 말씀하시는 줄 알고 서로에게 책임을 묻기 시작했습니다. 예수님께서는 제자들이 수군거리는 것을 아시고 아직도 내가 하는 말에 깨달음이 없냐고 하시면서 무엇을 엄히 말씀하시나요? 17~21절

3) 예수님께서 깨달으라고 말씀하시는 내용의 본뜻은 무엇일까요? [마태복음 16:12]

4) 겉과 속이 다른 바리새파 사람들과 말씀은 암송하고 기록하는 일은 계속하지만, 순종은 하지 않는 서기관들에게 앞으로 나타날 일곱 번의 '화'는 어떤 내용일까요? [마태복음 23:13, 15, 16, 23, 25, 27, 29]

나눔의 시간

1) 하나님은 어떤 분이십니까?
2) 무엇을 깨달았나요?
3) 적용합니다.
4) 묵상과 함께 하는 말씀기도

내일의 양식 : 마가복음 8:22~26

바보같이 믿는
바보 목사

바보같이 믿는 사람이 행복하다. 예수님께서는 예수님만을 바라보며 바보 같이 사랑하는 사람들과 혼인잔치를 하신다. 그러나 하나님 앞에서나 사람 앞에서나 자기가 옳다고 생각하는 것을 포기하지 않는 사람은 실격이 된다. 나는 이전에 내가 옳다고 생각하는 일에 대해서 굽히지 않았다. 사실은 지금 도 매일 같이 버리는 중이다. 고집이 센 사람들은 자기 지식과 생각이 다인 줄 알고 있다. 자기가 알고 있는 것과 경험이 전부라고 생각한다. 만일 예수 님께서 나를 그대로 두었다면, 지금쯤은 기름이 부족해서 내 믿음과 신앙의 불이 꺼졌을 것이다(마 25:8).

내가 고난을 많이 받은 이유는 내 편에서는 내가 옳다고 생각하는 것에 대 해서 내려놓음이 없어서 받은 것이고, 주님 편에서는 나에게 기름과 등불을 주기 위해서 징계적 사랑을 하신 것이다(히 12:6). 자기가 옳다고 생각하는 말 이나 일에 대해서 포기하지 않는 사람을 바꾸는 방법은 절벽 끝에 세우는 것 이 아니라, 그 아래로 떨어뜨리는 것이다. 나는 이와 같은 방법으로 사랑의 보약을 여러 번 먹었다. 고난은 언제 끝이 날까? 하나님 앞에서나 사람 앞에서 내가 옳다고 생각하는 것들을 포기하면 끝나고 또 그와 같은 것들로부터 나오는 강직함이 온유해지면 고난은 끝이 난다. 프라오스!

나는 목회 10년 차에 예수님의 유언대로 교회가 사랑으로 하나 되기를 바라는 충심 어린 열정과 마음만을 가지고 교단을 초월하여 3개의 교회가 '교회연합운동'을 1997년부터 해 오다가 2개의 교회가 건축한 예배당에서 1999년 4월 4일, 주일예배에 아내가 나무토막처럼 쓰러져 실려 나가고 나는 내가 옳다고 생각하는 모든 것을 포기하고 아이들과 머리 둘 곳 없이 빈손으로 교회를 나왔다. 예배당 밖으로 나와 길을 걷다가 이제는 이 땅을 저주하고 떠나려는 순간, 뒤에서 내 입과 숨을 막으시는 분이 주님이신 것을 알아차리고 "저는 모든 것이 끝이 났습니다"라는 고뇌에 찬 뇌성으로 절규하자 "너는 끝이 났지만, 나는 시작한다"는 생각의 음성을 듣고 "주님 저는 열정도 없고 가진 것도 없습니다"라고 반문하자, "여호와의 열심이 이룰 것이다"라는 말씀이 떠올라서 순간, 나는 생각하기를 열정도 없고 가진 것도 없는 사람에게 이런 말씀이 어떻게 주어지느냐는 질문과 함께 의구심이 생겨서 이 말씀이 맞는지 길 건너 이웃 교회당에 가서 이사야 9장 7절에 있는 것을 확인하고 다시 주님을 바라볼 수 있었다.

"당신은 바보같이 믿는 바보 목사다." 이 소리가 싫지 않다. 왜냐하면 내 경우를 보니 바보같이 믿는 사람에게 구원을 주시는 하나님이 그 사람 안에 계시기 때문이다. 우리가 믿음 안에 있는 가를 우리 자신이 스스로 알아봐야 한다. 그리고 나는 믿음 안에 있다는 확신을 가지고 있어야 한다. 그리고 예수 그리스도께서 내 안에 계신 것을 알아야 한다. 만일 예수 그리스도께서 내 안에 계신 것을 모르면 실격자다(고후 13:5). 하나님은 내 영혼의 생명 안에 계신 분이다. 그리고 주님만을 바보같이 믿는 사람에게 주시는 지극히 큰 상급과 대가는 하나님 자신이다(창 15:1, 롬 8:32). 가장 행복한 사람은 하나님께서 내 영혼 안에 생명으로 와 계신 것을 스스로 알고 오늘의 믿음으로 살고 있는 사람이다. 나는 그대가 예수님과 함께 살아가는 믿음의 바보가 되기를 기도한다. 아멘&샬롬.

마가복음 묵상과 나눔

기적 플러스⁺

마가복음 8:22~26

²² 그리고 그들은 벳새다로 갔다. 사람들이 눈먼 사람 하나를 예수님께 데려와서, 손을 대 주시기를 간청하였다. ²³ 예수님께서 그 눈먼 사람의 손을 붙드시고, 마을 바깥으로 데리고 나가셔서, 그 두 눈에 침을 뱉고, 그에게 손을 얹으시고서 물으셨다. "무엇이 보이느냐?" ²⁴ 그 사람이 쳐다보고 말하였다. "사람들이 보입니다. 나무 같은 것들이 걸어 다니는 것 같습니다." ²⁵ 그 때에 예수님께서는 다시 그 사람의 두 눈에 손을 얹으셨다. 그 사람이 뚫어지듯이 바라보더니, 시력을 회복하여 모든 것을 똑똑히 보게 되었다. ²⁶ 예수님께서 그를 집으로 돌려보내시며 말씀하셨다. "마을로 들어가지 말아라."

질문을 만들고 그 답을 말씀에서 찾습니다.

1) 자비심이 있는 사람들이 눈먼 사람을 예수님 앞으로 데리고 와서 고쳐 주시기를 간절히 원하니(22절) 예수님께서는 그 사람의 손을 잡고 바깥으로 가서 그 두 눈에 침을 뱉고, 손을 얹으시고 무엇이라고 부드럽게 물으시나요? 23절하

2) 예수님께서는 그 사람의 손을 잡고 조금 떨어진 마을 바깥으로 나가서 눈을 마주 보면서 그 사람의 두 눈에 무엇을 뱉으시나요? 23절

3) 예수님께서 사람들과는 다르게 이런 방법으로 치료하실까요? 이렇게 하신 때가 언제 또 있었나요? [요한복음 9:6]

4) 예수님께서 눈이 먼 사람을 말씀으로만 치료하시는 사람과는 다르게 침을 뱉거나, 또는 진흙을 개어서 눈에 바르시는 방법으로 눈을 회복시키시는 것은 태어나면서부터 동공이 없이 태어난 선천적 맹인입니다. 예수님께서는 이렇게 말씀과 진흙을 사용하셔서 무에서 유를 창조하신 때가 있었나요?

[창세기 2:7, 요 1:3]

5) 예수님께서 눈먼 사람에게 "무엇이 보이느냐"고 물으니 나무 같은 것들이 보인다고 말합니다(24절). 그 이후에 예수님께서 한 번 더 어떤 일을 하시나요? 25절

6) 예수님께서 그 사람을 집으로 돌려보내시며 어디로 들어가지 말라고 말씀하시나요? 26절

7) 새로운 눈이 2.0으로 똑똑히 보이기 시작했습니다. 태어나면서부터 동공도 없이 눈이 움푹 들어간 맹인으로 살아오다가 이제는 눈을 떠서 보게 하셨으니 큰 은혜를 베푸셔서 불쌍히 여겨 주신 일을 예수님의 말씀처럼 마을로 들어가지 말고 누구에게로 가서 기쁨을 나누고 하나님께 영광과 감사를 드려야 할까요? [마가복음 5:19]

나눔의 시간

1) 하나님은 어떤 분이십니까?
2) 무엇을 깨달았나요?
3) 적용합니다.
4) 묵상과 함께 하는 말씀기도

내일의 양식 : 마가복음 8:27~30

친구는
위대하다

친구는 신의가 있고 믿음이 있다. 친구는 어떤 경우에도 배반하지 않는다. 친구가 세상 죄악의 어려움으로부터 물들지 않기 위해서 기도한다. 친구를 구하기 위해서 자기를 희생하며 사랑을 구한다(요 15:13). 사람들은 예수님과 여러 종류의 관계를 맺고 있는데 가장 좋은 관계는 친구다(요 15:15). 예수님께서는 베다니에 살고 있는 나사로가 죽었다는 소식을 듣고 "우리 친구 나사로는 잠들었다. 내가 가서 그를 깨우겠다"고 말씀하시면서 그곳으로 다시 가자고 하셨다. 그때 제자들이 말했다. "선생님, 방금도 유대 사람들이 선생님을 돌로 치려고 하였는데, 다시 그리로 가려고 하십니까?"라고 하면서 말렸지만, 예수님께서는 나사로에게 가서 눈물의 기도로 살리셨다(요 11:11). 이것이 친구다!

예수님의 12제자 가운데는 돈 때문에 함께 있는 친구도 있고 순전한 마음으로 가까이 있는 친구도 있다. 요한은 예수님의 품에 자주 기대어 있었고 예수님께서도 요한에게는 항상 마음을 열고 있었고 요한의 이와 같은 행동을 좋아하셨다(요 13:23). 베드로도 요한에게 부탁하기를 돈 때문에 선생님을 팔아먹을 사람이 누구인가 물어보라고 했고(요 13:24), 예수님께서는 요한에게 알려 주셨다.

사람들은 아브라함을 가리켜 하나님의 친구라고 했다(약 2:23). 하나님께서도 아브라함을 사랑하셨고 하늘의 비밀을 알려 주시는 것을 기뻐하셨다. 친구는 친구를 위해서 죽는다. 이것보다 더 큰 사랑은 없다(요 15:13). 친구는 의리를 끊지 않는다. 친구가 잘못해도 서로의 말을 들어주고 기다려 주고 방어한다. 친구가 없는 사람은 점점 외로워지지만, 친구가 있는 사람은 점점 풍성해진다. 늙어 갈수록 가장 필요한 사람은 친구다. 친구는 노후다. 친구는 시간을 내어주고 내 말을 들어 주고 내가 하려고 하는 일에 함께한다. 그리고 누가 먼저 세상을 떠나가든지 그 곁에 있다가 예수님의 이름으로 내 눈을 감겨주고 눈물까지 흘려주고 장례까지 섬긴다. 친구는 나를 위해서 새벽에 일어나 부르짖어 기도해 준다. 철이 철을 날카롭게 하듯이(잠 27:17) 친구가 친구를 구한다(막 2:3). 주님께서도 친구의 기도를 통해서 내 기도를 들어주신다. 이것이 하늘에서 이루어지는 서로 사랑이다. 그러나 친구가 없는 사람은 혼자 남는다. 나중에는 갈 곳이 없고 만날 사람도 없게 된다. 젊어서 돈 때문에 친구를 버리고 자기 집을 허물었기 때문이다(잠 14:1). 죽어서 세상을 떠나도 마찬가지다. 믿음의 친구가 없는 그 영혼은 갈 곳이 없어서 셋째 하늘에 들어가지 못하고 둘째 하늘에서 고통을 받는다. 사실 이 때가 가장 불행하고 불쌍하다!

그러나 우리는 다르다. 예수님께서 나의 영원한 친구다. 예수님은 이렇게

마가복음 묵상과 나눔

말씀하셨다. "아버지 집에는 거할 곳이 많다 내가 가서 너희를 위하여 처소를 예비하면 내가 다시 와서 너희를 내게로 영접하여 나 있는 곳에 너희도 있게 하리라"(요 14:2). 내가 있는 좋은 곳으로 영접하는 것이 친구다. 나는 친한 친구가 있다. 그 사람은 예수님이다. 예수님과 가장 많은 시간과 생각들을 주고받으며 서로를 바라본다. 이것이 오늘 하루를 살아가는 이유이며 행복이다. 친구를 떠나서는 행복이 없다(시 16:2). 친구는 영원하다! 그리고 위대하다. 아멘&샬롬.

기적 플러스⁺

마가복음 8:27~30

27 예수님께서 제자들과 함께 빌립보의 가이사랴에 있는 여러 마을로 길을 나서셨는데, 도중에 제자들에게 물으셨다. "사람들이 나를 누구라고 하느냐?" **28** 제자들이 예수님께 말하였다. "세례자 요한이라고 합니다. 엘리야라고 하는 사람들도 있고, 또 예언자 가운데 한 분이라고 하는 사람들도 있습니다." **29** 예수님께서 그들에게 물으셨다. "그러면, 너희는 나를 누구라고 하느냐?" 베드로가 예수께 대답하였다. "선생님은 그리스도이십니다." **30** 예수님께서 그들에게 엄중히 경고하시기를, 자기에 관하여 아무에게도 말하지 말라고 하셨다.

질문을 만들고 그 답을 말씀에서 찾습니다.

1) 가이사라 빌립보(Caesarea Philippi)라는 도시는 헤롯의 아들 빌립이 정치적인 목적을 가지고 로마 황제, 가이사(Caesar)를 숭배하기 위해서 세운 도시이며 황제의 칭호와 자신의 이름을 따서 가이사랴 빌립보라는 이름을 붙였습니다. 예수님께서 우상의 신전들을 바라보시며 제자들에게 무엇을 물으시나요? 27절

2) "세례자 요한이라고 하는 사람도 있고, 엘리야라고 하는 사람도 있고, 예언자 가운데 한 사람이라고 하는 사람도 있습니다"라고 말하니 예수님께서는 "너희는 나를 누구라고 생각하느냐?"라고 물으니, 무엇이라고 대답하나요? 29절

3) 이때 "선생님은 그리스도이십니다"라고 말한 사람은 베드로입니다(마 16:16). 예수님께서는 베드로의 말을 들으시고 무엇이라고 말씀하셨나요? [마태복음 16:17]

4) 제자들이 예수님을 '선생님'이라고 부릅니다. 선생님이라고 부르는 호칭에는

어떤 뜻이 담겨 있을까요? [요한복음 13:13]

5) 예수님께서는 제자들에게 아직은 내가 '그리스도'인 것을 사람들에게 왜 알리지 말라고 엄중한 경고를 하셨을까요? [요한복음 7:1]

6) 예수님께서 그리스도이심을 항상 고백하는 사람에게는 하나님으로부터 무엇이 보장되어 있나요? [마태복음 16:18~19]

7) 이와 같은 신앙고백이 실재가 되었던 증거를 초대교회 성도들의 입과 마음에서 어느 정도로 계속되었음을 알 수 있을까요? [사도행전 5:42]

나눔의 시간

1) 하나님은 어떤 분이십니까?
2) 무엇을 깨달았나요?
3) 적용합니다.
4) 묵상과 함께 하는 말씀기도

내일의 양식 : 마가복음 8:31~38

① 0+1=100
② 100+0=0

이 계산은 어느 나라 계산인가? 하늘나라 계산이다. 그 내용을 풀어보면 이렇다. 예수님 한 분이면 모든 것이 다 있다. 그러나 예수님 한 분이 안 계시면 모든 것이 다 있어도 0이다.

주님을 빼면 아무것도 남지 않는 사람, 그 사람이 성경에서 말하는 심령이 가난하여 예수님과 하늘나라를 소유한 사람이다(마 5:3). 이런 사람 안에는 복이 있다. 성경이 말씀하시는 복은 무엇을 말할까? 두말할 것도 없이 성경에서 말하는 복은 영생이신 예수님이다. 시편 133편 3절을 읽고 마태복음 5장 3절부터 11절까지 나오는 복을 영생이나 예수님으로 바꾸어 읽으면 복에 대한 정확한 뜻이 나온다. 이런 사람에게는 영생과 함께 다 헤아릴 수 없는 것들이 저절로 찾아오는데 이것이 성경에서 말하는 축복받은 사람이다. 강단에서 스피커로부터 가장 많이 전해지고 있는 복과 축복의 성서적 관계는 이렇다. 한 아이가 태어나면 천하보다 귀한 생명이 태어난 것이고 그 아이가 태어나기 전에 부모가 준비해 둔 것들이 축복이다. 아브라함도 이것을 알았고 모세도 알았다(창 12:3, 출 33:15~17). 안타깝게도 이렇게 중요한 진리를 그동안 세계교회가 혼동해서 사용했다. "하나님께서 주시는 보이지 않는 것도 복이고 눈에 보이는 세상의 것들도 소유만하면 복 받은 사람이다"라고 말한다. 그래서 세상으로부터 교회가 '기복주의자'라는 말을 들어온 것은 마음의 아픔을 넘어서 슬프다. 복과 축복에 대한 더 자세한 것은 83~57에서 자세히 나눈다.

또 한 사람은 세상에서 가진 것이 100이다. 그러나 그 사람 안에는 예수님이 없다. 그렇다면 결국 그 사람의 인생은 0이다. 영생이 없으니, 눈에 보이는 축복들이 100처럼 보여도 결국은 0이라는 말이다. 세상을 돌아보라! 만일 불타 없어질 것들이 하나님께 복 받은 사람들이라고 한다면 복 받은 사람들은 교회 밖에 더 많다. 그러나 안타깝게도 이런 사람이 세상을 떠나면 어떻게 될까? 누가복음 16장 25절에 나오는 사람처럼 된다. 그래서 두 종류의 사람을 숫자로 계산해서 써보니 이런 계산법이 나왔다. ①0+1=100 ②100+0=0 솔직히 나는 어느 쪽에 있을까? 솔직(率直)이 중요하다. 왜냐하면 솔직의 문이 내 안에서부터 열릴 때 예수님께서도 그를 긍휼히 여기신다. 이것이 주님의 기도문에서 나오는 하늘에서 아버지의 뜻이 이루어진 것과 같이 땅에서도 이루어진다는 기도다.

성도가 복과 축복을 바르고 옳게 깨닫고 믿음으로 살아갈 때 그 사람과 그 사람의 가정에서 하나님의 형상이 회복되기 시작되고 생육하고 번성하여 땅에 충만하고 땅을 정복하여 바다의 고기와 공중의 새와 땅 위에서 살아 움직이는 모든 생물을 다스리는 권세가 OFF⇨ON으로 작동하기 시작한다(창

1:28). 이 복을 이루신 분이 마지막 아담이신 그리스도다(고전 15:45). 예수님께서 사랑하는 제자들을 조용히 따로 불러서 비밀을 알려 주신다. "너희가 보는 것을 보는 눈은 복이 있다"(눅 10:23). 이 복은 눈을 말하는 것이 아니라 예수님을 보는 것을 말한다. 두렵고 떨리는 마음으로 한 줄 더 쓰고 싶은 것은 유럽교회를 포함해서 세계교회는 이 진리가 바르고 옳게(창 18:19, 새번역) 정리되어야 앞날에 희망이 있다.

초대교회를 다니던 성도들의 물질은 지갑이나 마음에 있지 않고 사도들의 발 앞에 있었다(행 4:37, 5:2). 예수님을 만나서 이 진리를 깨달은 바울은 이런 말을 남겼다. "나는 그리스도 때문에 모든 것을 잃었고, 그 모든 것을 오물로 여깁니다. 나는 그리스도를 얻고, 그리스도 안에 있는 사람으로 인정받고 싶습니다"(빌 3:8).

예수님께서 돌아가신 날, 예루살렘에는 죽음의 살기가 가득 차서 제자들조차도 다 도망가고 문은 안에서 걸어 잠그고 있었던 때 돌아가신 예수님의 시신을 달라고 빌라도에게 가서 요구한 사람이 있다. 그 사람은 아리마대 사람 요셉이다(요 19:38). 요셉은 니고데모와 함께 예수님의 몸을 조심스럽게 십자가에서 내리고 자신의 새 동굴무덤으로 모셔다가 깨지고 상하신 예수님에 몸을 두렵고 떨리는 마음으로 몰약에 침향 섞은 향유를 가지고(요19:39) 터치하면서 이분이 그리스도이심을 몰랐을까? 아니다. 이분들은 알고 있었지만, 아직 가보지 않은 땅이라 조심스럽게 하나님의 나라가 오기를 기다리고 있었다(막 15:43). 이분들은 참으로 0+1=100의 사람들이다. 나는 이처럼 가난한 부자들을 따르고 싶을 뿐만 아니라 사랑하고 존경하고 마음에 새기면서 꼭 만나기를 기다린다. 왜내하면 우리가 사랑하는 예수님을 사랑했기 때문이다. 아멘&샬롬.

기적 플러스⁺

마가복음 8:31~38

³¹ 그리고 예수님께서는, 인자가 반드시 많은 고난을 받고, 장로들과 대제사장들과 율법학자들에게 배척을 받아, 죽임을 당하고 나서, 사흘 후에 살아나야 한다는 것을 그들에게 가르치기 시작하셨다. ³² 예수님께서 드러내 놓고 이 말씀을 하시니, 베드로가 예수님을 바싹 잡아당기고, 그에게 항의하였다. ³³ 그러나 예수님께서는 돌아서서, 제자들을 보시고, 베드로를 꾸짖어 말씀하셨다. "사탄아, 내 뒤로 물러가라. 너는 하나님의 일을 생각하지 않고, 사람의 일만 생각하는구나!" ³⁴ 그리고 예수님께서 제자들과 함께 무리를 불러 놓고 그들에게 말씀하셨다. "나를 따르려고 하는 사람은, 자기를 부인하고, 자기 십자가를 지고, 나를 따라오너라. ³⁵ 누구든지 제 목숨을 구하고자 하는 사람은 잃을 것이요, 누구든지 나와 복음을 위하여 제 목숨을 잃는 사람은 구할 것이다. ³⁶ 사람이 온 세상을 얻고도 제 목숨을 잃으면, 무슨 이득이 있겠느냐? ³⁷ 사람이 제 목숨을 되찾는 대가로 무엇을 내놓겠느냐? ³⁸ 음란하고 죄가 많은 이 세대에서, 누구든지 나와 내 말을 부끄럽게 여기면, 인자도 자기 아버지의 영광에 싸여 거룩한 천사들을 거느리고 올 때에, 그를 부끄럽게 여길 것이다."

질문을 만들고 그 답을 말씀에서 찾습니다.

1) 예수님께서 제자들에게 이제부터는 내가 많은 고난을 받고 죽임을 당한 뒤에 사흘 후에 살아난다는 말씀을 이들이 놓치지 않도록 쉽고 분명하게 말씀하시고 가르치십니다(31절). 말씀을 마치니 베드로가 예수님의 옷자락을 잡아당기면서 무엇이라고 거칠게 항변하나요? [마태복음 16:22]

2) 베드로의 말을 들으신 예수님께서 베드로를 꾸짖으시면서 무엇이라고 말씀하시나요? 33절

3) 조금 전에 하늘의 은총을 받았던 베드로가 왜 갑자기 사탄이 되었을까요?
   [갈라디아서 5:17]

4) 호되게 야단치신 예수님께서는 한숨을 돌리시고 사랑하는 이들을 가까이
   둘러앉히시고 무엇을 자세히 가르쳐 주셨을까요? 34~38절

5) 예수님께서는 이렇게 중요한 일을 이제야 알려 주실까요? [요한복음 16:12,
   누가복음 12:42]

6) 지금처럼 음란하고 악한 시대(38절)에는 어떻게 해야 예수님처럼 제때 꼭
   맞는 하늘양식을 나누어 줄 수 있을까요? [고린도전서 2:13]

7) 그날에 부끄럽게 여김을 당한다는 말씀은 어떤 경우를 두고 말할까요?
   [마태복음 25:12]

나눔의 시간

1) 하나님은 어떤 분이십니까?
2) 무엇을 깨달았나요?
3) 적용합니다.
4) 묵상과 함께 하는 말씀기도

내일의 양식 : 마가복음 9:1~8

하나님 나라의
가치(價値)

　사람은 누구나 가치가 있다고 생각하는 일에 ①시간과 ②에너지와 ③재물을 투자한다. 가치에 따라서 좋은 자리에 두고 애지중지[愛之重之]한다. 그러나 가치가 없다고 판단되면 외면하거나 버린다. 모든 가치는 그 목적에 있다. 컴퓨터나 스마트폰도 그 목적대로 사용될 때 소중하다. 그릇도 그 목적대로 반찬을 담아 먹을 때 보기에 좋다. 그러나 목적대로 사용할 수 없으면 버린다. 자동차도 원하는 곳에 가기 위해서 멈추고 달리기를 반복한다. 악기도 그 목적대로 사용되고 그 악기가 아름다운 소리를 낼 때 가치가 있고 아름답다. 그러나 더 이상 가치가 없다고 생각되면 창고에 넣어 두거나 버린다.

　하나님께서도 가치가 없다고 판단되면 그 자리에 내어버려 두신다(롬 1:24, 26, 28). 반역한 천사장 루시퍼와 가룟 유다가 그랬고 후메네오와 알렉산더와 부겔로와 허모게네가 그랬다(딤전 1:20, 딤후 1:15). 그러나 타락한 루시퍼가 마귀가 된 것은 아니다. 오해가 없기를 바란다. 현재, 루시퍼는 이미 결박을 받고 어둠 가운데 들어가 활동이 정지된 상태다(유 1:6, 사 14:12). 그러면 가치의 기준은 어디에 있는가? 목적이다. 하나님께서는 그 목적대로 만물을 지으셨기에 ① 말씀과 기도로 거룩하게 하시고 ② 귀하게 사용하시고 ③ 악에서 지키시고 ④ 영원히 곁에 두신다.

하나님께서 사람을 지으신 목적은 어디에 있는가? "이 백성은 내가 나를 위하여 지었나니 나를 찬송하게 하려 함이니라"(사 43:21). 바울 사도는 삼위의 하나님께서 우리를 구원하신 목적을 좀 더 자세하게 성부 하나님, 성자 하나님, 성령 하나님의 뜻을 알려주었다(엡 1:6, 12, 14). 사람의 영이 다시 살아났기에 찬양과 소통이 시작되고 구원을 받았으며 동행이 시작되었다(창 1:27). 이 모든 것이 은혜로 이루어지기 위해서는 하나님의 사랑에 대한 반응이 필요하다. 왜냐하면 한 사람의 인생에 하나님께서 개입하시는 명분이 필요한데 그것은 사람이 복음의 소식을 들었으면 반응해야 하기 때문이다. 은혜는 하나님께서 한 사람의 인생에 개입하는 것이다. 성경에 은혜를 받았던 사람들은 하나님과 말씀에 대해서 반응한 사람들이다. 아브라함도 하나님의 말씀에 반응했으며(창 12:1), 기드온도(사 6:11~13), 베드로도(마 4:20), 바울이라고 하는 사울도(행 22:8) 그랬다. 이렇듯 하나님 나라의 가치(價値)는 말씀에 대한 사람의 반응이다.

사람은 누구나 죄를 지을 수 있다. 그러나 그 죄에 대한 반응이 중요하다. 예를 들면 다윗이 이웃집에 사는 주부를 불러서 자기 집에서 간통을 했다. 이것을 숨기기 위해서 나라에 충성하는 그의 남편을 전쟁 중에 계획적으로 교살했다. 완벽한 범죄다. 그러나 나단이라는 선지자가 와서 다윗의 죄를 공개하고 책망했다. 다윗은 그 자리에서 어떻게 반응했는가? "내가 주님께 죄를 지었습니다"(삼하 12:13). 자기 죄를 솔직히 인정하고 용서를 구했다. 이것이 이리저리 핑계를 대는 사울(삼상 15:15)과 다윗의 차이다. 또한 광야의 시간을 13년이나 지나온 다윗과 고난이 없었던 사울의 차이다. 그래서 천국 가는 사람과 지옥에 가는 사람의 차이는 죄의 경중(輕重)에 있지 않고 말씀에 대한 반응에 있다(계 21:27, 22:15).

나는 이런 기도를 올렸다. "저는 음란한 중에 태어났습니다. 그리고 저는 음란합니다. 주 예수님이시여! 나를 용서해 주시고 치료해 주세요!" 나는 그때 언어의 한계로는 말로 다 할 수 없는 그 무엇을 빛의 속도로 경험했다. 내가 나에게 말한다. "잊지 말자. 하나님 나라의 가치는 말씀에 솔직하게 반응해서 씻김 받는 것에 있다"(눅 15:7). 아멘&샬롬.

기적 플러스⁺

마가복음 9:1~8

¹ 또 예수님께서 그들에게 말씀하셨다. "내가 진정으로 너희에게 말한다. 여기에 서 있는 사람들 가운데는, 죽기 전에 하나님의 나라가 권능을 떨치며 와 있는 것을 볼 사람들도 있다." ² 그리고 엿새 뒤에 예수님께서 베드로와 야고보와 요한만을 데리고, 따로 높은 산으로 가셨다. 그런데, 그들이 보는 앞에서, 그의 모습이 변하였다. ³ 그 옷은 세상의 어떤 빨래꾼이라도 그렇게 희게 할 수 없을 만큼 새하얗게 빛났다. ⁴ 그리고 엘리야가 모세와 함께 그들에게 나타나더니, 예수님과 말을 주고받았다. ⁵ 그래서 베드로가 예수님께 말하였다. "랍비님, 우리가 여기에 있는 것이 좋겠습니다. 우리가 초막 셋을 지어서, 하나에는 랍비님을, 하나에는 모세를, 하나에는 엘리야를 모시겠습니다." ⁶ 베드로는 무슨 말을 해야 좋을지 몰라서 이런 말을 했던 것이다. 제자들이 겁에 질렸기 때문이다. ⁷ 그런데 구름이 일어나서, 그들을 뒤덮었다. 그리고 구름 속에서 소리가 났다. "이는 내 사랑하는 아들이다. 너희는 그의 말을 들어라." ⁸ 그들이 문득 둘러보았으나, 아무도 없고, 예수님만 그들과 함께 계셨다.

질문을 만들고 그 답을 말씀에서 찾습니다.

1) 예수님께서는 "여기에 있는 사람들 중에 하나님의 나라를 두 눈으로 보게 될 것이다"라고 말씀하신 후 불과 엿새 뒤에 베드로와 야고보와 요한이 보는 앞에서 모세와 엘리야 함께 예수님께서 빛나는 흰옷을 입고 나타났습니다. 세 분이 만나서 무엇을 했나요? 4절하

2) 세 분이 주고받은 내용은 무엇일까요? [베드로전서 1:10~12]

3) 베드로는 너무나 황홀하고 좋아서 정신을 잃을 정도였고 자기도 이해하지 못하는 말들을 했습니다. "선생님, 우리가 여기에서 사는 것이 좋을 것

같습니다. 초막 셋을 지어서, 저희가 확실하게 모시겠습니다."라고 말하자(5~6절) 빛처럼 환한 구름 속에서 어떤 음성이 들려왔을까요? 7절하

4) 하늘에서 "이는 내 사랑하는 아들이다. 너희는 그의 말을 들어라"라는 음성이 분명하게 들렸습니다. 많은 하늘 음성 가운데 제자들이 확실하게 듣고 기억해야 할 음성은 무엇일까요? [마가복음 8:31]

나눔의 시간

1) 하나님은 어떤 분이십니까?

2) 무엇을 깨달았나요?

3) 적용합니다.

4) 묵상과 함께 하는 말씀기도

내일의 양식 : 마가복음 9:9~13

하나님의
선하신 목적

거짓말하는 자는 천국에 들어오지 못한다(계 21:8, 27, 22:15)는 말씀을 알고 난 다음부터 '하나님의 말씀대로 살 것인가? 안 살 것인가?'를 두고 심각하게 고민했다. 왜냐하면 하나님 앞에서 거짓말을 할 수밖에 없는 내가 나에게 악을 더 쌓고 있다는 생각을 했기 때문이다. 깊이 생각해 본 결론은 거짓말을 멈추고 살 수 있는 길은 말씀대로 사는 것 외에는 다른 방법이 없다는 것을 알고 난 이후로 고민이 더 깊어졌다. 최종 결론은 '죽든지 살든지 하나님의 말씀대로 살아보자'로 끝이 났다. 하나님 말씀대로 살려고 하니까 그동안 하나님과 사람 앞에 거짓말한 것을 기회가 오면 솔직히 토해내야 하겠고 이제는 주님만을 바라보고 믿음으로 살지 않으면 불가능하다는 것을 알았다. 문제는 주님의 도움이 "나 같은 죄인에게 오느냐"가 문제였다. 그래서 주님만을 바라보며 도움을 구했다. 정말 거짓말, 한 가지만이라도 하나님 앞에서 안 할 수 있도록 기도했다. 그리고 한 일은 눈과 마음의 시선을 주님께 향하고 하루하루 살아 내려고 한 것밖에는 없었는데, 점점 이전의 내가 아닌 예수님을 닮고 싶은 내가 되어가고 있었다. 행동이나 사람은 변하지 않았는데 하루의 시간에서 주님을 생각하고 의식하는 시간이 점점 길어지고 많아졌다. 내 눈과 마음이 이렇게 할 수밖에 없었는가에 대한 것이 '시선'이라는 찬송에 잘 나와 있어 소개하고 싶다.

내게로부터 눈을 들어

주님을 보기 시작할 때

주님의 일을 보겠네

내 작은 마음 돌이키사

하늘을 꿈꾸게 하네 주님을 볼 때

모든 시선을 주님께 드리고

살아계신 하나님을 느낄 때

내 삶은 주님의 역사가 되고

하나님은 일하기 시작하네

경건의 훈련을 하면서 결국 '믿음과 사랑은 시선이구나!'를 알았고 주님을 바라보며 생각하는 시간이 길어지기 시작했는데 말씀묵상을 하면서 생각나는 말씀들이 더 많아지기 시작했고 바로 '그 말씀'들이 함께 하셨다.

우리 집안과는 그동안 원수지간으로 살아오다가 대부분 어른이 떠나시고 그 이후에 내가 목사라는 이유로 2번의 복음을 전했는데 거절을 당했기에 불

편한 관계로 끝이 난 사람이 있었다. 이 사람이 2021년 7월, 의정부 백병원 중환자실에 있다는 소식을 받고 13개월 동안 도왔다. 나는 그가 자기 인생을 정리도 못 하고 떠나기 3개월 전에 다시 한번 복음을 전하는 시간을 갖게 되었고 그는 예수님을 자신의 주(主)와 그리스도로 영접하고 56세에 세상을 떠났다. 나는 그를 섬기면서 이렇게 기도했다. "주님 때문에 저는 이렇게 할 수밖에 없는 사람이 되었습니다." 그날도 내 시선은 주님을 바라보고 있었는데 '기쁘다'는 세미한 생각이 빛의 속도로 내 머리와 가슴을 지나갔다. 사실 나는 이런 사람이 아니다! 하나님 말씀 때문에 거짓말 안 하고 말씀을 따라갈 수밖에 없었기에 이렇게 살아가는 사람이 된 것이지 나는 본질적으로 말씀대로는 살아갈 수 없는 사람이다.

하나님께서 원하시는 인생들의 목적은 무엇인가? "나의 이름을 부르는 나의 백성, 나에게 영광을 돌리라고 창조한 사람들, 내가 빚어 만든 사람들을 모두 나오게 하여라." 이것이 하나님께서 우리를 지으시고 구원하신 성령님으로만이 할 수 있는 선한 일이다(사 43:7, 엡 2:10). 아멘&샬롬

기적 플러스⁺

마가복음 9:9~13

9 그들이 산에서 내려올 때에, 예수님께서는 그들에게 명하시어, 인자가 죽은 사람들 가운데서 살아날 때까지는, 본 것을 아무에게도 이야기하지 말라고 하셨다. **10** 그들은 이 말씀을 간직하고, 죽은 사람들 가운데서 살아난다는 것이 무슨 뜻인가를 서로 물었다. **11** 그들이 예수님께 묻기를 "어찌하여 율법학자들은 엘리야가 먼저 와야 한다고 합니까?" 하니, **12** 예수님께서 그들에게 말씀하셨다. "확실히 엘리야가 먼저 와서, 모든 것을 회복한다. 그런데, 인자가 많은 고난을 받고 멸시를 당할 것이라고 기록한 것은, 어찌 된 일이냐? **13** 내가 너희에게 말한다. 엘리야는 이미 왔다. 그런데, 그를 두고 기록한 대로, 사람들은 그를 함부로 대하였다."

질문을 만들고 그 답을 말씀에서 찾습니다.

1) 예수님께서 변화 산에서 내려오시면서 세 사람에게 너희가 본 것에 대해서 지금은 비밀을 지킬 것을 말씀하시면서 어떤 일이 있고 난 뒤에는 말해도 좋다고 하시나요? 9절

2) 베드로와 야고보와 요한은 예수님께서 모세와 엘리야를 만난 것에 대해서 비밀을 지키라는 말에 대해서는 알아들었는데 예수님께서 죽은 자들 가운데 모세나 엘리야처럼 죽지 않는 것에 대해서는 이해가 되지 않아서 서로가 무엇을 하고 있나요? 10절하

3) 제자들이 예수님의 말을 기억하고 있다가 서로가 무슨 뜻인가 주고받았음에도 불구하고 왜 믿음에 이르지 못하고 이해조차 하지 못했을까요? [요한복음 12:38~41]

4) 제자들의 생각을 가두어 두었던 거짓 프레임은 하늘에서 불을 내려(눅 9:54) 세상을 변화시키는 선지자 엘리야입니다. 그래서 예수님께서 죽고 사는 것에 대해서 말씀하시자 율법학자들이 한 말 가운데 누구를 불쑥 기억하고 예수님께 묻나요? 11절 [말라기 4:5]

5) 엘리야의 심령을 가지고 온 사람이 세례 요한이지만(마 11:14), 사람들이 그를 업신여기고 무시한 것처럼(13절), 인자도 사람들에게 많은 고난을 받고 멸시 천대를 받고 죽는다고 말씀하십니다. 그런데도 제자들은 구약에 정확하게 예언된 어떤 말씀을 깨닫지 못해서 십자가의 구원과 사랑에 대해서 전혀 모르는 사람처럼 되었을까요? [이사야 53:1~12]

6) 이스라엘이 이렇게 된 것은 우연이 아닙니다. 이스라엘은 조상 때부터 예수님을 증언하는 예언자들을 어느 정도로 함부로 대하고 마구 행동했을까요? [사도행전 7:52~53]

나눔의 시간

1) 하나님은 어떤 분이십니까?
2) 무엇을 깨달았나요?
3) 적용합니다.
4) 묵상과 함께 하는 말씀기도

내일의 양식 : 마가복음 9:14~29

연출하시고
영광을 받으시는
하나님, 내 아버지

바실레아 슐링크는 그의 말씀기도에서 이렇게 말했다. "하나님의 은혜를 받는 것은 이렇습니다. 자아를 내려놓고 깨뜨리십시오! 자아를 깨뜨릴 기회가 왔을 때 미루지 마십시오. 하나님의 영이 당신으로 하여금 하나님과 사람 앞에서 자아를 깨뜨리고 겸비하도록 마음을 움직여 주실 때에 놓치지 말고 그렇게 하십시오. 내가 비천해지고 상처가 되어도 개의치 마십시오. 그 열매는 비할 바 없이 큽니다."

하나님께서는 자아, 자신감, 자랑(3자)이 죽은 자에게 은혜를 베푸신다. 하나님께서는 이런 사람을 기억하고 세워주기를 원하신다. 마치 하늘 문이라도 열린 듯 은혜를 받는다. 두 사람만 예를 들면 아브라함과 다윗이다(행 13:22, 약 2:23). 하나님은 연출가다. 엘라 골짜기에서 골리앗을 40일 동안 나오게 한 것은 광야에서 양을 기르면서 하나님을 높이며 살아왔던 다윗을 세우기 위해서 만드신 하나님의 작품이다(삼상 17:24~37). 아브라함이 그랄 땅에서 아비멜렉에게 아내를 빼앗겼다가 다시 찾은 것은 하나님의 앵콜 작품이다(창 20:7).

하나님은 새벽에 동이 트면 준비된 작품을 상영하신다. 하나님은 무엇이든지 그 마음의 원대로 일하실 수 있기에(엡 1:11) 하나님을 찾는 지각이 있는 사람을 위해서 선을 행하시고 기뻐하신다(시 14:2). 에베소서 2장 10절만이 아니라 여러 곳에 등장하는 '선'에 대한 하나님의 지식에 대해서 오해가 없기를 바라는 마음에서 83~36을 정리했다.

하나님의 영광은 하나님의 일하심이다. 자아와 자신감과 자랑을 예수님의 발 앞에 드리면 주님께서 말씀하시고 일하신다. 이때 '그 고난'이 끝난다. 하나님께서는 세상을 창조하시고 내어 버려두시는 분이 아니다. 지나칠 정도로 세밀하게 일하시고 완성하신다. 하나님을 아는 사람은 하나님이 어떻게 일하심을 알고 있는 사람이며, 그분의 일하심은 새벽빛이 동에서 오듯이 어제나 오늘이나 영원토록 동일하다(호 6:3, 히 13:8). 새 한 마리를 먹이고 사람의 머리카락 하나까지도 알고 계시는 하나님이시며 반대로 나는 내 머리카락 하나도 희고 검게 할 수 없다(마 5:36, 6:26). 누구든지 예수님을 사랑하면 말씀이 그 사람 안에 들어가 머물기 시작하는데 3자(자아, 자신감, 자랑)가 죽은 사람이 기도하면 그 말씀이 현실이 된다. 이것이 복음이다. 그러나 그 이후에 은혜가 멈춘 것은 마태복음 6장 1, 5, 16절 때문에 멈추어 선 것이다. 이것이 그리스도의 율법이다(고전 9:16).

고난과 죽음의 강을 건너오면서 입술과 마음의 고백은 늘 동일했다. "나는 죽었습니다. 나는 아무 것도 아닙니다"(시 22:6)이다. 나는 머리가 아파서 죽을 처지에 놓여 있었다. 기도하고 병원으로 가야 하는데 산으로 기도하러 갔다.

아버님과 남동생은 머리가 아파서 50대에 일찍 떠났다. 나는 기도의 자리에서 4일 있다가 주일예배를 준비하려고 죽을 것 같은 머리와 함께 집으로 돌아왔다. 그런데 몇 날이 안 되어서 완벽하게 치료를 받았다. 내가 한 일은 말씀을 묵상하는 것과 기도가 전부였다(막 5:29). 주님께서 내 인생에 개입하셔서 들어오고 나에게 영광을 받으시는 하나님, 그는 내 아버지다.

나는 오늘도 가장 부족하고 못 하는 것이 3가지가 있는데 그 가운데 '기도'라는 생각을 내려놓을 수 없다. 능력은 없고, 지혜도 없으니 언제나 할 수 있는 것이 주님과 함께 매일 죽는 것 외에는(고전 15:31) 한 것이 없는데 지나고 나면 하나님께서 일하셨다. 아멘&샬롬.

기적 플러스⁺

마가복음 9:14~29

14 그들이 다른 제자들에게 와서 보니, 큰 무리가 그 제자들을 둘러싸고 있고, 율법학자들이 그들과 논쟁을 하고 있었다. **15** 온 무리가 곧 예수님을 보고서는 몹시 놀라, 달려와서 인사하였다. **16** 예수님께서 그들에게 물으셨다. "너희는 그들과 무슨 논쟁을 하고 있느냐?" **17** 무리 가운데 한 사람이 예수님께 대답하였다. "선생님, 내 아들을 선생님께 데려왔습니다. 그 아이는 말을 못하게 하는 귀신이 들려 있습니다. **18** 어디서나 귀신이 아이를 사로잡으면, 아이를 거꾸러뜨립니다. 그러면 아이는 거품을 흘리며, 이를 갈며, 몸이 뻣뻣해집니다. 그래서 선생님의 제자들에게 그 귀신을 쫓아내 달라고 했으나, 그들은 쫓아내지 못했습니다." **19** 예수님께서 그들에게 말씀하셨다. "아, 믿음이 없는 세대여, 내가 언제까지 너희와 함께 있어야 하겠느냐? 내가 언제까지 너희에게 참아야 하겠느냐? 아이를 내게 데려오너라." **20** 그래서 그들이 아이를 예수님께 데려왔다. 귀신이 예수님을 보자, 아이에게 즉시 심한 경련을 일으켰다. 아이는 땅에 넘어져서, 거품을 흘리면서 뒹굴었다. **21** 예수님께서 그 아버지에게 물으셨다. "아이가 이렇게 된 지 얼마나 되었느냐?" 그가 대답하였다. "어릴 때부터입니다. **22** 귀신이 그 아이를 죽이려고, 여러 번, 불 속에도 던지고, 물속에도 던졌습니다. 하실 수 있으면, 우리를 불쌍히 여기시고, 도와주십시오." **23** 예수님께서 그에게 말씀하셨다. "할 수 있으면 이 무슨 말이냐? 믿는 사람에게는 모든 일이 가능하다." **24** 그 아이 아버지는 큰소리로 외쳐 말했다. "내가 믿습니다. 믿음 없는 나를 도와주십시오." **25** 예수님께서 무리가 어울려 달려오는 것을 보시고, 악한 귀신을 꾸짖어 말씀하셨다. "벙어리와 귀머거리가 되게 하는 귀신아, 내가 너에게 명한다. 그 아이에게서 나가라. 그리고 다시는 그에게 들어가지 말아라." **26** 그러자 귀신은 소리를 지르고서, 아이에게 심한 경련을 일으켜 놓고 나갔다. 아이는 죽은 것과 같이 되었다. 그래서 사람들은 모두 말하기를 "아이가 죽었다" 하였다. **27** 그런데 예수님께서 아이의 손을 잡아서 일으키시니, 아이가 일어섰다. **28** 예수님께서 집 안으로 들어가시니,

제자들이 따로 그에게 물어 보았다. "왜 우리는 귀신을 쫓아내지 못했습니까?"
29 예수님께서 그들에게 대답하셨다. "이런 부류는 기도로 쫓아내지 않고는, 어떤 수로도 쫓아낼 수 없다."

질문을 만들고 그 답을 말씀에서 찾습니다.

1) 산에서 내려와 다른 제자들을 보니 무리가 둘러싸고 있고 종교학자들도 따지듯이 묻고 있는 가운데(14절) 예수님께서 나타나시니 제자들과 무리가 반가워서 어떤 자세로 달려와 맞이하나요? 15절

2) 예수님께서 "무슨 일로 이렇게 소란스럽냐?"고 물으니 무리 가운데 한 사람이 무엇이라고 말하나요? 17~18절

3) 예수님께서 들으시고 "하나님을 모르는 이 세대여! 내가 같은 말을 몇 번이나 해야 너희가 알아듣겠느냐? 내가 얼마나 더 참아야 하겠느냐"고 하시면서 "아이를 내게로 데리고 오라"고 하시고 그 아이가 오니 귀신이 예수님을 보고 어떻게 발작을 일으키나요? 20절

4) 예수님께서 아이의 아버지에게 이렇게 된 지가 얼마나 되었느냐고 물으니 (21절) 어릴 때부터라고 말하면서 귀신이 아이를 불과 물속에 던져서 죽이려고 하니 나와 내 아이를 불쌍히 여기시고 만일 할 수만 있으면 도와 달라고 애청하니(22절) 예수님께서 무엇이라고 말씀하시나요? 23절

5) 예수님의 말씀이 떨어지기가 무섭게 아이의 아버지는 "네, 믿습니다." 믿음 없는 나를 도우셔서 의심하지 않는 믿음의 사람이 되게 해 달라고 부르짖습니다(24절). 그러자 예수님께서는 악한 귀신을 꾸짖어 무엇이라고 명하시니 귀신이 어떻게 항복하고 떠나나요? 25~26절

6) 귀신은 떠나고 아이가 그 자리에서 송장처럼 핏기가 없이 쓰러져 있는 것을 보고 사람들이 "아이가 죽었다"라고 말하니 예수님께서 어떻게 일으켜

세우나요? 27절

7) 예수님께서 일을 마치고 집 안으로 들어가시니 제자들이 조용히 다가가서
　묻기를 "왜 우리는 귀신을 쫓아내지 못했습니까?"라고 물으니(28절),
　예수님께서 무엇이라고 해답을 주실까요? 29절

8) 얼마 전에 제자들도 여러 가지 은사도 받았고 경험까지 했는데(막 6:7, 마 10:1)
　왜 예수님처럼 귀신을 쫓아내지 못했을까요? [에베소서 6:18]

나눔의 시간

1) 하나님은 어떤 분이십니까?
2) 무엇을 깨달았나요?
3) 적용합니다.
4) 묵상과 함께 하는 말씀기도

내일의 양식 : 마가복음 9:30~37

| # 우리가
마지막 주자입니다

하나님 아버지, 우리는 복음의 마지막 주자로 뛰어갑니다. 더 달릴 수 있도록 북으로 가는 문을 열어주세요! 아버지만이 닫힌 문을 열 수 있습니다(사 22:22, 계 3:7). 저희가 마지막 주자입니다. 오늘이라도 아버지께서 북으로 가는 문을 여시면 복음과 빵을 들고 가기를 소원합니다. 하나님 아버지! 우리는 성령님과 함께 북을 지나 땅끝으로 가겠습니다. 그 누구도 우리의 길을 막을 수는 없을 것입니다. 우리의 심장은 뛰고 있습니다. 주여, 우리가 여기 있사오니 보내주세요! 북의 형제와 자매들이 김일성 삼부자를 앞에 놓고 우상숭배한 극악무도한 죄를 회개합니다. 예수님의 보혈을 의지하고 기도하오니 하나님 아버지, 용서해 주세요! 우리들의 사명은 분명합니다. 그것은 예수님의 부활복음을 전하러 북을 지나 땅끝으로 가는 것입니다.

평양을 지나, 신의주와 압록강을 건너, 만주와 시베리아와 중국과 티베트와 인도와 방글라데시까지 가고, 한편으로는 스탄의 나라들과 소아시아를 지나 이스라엘을 만나서 그들의 고난과 역경에 감사예배를 드리고, 주저앉아 있는 유럽과 러시아를 일으키고, 도버해협을 지나 영국에서 떨어진 알곡들을 구하고, 다른 한 팀은 아프리카 53개국을 지나서 남아프리카 공화국까지 가겠습니다. 하나님 아버지, 예수님의 기도 위에 축복하셔서 일하시고 영광을 받아 주세요. 이 일은 누구에게도 양보할 수 없는 사명입니다. 이것을 위해서 그루터기들이 존재하오니 우리를 보내주세요! 기도를 올립니다. 주님, 우리가 잃어버린 사람들에 대한 미전도 방언종족으로 가는 길안내를 가지고 있습니다. 우리를 보내주세요!(사 6:8).

영혼을 구원하기 위해서 복음이 증거되기를 원합니다. 오늘도 복음이 이스라엘에서 사랑받고 택한 받은 자들이 구원에 이를 줄로 믿습니다. 흩어진 디아스포라(Diaspora)들에게, 하나님의 복음을 전하는 메시아닉 쥬(Messianic Jew)에게 성령님의 생기(창 2:7)와 믿음의 용기(요 20:22)를 더 해주세요. 그래서 남아 있는 이방인의 수가 채워지고 약속하신 '그날'이 '오늘'이 되게 해주세요. 거룩하고 참되신 주님이시여! 땅에 거하는 자들을 평정하사 예수님의 이름으로 흘린 피를 신원하여 주시는 날이 오늘이 되기를 기도합니다. 거룩하고 참되신 주 하나님이시여! 땅에 거하는 자들을 부르셔서 억울한 피를 갚아 주실 것을 믿습니다(계 6:10).

예수님의 복음과 부활을 품고 땅끝으로 가기를 원합니다. 오, 아버지여! 지금 우리가 서 있는 이곳이 땅끝입니다. 우리가 머물고 있는 이곳이 선교지입니다. 구원하신 주님이시여, 우리를 보내주세요! 남아 있는 그루터기들이 주 예수님만을 바라보며 기다리오니 보내주세요! 북으로 가는 길을 열어주세요! 우리가 땅끝으로 가려고 준비된 마지막 주자입니다(마 24:14). 아멘&샬롬.

기적 플러스⁺

마가복음 9:30~37

³⁰ 그들은 거기에서 나와서, 갈릴리를 가로질러 가고 있었다. 예수님께서는 이것을 남들이 알기를 바라지 않으셨다. ³¹ 그것은 예수님께서 제자들을 가르치시며, 인자가 사람들의 손에 넘어가고, 사람들이 그를 죽이고, 그가 죽임을 당하고 나서, 사흘 후에 살아날 것이라고 그들에게 말씀하고 계셨기 때문이다. ³² 그러나 제자들은 그 말씀을 깨닫지 못하였고, 예수님께 묻기조차 두려워하였다. ³³ 그들은 가버나움으로 갔다. 예수님께서 집 안에 계실 때에, 제자들에게 물으셨다. "너희가 길에서 무슨 일로 다투었느냐?" ³⁴ 제자들은 잠잠하였다. 그들은 길에서, 누가 가장 큰 사람이냐 하는 것으로 서로 다투었던 것이다. ³⁵ 예수님께서 앉으신 다음에, 열두 제자를 불러 놓고, 그들에게 말씀하셨다. "누구든지 첫째가 되고자 하면, 그는 모든 사람의 꼴찌가 되어서 모든 사람을 섬겨야 한다." ³⁶ 그리고 어린이 하나를 데려다가 그들 가운데 세우신 다음에, 그를 껴안아 주시고 그들에게 말씀하셨다. ³⁷ "누구든지 내 이름으로 이런 어린이들 가운데 하나를 영접하면, 그는 나를 영접하는 것이요, 누구든지 나를 영접하는 사람은, 나를 영접하는 것보다, 나를 보내신 분을 영접하는 것이다."

질문을 만들고 그 답을 말씀에서 찾습니다.

1) 예수님께서 가로질러 가셔서 제자들에게 앞으로 일어날 일들을 가르치시고 가버나움으로 가셨습니다(30절). 제자들에게 "인자는 하나님과 관계가 없는 사람들에게 넘겨져 고난을 받고 죽은 뒤 사흘 후에 살아날 것이다"라고 말하니 제자들이 알아듣나요? 32절

2) 가버나움에 있는 집에 도착하자 예수님께서 제자들에게 물으셨습니다.

"너희가 길에서 어떤 일로 다투었느냐"고 물으시니 잠잠하였습니다. 제자들은 길에서 '누가 가장 큰 사람이냐'라는 문제로 다투었습니다. 주님께서 제자들을 앉히시고 무엇을 차분히 가르쳐 주시나요? 35~37절

3) 예수님께서는 "가장 큰 사람이 되기를 원하는 사람은 끝자리로 가거라 그래서 모든 사람의 종이 되어라"고 하늘에 정해놓으신 자리 순서를 알려 주시고 제자들이 보는 그 자리에서 어린아이 하나를 가슴에 안아주시면서 이런 아이를 영접하면 나를 영접하는 것이요, 나를 영접하면 가장 높으신 누구를 영접하는 것이라고 알려 주실까요? 37절

4) 어린아이와 하늘의 높은 자리, 그리고 그리스도를 영접하는 하늘나라의 비밀은 어떤 관계로 이루어져 있을까요? [누가복음 18:13~14, 10:16]

나눔의 시간

1) 하나님은 어떤 분이십니까?
2) 무엇을 깨달았나요?
3) 적용합니다.
4) 묵상과 함께 하는 말씀기도

내일의 양식 : 마가복음 9:38~41

예수님의 이름을
믿는 사람에게는
생기와 용기가 있습니다

성경에 나타난 18가지 예수님의 이름이다.

① 예수님의 이름은 죄에서 구원하는 이름이다(마 1: 21).

② 예수님의 이름은 지금 나와 함께 계시는 이름이다(마 1:23).

③ 예수님의 이름은 회개하게 하는 이름이다(눅 27:47).

④ 예수님의 이름으로 누구든지 하나님의 자녀가 된다(요 1:12).

⑤ 예수님의 이름은 심판을 받지 않는 이름이다(요 3:18).

⑥ 예수님의 이름은 하나님의 이름으로 오신 이름이다(요 5:43).

⑦ 예수님의 이름은 기도응답을 받는 이름이다(요 16:23, 24, 14:13).

⑧ 예수님의 이름은 하나님 아버지를 나타내는 이름이다(요 17:7).

⑨ 예수님의 이름은 멸망치 않는 이름이다(요 17:11~12).

⑩ 예수님의 이름은 믿고 생명을 주는 이름이다(요 20:31).

예수님의 이름은 ⑪'놀라우신 조언자' ⑫'전능하신 하나님' ⑬'영존하시는 아버지' ⑭'평화의 왕'이다(사 9:6). ⑮예수님의 이름은 하나님을 사랑하게 만드는 이름이다(요 17:26). ⑯예수님의 이름으로 말에나 일에나 다 그의 이름으로 한다(골 3:17). ⑰예수 그리스도의 이름으로 항상 아버지 하나님께 감사하는 이름이다(엡 5:20). ⑱하나님께서는 예수님의 이름으로 하늘에 있는 자들과 땅에 있는 자들과 땅 아래에 있는 자들로 모든 무릎을 꿇게 하시는 이름이다. 그래서 예수님의 이름을 알고(γινώσκω:기노스코) 있는 사람은 기쁘고 즐겁다. 나는 예수님의 이름 가운데 '임마누엘'의 이름을 가장 좋아한다. 당신은 어떤 이름을 가장 좋아하시는가? 나는 놀라우신 이름, '임마누엘'이다. 나는 중보기도 가운데 그대를 위해서 하는 기도가 "임마누엘의 하나님, 함께 해주세요"이다. 주님께서 함께하시면 불 속에서도, 물 속에서도 승리하는 이름이다(사 43:2). 우리와 함께하시는 임마누엘의 주님이시다.

임마누엘의 이름은 모세에게 가시나무 떨기 불꽃 가운데 나타나신 이름이다. 모세는 하나님으로부터 애굽으로 가서 이스라엘 백성을 구하라는 말씀을 듣고 자기는 못 간다고 말했을 때 나타나신 이름이 임마누엘의 이름이다. 모세는 애굽의 막강한 군사력과 그 힘을 알고 있었기에 칼 한 자루, 군사 한 명 없이 지팡이 하나 들고 간다는 것은 죽으러 간다는 것을 알고 있었다. 그래서 하나님께 "내가 누구이기에 바로에게 가며 이스라엘 자손을 애굽에서 인도하여 내리이까?"라고 갈 수 없다는 강한 의지를 가지고 말했다. 그때 하나님께서는 모세에게 "나는 스스로 있는 자니라. 너는 이스라엘 자손에게 이같이 이르기를 스스로 있는 자가 나를 너희에게 보내셨다고 말해라!"고 하셨다. 스스로 있는 자 "I AM WHO I AM"의 하나님은 임마누엘의 하나님이시다. 지금 함께 계시는 현재진행형의 하나님이시다. 바로 그 하나님께서 지금, 나와 그리고 당신 안에 계신다(고전 3:16). 그리고 그 이름으로 구하면 대답하시고 이루시며 평안까지 주신다(요 14:26~27). 우리가 할 일이 있다면 엘샤다이(ElShaddai)의 전능하시고 충분하신 하나님, 아버지께서 이끄시는 대로 안전하신 주님의 이름 앞에서 살아가면 끝이다 (창 17:1). 아멘&샬롬.

기적 플러스⁺

마가복음 9:38~41

38 요한이 예수님께 말하였다. "선생님, 어떤 사람이 선생님의 이름으로 귀신들을 쫓아내는 것을 우리가 보았습니다. 그런데 그 사람은 우리를 따르는 사람이 아니므로, 우리는 그가 그런 일을 하지 못하게 막았습니다." **39** 그러나 예수님께서는 이렇게 말씀하셨다. "막지 말아라. 내 이름으로 기적을 행하고 나서 쉬이 나를 욕할 사람은 아무도 없기 때문이다. **40** 우리를 반대하지 않는 사람은 우리를 지지하는 사람이다. **41** 내가 진정으로 너희에게 말한다. 너희가 그리스도의 사람이라고 해서 너희에게 물 한 잔이라도 주는 사람은, 절대로 자기가 받을 상을 잃지 않을 것이다."

질문을 만들고 그 답을 말씀에서 찾습니다.

1) 요한이 돌아와서 예수님께 말하기를 "우리가 모르는 사람들이 선생님의 이름으로 귀신을 쫓아내는 것을 보고 놀라서 우리를 따르지 않는 사람이라 선생님의 이름을 사용하지 못하게 했습니다"(38절)라고 하였습니다. 그때 예수님께서 내 이름으로 능력을 행하고 나를 깎아내릴 사람은 없다. 그는 우리 편이다. 내 이름으로 물 한 잔이라도 주는 사람은 무엇을 잃어버리지 않는다고 말씀하시나요? 41절

2) 이 사람들이 예수님과 함께 있지는 않았지만, 어떻게 예수님의 이름으로 귀신을 내쫓을 수 있었을까요? [마가복음 9:29]

3) 귀신을 내쫓은 예수님의 이름은 예수님의 이름 중에 어떤 이름을 가지고 그 능력을 행사했을까요? [이사야 9:6]

4) 하나님께서는 어떤 이유에서 예수님의 이름으로 하는 기도만 들으실까요? [사도행전 4:12]

5) 오늘 알게 된 18가지의 예수님의 이름 중에 어떤 이름을 의지하고 기도해야
   할까요?

___

나눔의 시간

1) 하나님은 어떤 분이십니까?
2) 무엇을 깨달았나요?
3) 적용합니다.
4) 묵상과 함께 하는 말씀기도

___

내일의 양식 : 마가복음 9:42~50

사람이 되신 **예수님께**
깊이 감사를 드립니다

예수님께서는 100% 우리와 같은 사람으로 오셨다. 예수님께서는 죄 없으신 하나님의 어린양으로 오셨지만, 신적 능력은 사용할 수 있었으나 사용하지 않으셨다(빌 2:6, 마 26:53). 모든 일을 기도로 하셨다(요 5:19, 12:49~50,히 5:7). 나와 같은 연약함과 아픔을 지니셨기에 동병상련(同病相憐)을 느끼고 계신다는 말씀까지 하셨다(히 4:15). 예수님께서는 마리아의 몸에 잉태되는 순간부터 우리와 같은 사람이셨다. 그래서 태어나시는 첫날부터 짐승의 먹이를 담아주는 구유 통에서 첫날 밤을 보내셨다. 이렇게 더럽고 누추한 자리에서 목자들과 동방에서 온 박사들의 경배를 받으셨다.

예수님께서 갑자기 베들레헴으로 가신 것은 로마 황제로 등극한 아우구스투스(가이우스 옥타비우스 GaiusOctavius)가 모든 사람에게 호적을 만들라는 명을 내렸기 때문에 요셉도 다윗의 가문이었기에 호적등록을 하려고 고향으로 갈 수밖에 없었고, 사람들이 한순간에 베들레헴으로 왔기에 형편이 어려웠던 요셉은 방 하나도 미리 준비하지 못했던 것이다. 또 마리아는 나사렛에서 베들레헴까지 145km나 되는 길을 만삭의 몸으로 도착하자 진통이 왔다. 이것이 우연일까? 아니다! 이런 역사적인 일을 어떻게 사람의 시간에 맡길 수 있을까? 없다. 하나님의 시간표에 의해서 예수님께서는 베들레헴으로 가시게 되었고 나사렛으로 바로 돌아오셨기에 그날 밤 베들레헴에서 있었던 거룩한 일들은 세상에 숨겨지게 되었다. 그래서 이런 말이 성경에 나오게 된 것이다. "나사렛에서 무슨 선한 것이 날 수 있냐?"는 말과 "갈릴리에서 선지자가 나지 못 한다"는 말이 옳은 말처럼 돌아다녔던 것이다(요 7:52, 1:46).

예수님께서는 성장하시면서 늘 가난과 질병과 함께 지내셨다. 그래서 나는 몸이 아플 때는 위로가 되는 말씀이 있었는데 그것은 예수님께서도 언제나 병을 앓고 계셨다는 사실이다(사 53:3, 새번역). 그래서 예수님께서는 가난하고 병든 사람의 마음을 아신다. 예수님께서는 사람들로부터 심한 거절감을 경험하셨기에 외면당하고 따돌림당하는 사람들의 박탈감을 알고 계신다(사 53:8). 예수님께서 나와 같은 사람으로 오신 이유는 나를 사랑하고 이해하기 위해서 모든 것을 체휼하신 것이다. 심지어 내가 고난받을 때 함께 받으신다(사 63:9). 그래서 예수님은 눈물과 부르짖음과 때로는 통곡으로 기도하셨다(히 5:7). 나는 어려서 나처럼 놀림을 받은 사람이 없다고 거침없이 말할 수 있을 정도로 고통이 심했다. 집에 아버지는 계시지 않았고 사랑하고 존경하는 어머니는 아침 일찍부터 시장에서 일하셨다. 할머니가 아빠와 엄마 역할을 하셨는데 어려울 때마다 '할머니'를 생각할 정도로 내게는 크신 분으로 아직도 남아 있다.

요즈음 96세가 되신 장모님께서 3개월째 우리 집에 와 계신다. 기도와 말씀으로 살고 계시는 어머니께서는 식사를 한 끼도 거르지 않으시고 건강하게 잘 드신다. 그런데 5일 전에는 머리에 수건을 두르시고 머리가 아프셔서 간밤에 잠도 주무시지 못했다고 말씀하셨다. 우리 집에 와 계시는데, 아프시다고 하시니 나는 마음이 아팠다. 밤중에 생긴 일이라 마음은 급하고 병 고치는 은사도 없는 내가 아내와 함께 기도를 드렸다. 늦은 밤에 약을 구해서 드실 형편이 안 되어서 내일 구해서 드시기로 하고 그날 밤은 그냥 지냈다. 기도를 마치고 내 방에 돌아와서 다시 궁색한 기도를 주님께 드렸다. "하나님 아버지! 이번 기도는 들어 주셔야 합니다. 왜냐하면 어머님께서 몸이 아플 때는 기도하면 예수님께서 치료해 주신다고 저희에게 말씀하셨기 때문입니다. 꼭 들어 주세요!" 그리고 다음 날 아침이 되었다. 조심스럽게 여쭈어보려고 하는데 이것이 어찌 된 일인가? 먼저 말씀하시기를 아프던 머리가 깨끗이 나았고 잠도 잘 주무셨다고 하셨다. 그리고 우리 하나님 아버지가 최고라고 '엄지척'을 계속하셨다. 그리고 그다음 날에는 47명이나 되는 자손들 가운데 여러 명에게 전화하시면서 소상하게 말씀하셨다. 자신은 기쁘고 감사할 뿐이라고 수없이 말씀하셨다. 그리고 하나님이 최고라고 거듭 말씀하신다.

나는 생각한다. 아! 마음과 입으로 믿음을 고백하면 아이와 같은 소자(小子)에게도 귀한 은혜를 허락해 주시는구나!(시 149:4). 무엇보다도 나 같은 사람(고전 1:27)이 이번 일에 참여하게 해 주셔서 감사하다. 그리고 하나님의 아들이신 예수님께서 우리와 같이 사람이 되어주신 것에 감사를 드린다. 아멘&샬롬.

기적 플러스$^+$

마가복음 9:42~50

^{42} 또 나를 믿는 이 작은 사람들 가운데서 하나라도 죄짓게 하는 사람은, 차라리 그 목에 큰 맷돌을 달고 바다에 빠지는 편이 낫다. ^{43} 네 손이 너를 죄짓게 하거든, 그것을 찍어 버려라. 네가 두 손을 가지고 지옥에, 곧 그 꺼지지 않는 불 속에 들어가는 것보다, 차라리 한 손을 잃은 채로 생명에 들어가는 것이 낫다.
^{45} 네 발이 너를 죄짓게 하거든, 그것을 찍어 버려라. 네가 두 발을 가지고 지옥에 들어가는 것보다, 차라리 한 발은 잃었으나 생명에 들어가는 것이 낫다. ^{47} 또 네 눈이 너를 죄짓게 하거든, 그것을 빼어 버려라. 네가 두 눈을 가지고 지옥에 들어가는 것보다, 차라리 한 눈으로 하나님의 나라에 들어가는 것이 낫다.
^{48} 지옥에서는 그들을 파먹는 구더기들도 죽지 않고, 불도 꺼지지 않는다.
^{49} 모든 사람이 다 소금에 절이듯 불에 절여질 것이다. ^{50} 소금은 좋은 것이다. 그러나 소금이 짠 맛을 잃으면, 너희는 무엇으로 그것을 짜게 하겠느냐? 너희는 너희 가운데 소금을 쳐 두어서, 서로 화목하게 지내어라."

질문을 만들고 그 답을 말씀에서 찾습니다.

1) 예수님께서 "나를 믿는 어린아이같이 순진하게 믿는 사람의 믿음을 이용해서 괴롭히고 못살게 굴면 곧 후회하게 될 것이다"라고 말씀하시면서 차라리 이런 사람은 어떤 것을 선택하는 것이 더 낫다고 말씀하시나요? 42절

2) 하나님을 믿는데 손이나 발이 방해가 되면 두 손과 두 발을 가지고 지옥에 가는 것 보다 잃어버린 한 손이나 한 발을 가지고 어디에 들어가는 것이 더 낫다고 말씀하시나요? 43~44절

3) 눈이 죄를 범하여 두 눈을 가지고 지옥에 들어가서 2.0의 시력을 발휘하는 것보다는 한눈을 가지고 어디에 들어가는 것이 더 낫다고 말씀하실까요? 47절

4) 사람이 눈으로 계속해서 범하는 죄는 무엇이 있을까요? [마태복음 5:28, 골로새서 3:5]

5) 눈으로 죄를 범하지 않으려면 어떻게 하면 좋을까요? [히브리서 12:2상]

6) 악한 자나 선한 자나 다 부활합니다(요 5:29). 그러나 하나님의 말씀에 순종하지 않은 악한 자들이 가는 지옥은 어떤 장소일까요? 48~49절

7) 소금을 쳐서 음식을 맛있게 하는 것처럼 서로 화목하게 지내라는 말씀에는 어떤 깊은 뜻이 담겨 있을까요? [히브리서 12:14]

나눔의 시간

1) 하나님은 어떤 분이십니까?
2) 무엇을 깨달았나요?
3) 적용합니다.
4) 묵상과 함께 하는 말씀기도

내일의 양식 : 마가복음 10:1~12

하늘나라에
집을 짓는 사람들

땅에도 집이 있지만 하늘나라에도 당연히 집이 있다. 나는 집 짓는 일을 즐겁게 생각한다. 직접 집을 짓지는 않았지만, 4번의 집을 완공했다. 2번은 어머님께서 지으셨고 2번은 내가 건축주가 되어서 지었다. 지금까지 지은 규모의 합계는 500평 정도다. 집 짓는 일은 행복하고 기쁜 일이다. 그러나 힘들고 어려운 순간도 있었는데 그것은 건축자금이 부족하거나 일하는 사람들 때문에 건축이 중단되거나 설계대로 짓다가 불가피하게 설계를 변경해야만 할 때다. 민원이 무섭다고들 하는데 다행히 민원은 없었다.

하늘나라에 내 집을 짓는 것은 상급에 따라서 달라진다. 하늘나라에서 받는 상급은 사람마다 달라서 집도 다 다르다. 새 하늘과 새 땅에 들어가도 그렇지만 그 전에 낙원에 있을 때도 같은 집은 찾아보기 힘들다(고후 12:4, 눅 23:43). 왜냐하면 주님께서는 각 사람이 행한 대로 상을 주시기 때문이다(계 22:12). 하늘나라는 찬양하고 잠만 자는 장소가 아니다. 하늘나라는 내가 살펴본 대로 이 땅보다 더 사실적이고 더 구체적이고 더 다양하고 더 재미있고 더 복잡하다(계 21~22장).

바울 사도가 원했고 순교자들이 원하는 하늘나라는 상상할 수 없을 만큼 광대하며 놀라운 곳이다(빌 3:11, 히 11:35). 하루라도 더 살아야 하는 이유는 주님 계신 이곳으로 가는 것이다. 그러나 호흡이 멈추는 그 순간까지 복음전도로 쓰임을 받다가 감사하고 설레는 마음으로 세상을 떠나는 것이다. 이렇게 살아갈 수밖에 없는 사람이 된 이유가 있는데 그것은 그동안 내가 알고 있었던 구원과 성경말씀에 기록된 구원과는 전혀 다르다는 것을 발견한 이후부터다(83~74). 한마디만 드리면 바울 사도와 같은 위대한 그리스도인도 구원에 있어서 항상 복종하여 두렵고 떨림으로 이루어 가라고 권면하고 있다(빌 2:12). 예수님께서는 자신을 따라온 많은 사람 가운데 좁은 길, 좁은 문으로 들어오는 사람은 길이 협착하여 찾는 자가 적다고 하셨고 생명으로 인도하는 문으로 들어오는 사람은 적다고 하셨다(마 7:13, 눅 13:24). 나에게 주셨던 놀라운 말씀이다.

신앙생활은 매일 집을 짓는 것과 같다. 신앙생활에서 집을 잘 짓는다는 것은 말씀대로 믿고 말씀대로 살아 말씀대로 구하면 말씀대로 하늘나라에 집을 짓게 되는 것을 말한다. 어느 모로 보나 나 같은 사람이 말씀대로 사는 것은 불가능하였지만, 예수님께서 나 같은 죄인과 함께하시면서 이 일은 시작되었다.

설계를 따라서 집을 지으면 보람과 행복을 느끼듯이 말씀대로 하늘나라에 집을 짓기 시작하면 즐거움이 있다(마 7:24). 우리가 천국으로 들어가면 예수님의 이름으로 이 땅에서 행한 일로 지어진 집에서 살게 된다. 아브라함은 하늘나라에 튼튼한 기초를 가진 도시를 바랐고(히 11:10), 하나님께서도 그에게 주기를 부끄러워 아니하시고 한 성과 도시를 준비해 두셨다가 주셨다(히 11:16). 세상에는 영원한 집이 없다. 다 먼지로 돌아간다. 2001년 911사태가 있을 때 세계무역센타의 두 건물이 한순간에 잿더미로 무너지는 것을 영상으로 보는 것은 충격과 아픔이었다. 그러나 믿음의 사람들이 지은 하늘의 집은 결코 무너질 수 없다. 우리는 그곳에서 예수님과 같은 부활의 몸으로 영원히 살게 된다. 우리는 어제도 집을 지었고 오늘도 집을 짓는다.

예수님과 함께 살면 하늘나라의 집을 매일 짓게 된다. 집이 다 지어지면 주님께서 집으로 가자고 데리러 오신다. 우리는 언제 어떻게 갈 것을 걱정할 필요가 없다. 지금까지 함께 살고 계셨던 성령 하나님께서 오셔서 데리고 가신다(요 14:3). 아멘&샬롬.

기적 플러스⁺

마가복음 10:1~12

¹ 예수님께서 거기에서 떠나 유대 지방으로 가셨다가, 요단 강 건너편으로 가셨다. 무리가 다시 예수님께로 모여드니, 그는 늘 하시던 대로, 다시 그들을 가르치셨다. ² 바리새파 사람들이 다가와서, 예수님을 시험하여 물었다. "남편이 아내를 버려도 됩니까?" ³ 예수님께서 그들에게 대답하셨다. "모세가 너희에게 어떻게 하라고 명령하였느냐?" ⁴ 그들이 말하였다. "이혼증서를 써 주고 아내를 버리는 것을 모세는 허락하였습니다." ⁵ 그러나 예수님께서는 그들에게 말씀하셨다. "모세는 너희의 완악한 마음 때문에, 이 계명을 써서 너희에게 준 것이다. ⁶ 그러나 하나님께서는 창조 때로부터 '사람을 남자와 여자로 만드셨다.' ⁷ '그러므로 남자는 부모를 떠나서, 자기 아내와 합하여 ⁸ 둘이 한 몸이 된다.' 따라서, 그들은 이제 둘이 아니라, 한 몸이다. ⁹ 그러므로 하나님이 짝지어 주신 것을, 사람이 갈라놓아서는 안 된다." ¹⁰ 집에 들어갔을 때에, 제자들이 이 말씀을 두고 물었다. ¹¹ 예수님께서 그들에게 말씀하셨다. "누구든지 아내를 버리고 다른 여자에게 장가드는 남자는, 아내에게 간음을 범하는 것이요, ¹² 또 아내가 남편을 버리고 다른 남자와 결혼하면, 그 여자는 간음하는 것이다."

질문을 만들고 그 답을 말씀에서 찾습니다.

1) 예수님께서는 가버나움을 떠나 180km나 되는 예루살렘까지 4일이나 가셔서 늘 하시던 대로 말씀을 가르치고 있는데(1절), 바리새파 사람들이 예수님을 괴롭게 하려고 "남편이 아내를 버려도 되느냐"고 물었습니다(2절). 그러자 예수님께서는 "모세가 너희에게 어떻게 하라고 명령하였느냐"고 물으니(3절), 이들이 무엇이라고 대답했나요? 4절

2) 모세오경을 잘 알고 있는 바리새파 사람들이 말하기를 모세는 "이혼증서를

써 주고 아내를 버리는 것을 허락하였습니다"라고 답하니 예수님께서 모세가 너희의 사악함 때문에 이 계명을 너희에게 준 것이며(5절) 너희는 하나님의 말씀대로 살아야 한다고 어떤 말씀으로 알려 주시며 가르쳐 주셨나요? 6~9절

3) 부부는 예수님 안에서 한 몸이 되었으므로 한 가지 이유 외에는 갈라설 수 있을까요? [마태복음 19:9]

4) 집에 돌아와서 제자들이 이혼문제를 다시 꺼내서 묻자, 무엇이라고 자세히 가르쳐 주셨을까요? 11~12절

5) 예수님께서는 이렇게 자세하게 가르쳐 주는 일도 있지만 반면에 오히려 숨기는 사람도 있습니다. 왜 감추실까요? [마태복음 13:14~15]

6) 음행과 간음죄를 범하면 어떻게 될까요? [요한계시록 21:8, 22:15]

나눔의 시간

1) 하나님은 어떤 분이십니까?
2) 무엇을 깨달았나요?
3) 적용합니다.
4) 묵상과 함께 하는 말씀기도

내일의 양식 : 마가복음 10:13~16

크게 **기뻐하시는** 예수님

마태복음 8장에서 백부장을 만나 그의 믿음을 보시고 크게 기뻐하시는 예수님을 보면서 나는 백부장이 부러워서 닮고 싶었다. 백부장은 자신의 신분이나 문제보다 더 크신 예수님을 바라보고 자기 집으로 예수님께서 오신다는 말씀을 듣고, 나는 감당할 수 없으니 한마디 말씀으로만 해 달라고 간청했다. 그리고 그 이유를 "나는 군인입니다. 내 위에 상관이 있는데 그가 말만 해도 내가 듣고, 내 아래에도 부하가 있는데 내가 말만 하면 들으니 한마디 말씀만 하시면 내 종이 낫게 될 줄로 믿습니다"라고 말했다. 예수님께서 백부장의 말을 듣고 놀라시면서 지금까지 이스라엘에서 이만한 믿음을 본 적이 없다고 크게 기뻐하셨다(마 8:10, 눅 7:9).

예수님께서는 로마의 백부장을 왜 이스라엘 사람이라고 칭찬하셨을까? 백부장도 바울 사도와 같이 본래 이스라엘 사람이었지만 로마로 이주한 부모님 때문에 로마에서 태어나 시민권을 얻어서 교육을 받고 성장하여 군에 들어가 이스라엘 땅에 와서 근무하고 있었던 것으로 믿어진다. 그렇지 않고

서야 있는 그대로 말씀하시는 예수님께서 로마 사람이라고 하지 않으시고 "이스라엘 사람 가운데서 아무에게서도 이런 믿음을 본 일이 없다"고 하지 않으셨을 것이다. 중요한 것은 백부장이 시편 107편 20절에 나오는 '한마디 말씀'만 예수님의 입으로부터 나오면 충분하다고 믿고 있었다. 예수님 당시에 로마는 이스라엘을 지배했다. 강원도만한 이스라엘에는 총독의 지배 아래에 천부장 6명, 백부장 60명이 있었는데 백 명의 군사를 지휘하는 백부장은 상위 1% 이내에 드는 사람이었다. 이런 사람이 다른 것도 아닌 신앙적으로 무엇을 구한다는 것은 어려운 일이었다. 그러나 이 사람 안에 있는 온전한 믿음이 예수님께 나와서 구하게 만든 것이다.

나는 주님께서 기뻐하시는 백부장과 같은 믿음을 드리기로 마음을 먹고 기도했다. 이런 순수한 믿음으로 하나님 아버지를 기쁘시게 하려면 '순(純)'이 중요하다고 생각하고 순으로 시작하는 단어들을 기억하고 기도했다. 그 때부터 나는 순(純)이라는 글자가 들어간 단어를 좋아하기 시작했다. 순진, 순결, 순박, 순종, 순수, 순전, 순백, 순정이라는 단어들을 기억하고 다녔다. 그래서 백부장과 어린아이와 같이 순전한 마음을 가지고 살아가기를 원했다. 하늘나라는 예수님의 말씀처럼 어린아이의 것이다. 나는 어린아이처럼 하늘나라를 받들어서 순전한 믿음으로 하나님께 기쁨을 드리고 싶었다.

오늘날 세계교회가 크게 잘못하는 것 가운데 하나는 자녀들을 부모와 따로 예배를 드리게 한 것이다. 어른들도 자녀들을 맡기고 조용하고 경건하게 예배드리는 것을 원하고 있다. 그래서 영아부, 유년부, 유치부, 초등부, 중등부, 고등부, 대학부, 청년부, 장년부까지 예배를 세분화시켰다. 그리고 사람들도 이렇게 준비된 교회를 찾아 나선다. 물론 예배 후에 성경공부가 있다면 수준에 따라서 할 수 있다. 그러나 예배만큼은 온 가족이 함께 드려야 하는데 예배를 9가지로 세퍼레이트(separate)를 시킨 것이다. 나는 이것이 하나님께서 받으시는 성경적인 예배라고 생각하지 않는다. 이는 예배 안에서 가족이 하나 됨을 원하시는 가장 중요한 목적을 훼손시킨 것이다. 아이들은 어린 시절부터 부모님과 한 자리에서 예배를 드리면서 아버지, 어머니와 함께 하는 예배시간에 기쁨도, 슬픔도, 아픔도 감사하는 마음으로 함께 찬양하면서, 함께 헌금하며, 함께 기도하며 같은 말씀을 들어야 한다. 이때의 가족 모두가 같은 기도제목을 가지고 한자리에서 함께 기도한다면 어떻게 될까? 가장 무서웠던 거라사에 있었던 귀신도 가족의 합심기도로 치유받았음이 틀림없다. 그래서 너의 치료 받았음을 가정에 돌아가서 가족에게 알리라고 말씀하신 것이다(막 5:19, 눅 8:39). 가족이 함께 한 자리에서 예배를 마치고 집으로 돌아가서 일주일 동안 부모님으로부터 신앙교육을 받으며 같은 말씀을 나누며 성장해야 한다.

우리 부부는 매주, 또는 매월 드리는 헌금을 크든 작든 할 수만 있으면 아이들과 함께했다. 이들의 눈으로 보는 어른들의 헌금은 감동이었을 것이다. 그러나 이것이 믿음으로 세상을 이기고 말씀을 따라서 살아가면서 선하게 역사했음은 두말할 것도 없다. 가족이 하나가 되어 함께 드리는 예배야말로 오늘날 서로의 다른 이해와 갈등으로 들어온 세대차이의 벽을 허물고 서로가 사랑할 수 있는 능력이요, 힘이 된다. 우리 가족은 일선 목회에서 은퇴하기 전, 40년 동안 가족 예배를 드렸다. 부모가 무엇을 기도하는지 곁에서 들었고 아이들은 부모의 마음을 알고 있으며 때로는 무엇 때문에 울고, 무엇 때문에 기뻐하는지 보면서 자랐다. 이제는 출가했지만, 지금도 기도제목을 매주 함께 나누고 서로의 삶을 공유하고 있다. 물론 사위도, 며느리도 늘 기도로 함께한다. 얼마 전, 아빠, 엄마와 함께 선교지에 가 있는 막내 아이에게 페이스톡이 왔는데, 그 이유는 할아버지가 보고 싶어서 울었다는 것이다. 나는 행복했고 주님께 크게 감사드렸다. 나는 "내가 개인적으로 받은 모든 기도응답은 아이들의 기도입니다"라고 공공연하게 말할 수 있다. 맞다. 천국은 아이들의 기도다. 어린아이와 같이 순전한 마음으로 예수님을 따라가는 것이 하늘나라에서 크게 기뻐하시는 백부장의 믿음이다. 샬롬&아멘.

마가복음 묵상과 나눔

기적 플러스⁺

마가복음 10:13~16

13 사람들이, 어린이들을 예수님께 데리고 와서, 쓰다듬어 주시기를 바랐다. 그런데 제자들이 그들을 꾸짖었다. **14** 그러나 예수님께서는 이것을 보시고 노하셔서, 제자들에게 말씀하셨다. "어린이들이 내게 오는 것을 허락하고, 막지 말아라. 하나님 나라는 이런 사람들의 것이다. **15** 내가 진정으로 너희에게 말한다. 누구든지 어린이와 같이 하나님 나라를 받아들이지 않는 사람은 거기에 들어가지 못할 것이다." **16** 그리고 예수님께서는 어린이들을 껴안으시고, 그들에게 손을 얹어서 축복하여 주셨다.

질문을 만들고 그 답을 말씀에서 찾습니다.

1) 부모들이 아이들과 함께 예수님께 와서 말씀을 들으며 예수님께서 아이들을 쓰다듬어 주시기를 바라는 마음으로 좀 더 가까이 가려고 하는데 제자들이 시끄럽고 성가시다고 "데리고 저리 가라!"라고 하며 쫓아내자, 예수님께서 노하시며 제자들에게 무엇이라고 엄중하게 말씀하셨나요? 14절

2) 예수님께서는 격노하시면서 나와 아이들 사이에 끼어들어 방해하지 말라고 하시면서 제자들에게 하늘나라는 이런 사람들에게 있다고 하시고 나중에 하늘나라에 들어가지 못하는 사람들이 누구라고 말씀하셨나요? 15절

3) 어린아이같이 하나님의 나라를 받드는 사람은 어떤 사람을 말할까요? [마태복음 8:8~10]

4) 예수님께서는 어린아이들을 넓은 가슴으로 껴안아 주시면서 손을 얹어서 축복하여 주셨습니다(16절). 이렇게 말씀과 성령님으로 어린아이처럼 축복받은 사람은 마태복음 8장 8절에 나오는 백부장 외에 누가 또 있었을까요? [사도행전 10:44, 13:22]

나눔의 시간

1) 하나님은 어떤 분이십니까?

2) 무엇을 깨달았나요?

3) 적용합니다.

4) 묵상과 함께 하는 말씀기도

내일의 양식 : 마가복음 10:17~22

오해(誤解)

나는 성경을 처음부터 자세히 살펴보면서 하나님께서 말씀하고 계시는 ① 구원 ②선 ③믿음 ④복과 축복 ⑤부활 ⑥교회 ⑦죄 ⑧예배 ⑨회개 ⑩행복에 대해서 잘못 이해하고 오해하고 있었다는 것을 알았다. 예수님께서도 "너희 가 성경을 오해하고 있는 것이 아니냐?"라고 안타깝게 말씀하셨다(마 22:29). 국어사전에서 오해[誤解]의 뜻은 "사실과 다르게 해석하거나 이해하는 것이 다"라고 말하고 있다. 맞다! 나는 사실과 다르게 이해하고 잘못 알고 있었다.

오늘은 '선'에 대해서 살펴보자. 많은 사람이 로마서 8장 28절을 좋아한다. 그것은 "하나님을 사랑하는 자 곧 그 뜻대로 부르심을 입은 자들에게는 모 든 것이 협력해서 선을 이룬다"는 말씀 때문이다. 이곳뿐만 아니라 선에 대 한 말씀이 중요한 곳마다 자주 등장한다. 예를 들면 하나님께서 믿음을 주셔 서 죄인을 구원하신 목적도 선한 일을 위하여 지으심을 받았다고 증언한다.

"여러분은 믿음을 통하여 은혜로 구원을 얻었습니다. 이것은 여러분에게서 난 것이 아니요, 하나님의 선물입니다. 행위에서 난 것이 아닙니다. 그러므로 아무도 자랑할 수 없습니다. 우리는 하나님의 작품입니다. 선한 일을 하게 하시려고, 하나님께서 그리스도 예수님 안에서 우리를 만드셨습니다. 하나님께서 이렇게 미리 준비하신 것은, 우리가 선한 일을 하며 살아가게 하시려는 것입니다"(엡 2:8~10).

여기에서 선한 일을 하게 하시려고 믿음을 주셨다는 것은 우리가 알고 있는 윤리나 율법적인 기준에서 말씀하신 '선'이 아니다. 성경에서 말씀하시는 선은 성령님으로 살아가는 것을 말하고 있다. 예수님의 말씀을 들어보면 분명하게 이해할 수 있다.

어떤 사람이 예수님께 나와서 '선하신 선생님'이라고 불렀을 때 예수님께서는 "어찌하여 너는 나를 선하다고 하느냐? 하나님 한 분밖에는 선한 분이 없다"며 단호하게 말씀하셨다(막 10:18). 우리가 볼 때는 예수님께서는 선하신 분인데 왜 하나님 한 분밖에는 선한 분이 없다고 말씀하셨을까? 그것은 하나님의 영이신 성령님으로 살지 않으면 그 누구도 선한 사람이 될 수 없고 선한 일도 할 수 없기 때문이다. 예수님께서도 말씀하신 그대로 성령님으로 사셨다(요 5:19, 12:49).

예수님께서는 "아버지께서 하시는 일을 보지 않고는 나는 아무 것도 스스로 할 수 없다"고 하시면서 "아버지께서 행하시는 그것을 아들도 그와 같이 행한다"라고 하셨다. 또 예수님께서는 "내가 하는 모든 말은 내 자의로 말한 것이 아니며 나를 보내신 아버지께서 내가 말할 것을 친히 명하여 주셨기에 나는 아버지의 명령이 영생인 줄 알고 있으며 내게 이르는 모든 말들은 내 아버지께서 내게 말씀하신 그대로 나도 한다"고 하셨다. 그래서 예수님께서 늘 이런 모습으로 사셨고(히 5:7) 우리도 예수님처럼 늘 기도해야 가능하다(잠 8:17). 선한 말과 선한 일들은 하나님으로부터 오는 성령님으로 시작하고 성령님으로 이루어지고 성령님으로 마친다. 그리고 이것은 영원히 남아 그 사람의 상급이 된다(고전 3:12~14). 아멘&샬롬.

기적 플러스⁺

마가복음 10:17~22

17 예수님께서 길을 떠나시는데, 한 사람이 달려와서, 그 앞에 무릎을 꿇고 그에게 물었다. "선하신 선생님, 내가 영원한 생명을 얻으려면, 무엇을 해야 합니까?" **18** 예수님께서 그에게 말씀하셨다. "어찌하여 너는 나를 선하다고 하느냐? 하나님 한 분 밖에는 선한 분이 없다. **19** 너는 계명을 알고 있을 것이다. '살인하지 말아라, 간음하지 말아라, 도둑질하지 말아라, 거짓으로 증언하지 말아라, 속여서 빼앗지 말아라, 네 부모를 공경하여라' 하지 않았느냐?" **20** 그가 예수님께 말하였다. "선생님, 나는 이 모든 것을 어려서부터 다 지켰습니다." **21** 예수님께서 그를 눈여겨보시고, 사랑스럽게 여기셨다. 그리고 그에게 말씀하셨다. "너에게는 한 가지 부족한 것이 있다. 가서, 네가 가진 것을 다 팔아서, 가난한 사람들에게 주어라. 그리하면, 네가 하늘에서 보화를 차지하게 될 것이다. 그리고, 와서, 나를 따라라." **22** 그러나 그는 이 말씀 때문에, 울상을 짓고, 근심하면서 떠나갔다. 그에게는 재산이 많았기 때문이다.

질문을 만들고 그 답을 말씀에서 찾습니다.

1) 예수님께서 떠나시려고 하는데 한 사람이 나와서 정중한 자세를 취하고 묻기를 "선하신 선생님, 내가 영원한 생명을 얻으려면, 무엇을 해야 합니까?" 라고 물으니(17절) 묻는 말에 대답하지 않으시고 먼저 그가 하는 질문이 무엇이 잘못되었음을 지적하시나요? 18절

2) 예수님께서는 "어찌하여 너는 나를 선하다고 하느냐?"라고 하시면서 왜 하나님만 선하신 분이라고 하실까요? [요한복음 5:19]

3) 부자 청년이 "내가 영원한 생명을 얻으려면 무엇을 해야 합니까?"라는 말을 예수님께서 들으시고 5~10 계명을 말씀하시니(19절) 부자 청년이 어려서부터

다 지켰다고 말합니다(20절). 이 말을 들으시고 사랑스럽게 눈여겨보시면서 "네가 가진 모든 것을 팔아서 가난한 자에게 나누어 주고"(21절) 그다음에 무엇을 하라고 말씀하시나요? 21절하

4) 가진 것이 많아 부족함이 없던 그가 갑자기 얼굴이 어두워지면서 울음이 곧 터질 것 같은 얼굴 표정을 지으며 왜 예수님을 떠났을까요? 22절하

5) 예수님께서는 이 땅에 계실 때 선한 일을 계속해서 할 수 있었을까요? [사도행전 10:38]

6) 예수님께서는 부활승천하고 성령님으로 다시 우리에게 오셨습니다(요 15:26, 16:13, 14:3). 하나님의 자녀들이 아버지의 선한 일을 하면서 주님의 뜻을 따라서 살아갈 수 있을까요? [로마서 8:9, 14]

나눔의 시간

1) 하나님은 어떤 분이십니까?
2) 무엇을 깨달았나요?
3) 적용합니다.
4) 묵상과 함께 하는 말씀기도

내일의 양식 : 마가복음 10:23~31

| 하나님, 아버지의
깊은 뜻

자식들은 아버지와 어머니의 깊은 뜻을 모른다. 이것을 아는 자식은 철이든 자식인데 그때는 이미 부모님은 계시지 않은 때다. 하나님 아버지께서도 나를 향한 더 깊은 뜻을 가지고 계신다. 왜냐하면 나를 데리고 영원히 한 가족으로 살아야 하기 때문이다.

사람은 누구나 태어나면서 '죽음'을 향하여 한 걸음씩 가고 있다. 죽음의 길에서 피할 수 있는 사람은 1명도 없다. 오늘도 죽음 앞으로 가는 인간들이 그 인생을 깨닫지 못하고 서로를 비교하면서 말한다. 무엇을 가지고 있고, 없고, 높고, 낮고, 크고 작은 것에는 의미가 없다. 이 모든 것을 경험한 전도자의 말처럼 "헛되고 헛되며 헛되고 헛되니 모든 것이 헛되다"(전 1:2).

나는 고난을 겪으면서 3가지를 깨달았다. 고난이 찾아오면 두 종류의 사람이 있는데 회개를 만들어 내는 사람이 있고, 고난을 원망으로 만드는 사람이 있다. 또 '나는 누구인가?'에 대한 정체성을 새롭게 발견하는 사람이 있는가 하면 정체성이 무너져 인생을 포기하는 사람이 있다. 나는 고난을 통해서 내 정체성이 고린도전서 1장 27절에 있다는 것을 알았다. 죽음의 자리에 왔다 갔다가 하는 고난을 통하여 하나님의 형상을 따라 지으심을 받으며 새 사람의 옷을 입는 사람과(엡 4:24) 이전에 입었던 옷을 그대로 입고 포기하는 사람이 있다.

성경은 인생들에게 오는 고난을 5가지로 요약하고 있는데 그 가운데 주님의 일을 나타내려고 주시는 고난이 있다. 하나님께서는 이런 고난을 누구에게나 주시지 않지만(요 9:3), 하나님의 일을 나타내려고 고난을 주셨다면 그 인생에 개입하셔서 회복과 함께 그 목적을 이루신다(롬 8:17, 요일 3:2). 성경에 나타난 사람 중에서 하나님께서 일하시고 그 영광을 나타내기 위해서(시 104:31) 고난을 받은 사람은 욥과 다윗이며 신약에서는 베드로다.

만일 고난 받는 사람이 '이 고난이 어디로부터 왔는가'를 발견하면 회복이 시작된다. 내게 찾아온 고난의 발단과 이유를 아는 것은 중요하다. 이것을 알아야 바른 기도를 할 수 있기 때문이다. 성도에게 먹여 주시는 하나님의 보약에는 감초가 들어 있어서 입에는 쓰고 배에는 달지만(계 10:10) 누가 하나님의 마음을 알 수 있을까? 그 깊으신 뜻을 알기는 쉽지 않다.

부모님과 하나님 아버지의 그 깊으신 뜻을 깨닫게 되면 전도서의 말씀대로 이미 이런 모습으로 되어 있는 자신을 발견한다(전 12:1~8, 새번역) 고난을 안고 주님께 나아가 그 이유와 뜻을 깨닫고(히 12:8~11) 그 얼굴을 구하며 순종을 시작하는 사람은 아브라함에게 허락하신 복을 받는다. 고난 중에 가장 좋은 고난은 말씀을 묵상하다가 받는 고난이다(딤전 4:5). 고난은 언제 끝이 날까? 고난은 하나님 앞에서와 사람 앞에서 옳다고 생각하며 자신 있게 해 오던 언행이 죽으면 끝이 난다. 하나님의 말씀이 귀로 들어오고 사람에 대한 이해가 시작되는 온유한 마음이 마음 문밖에 있다가 들어오면 고난이 끝이 난다. 그래서 고난의 때마다 하는 기도는 "주님 저는 죽었습니다"(고전 15:31)이다. 아멘&샬롬.

기적 플러스⁺

마가복음 10:23~31

23 예수님께서 둘러보시고, 제자들에게 말씀하셨다. "재산을 가진 사람은, 하나님의 나라에 들어가기가 참으로 어렵다." **24** 제자들은 그의 말씀에 놀랐다. 예수님께서 다시 그들에게 말씀하셨다. "이 사람들아, 하나님의 나라에 들어가기는 참으로 어렵다. **25** 부자가 하나님의 나라에 들어가는 것보다 낙타가 바늘귀로 지나가는 것이 더 쉽다." **26** 제자들은 더욱 놀라서 "그렇다면, 누가 구원을 받을 수 있겠는가?" 하고 서로 말하였다. **27** 예수님께서 그들을 눈여겨보시고, 말씀하셨다. "사람에게는 불가능하나, 하나님께는 그렇지 않다. 하나님께는 모든 일이 가능하다." **28** 베드로가 예수님께 말씀드렸다. "보십시오, 우리는 모든 것을 버리고 선생님을 따라왔습니다." **29** 예수님께서 말씀하셨다. "내가 진정으로 너희에게 말한다. 나를 위하여, 또 복음을 위하여, 집이나 형제나 자매나 어머니나 아버지나 자녀나 논밭을 버린 사람은, **30** 지금 이 세상에서는 박해도 받겠지만 집과 형제와 자매와 어머니와 자녀와 논밭을 백배나 받을 것이고, 오는 세상에서는 영원한 생명을 받을 것이다. **31** 그러나 첫째가 꼴찌가 되고 꼴찌가 첫째가 되는 사람이 많을 것이다."

질문을 만들고 그 답을 말씀에서 찾습니다.

1) 예수님께서 "소유가 많은 사람이 하나님의 나라에 들어가는 것이 얼마나 어려운지 너희는 아느냐?"라고 말씀하시니(23절) 듣고 있던 제자들의 얼굴에 믿지 못하겠다는 표정을 보시고 또 말씀하시기를 부자가 하나님의 나라에 들어가는 것보다 낙타가 바늘귀로 지나가기가 더 쉽다고 하시니(25절) 제자들은 더는 믿지 못하겠다는 표정으로 당황하며 무엇이라고 거침없이 묻나요? 26절

2) 예수님께서는 "구원을 너희가 너희 힘으로 해낼 수 있다고 생각하면 가망이 없다(27절상). 그러나 하나님께 맡기면 가능하다"고 말씀하시자(27절하) 베드로가 무엇이라고 말하나요? 28절

3) 예수님께서는 내 말을 명심하라고 하시면서 "나와 말씀 때문에 집과 형제와 부모와 자식과 땅과 그 어떤 것들을 희생하고 손해를 볼 사람은 없다"라고 하셨습니다. 그들은 돌려받되 얼마큼 돌려받는다고 하셨나요? 30절

4) 예수님께서 "그러나 이것은 첫째가 꼴찌가 되고 꼴찌가 첫째가 되는 위대한 반전이 될 수도 있다"(31절)라고 하셨습니다. 하나님의 나라에 들어가는 그날까지 두렵고 떨림으로(빌 2:12), 겸손한 중심으로 구원을 이루어 가지 않으면 영광스러운 구원이 어떻게 될 수 있다고 하시나요? 31절

5) 첫째가 되는 사람은 누구를 말할까요? [요한계시록 20:6]

6) 꼴찌가 되는 사람은 누구를 말하나요? [마태복음 11:11]

나눔의 시간

1) 하나님은 어떤 분이십니까?
2) 무엇을 깨달았나요?
3) 적용합니다.
4) 묵상과 함께 하는 말씀기도

내일의 양식 : 마가복음 10:32~45

성령님은 진리의 영,
말씀입니다

아브라함, 이삭, 야곱의 시대와 지금의 시대를 비교할 때 삼위일체(三位一體) 하나님은 동일하지만, 계시의 전달 방법은 크게 다르다. 아브라함과 이삭과 야곱의 시대에는 하나님께서 구체적인 사건들과 음성, 기적, 꿈 또는 환상과 같은 방식으로 자신의 뜻을 알려 주셨다. 예를 들어, 아브라함에게는 하나님의 음성이 들렸고, 모세에게는 불타는 떨기나무나 시내산에서 직접 말씀하셨으며, 십계명도 돌 판에 새겨서 주셨다. 그러나 지금 시대는 하나님의 뜻을 전달하는 방법이 성경이다.

지금 우리가 가지고 있는 성경은 예수님의 성육신과 입으로부터 나온 말씀을 통해 완성된 것이다. 그래서 믿음의 사람들은 성경에 기록된 하나님의 말씀을 통해서 하나님의 뜻을 알 수 있다. 히브리서 1장 1~2절에 "옛적에 선지자들을 통하여 여러 부분과 여러 모양으로 말씀하셨던 하나님이 이 모든 날 마지막에는 아들을 통하여 우리에게 말씀하셨다"라고 하였다. 이는 예수님을 통해 하나님의 계시가 이루어졌음을 알 수 있다.

사람은 성경을 통해서 하나님의 구원 계획과 그 뜻을 알 수 있다. 예수님의 생애, 십자가의 죽음, 부활을 통해 드러난 복음은 특별계시의 말씀으로 완성되었다. 성도는 완성된 성경을 통해서 신앙생활을 하고 하나님을 예배하게 된다. 오늘날도 하나님의 음성이나 환상이나 기적이 있다. 그러나 하나님의 말씀으로 검증할 수 있어야 하며 하나님의 말씀으로 그 뜻을 분별할 수 있어야 한다.

우리 집은 27년 넘게 TV가 없다. 가족회의에서 TV가 우리에게 주는 득과 실을 나누면서 전체동의를 거쳐서 TV를 집에서 떠나보냈다. 감사한 일은 출가한 딸과 아들의 가정에도 TV가 여전히 없다는 것이다. TV가 없는 것에 감사하다기보다는 가족이 모이면 대화가 넉넉해지고 대화의 결론은 예수님과 말씀이 된다. 지금 와서 생각해 보니 우리 집 TV는 성령님이라는 생각이 들었다. 우리 집에 남는 것은 성령님과 말씀뿐이다(엡 6:17). 이 일은 주님께서 성령님으로 우리 집에 말씀의 씨를 뿌렸기 때문에 거둔 열매다(요일 3:9).

살다 보면 보고 싶지 않은데 앞에 나타나는 것들도 있고, 듣고 싶지 않은 소리도 들린다. 그래서 나는 밖에 나가면 벽과 하늘을 바라보고 있는 것을 좋아하는데 벽과 하늘을 바라보고 있으면 잠시라도 예수님과 묵상하고 있는 말씀을 생각할 수 있기 때문이다. 우리는 보이는 것을 바라보는 것이 아니다. 보이지 않는 것을 바라본다. 세상에서 보이는 것들은 잠깐이지만, 보이지 않는 말씀은 영원하기 때문이다(고후 4:18). 다른 길은 없는 것 같다. 주님께 이르는 유일한 길은 말씀과 성령님을 의지하는 것이다(딤전 4:15).

우리 집 주인은 성령이시다. 하루에 가장 많은 말씀으로 대화하는 분은 성령님이다. 밤과 낮이 없고 시도 때도 장소도 없다. 대화의 내용은 성경이다. 이렇게 많은 대화를 하는 분은 앞으로도 없겠지만 성경을 통해서 성령님을 가장 많이 생각하고 가장 많이 바라보고 가장 많이 기억한다.

성령님은 오직 말씀으로 말씀하신다. 성령님은 진리의 영이기에 우리를 모든 진리 가운데로 인도하며 스스로 말씀하지 않으시고 오직 들은 것을 말씀하시며 장래 일을 우리에게 알려 주신다. 성령님께서는 예수님의 영광을 나타내시며 예수님의 것을 가지고 우리에게 알리신다. 하나님 아버지께 있는 것은 다 예수님의 것이기에 예수님의 것을 가지고 성령님께서 말씀하신다(요 16:13~15). 성령님께서는 하나님의 말씀을 전달할 뿐만 아니라 그 말씀 속에 담긴 진리를 밝혀 자유를 주시고(요 8:32) 그 자유는 너무나 아름다워 내 마음에 심비로 새겨 주신다(히 8:10). 특별계시인 성경말씀으로 주신 것은 약속한 것이며(렘 31:33) 예수님께서 깨어진 몸과 흘리신 피로 이루신 것이다(눅 22:20). 아멘&샬롬.

기적 플러스+

마가복음 10:32~45

32 그들은 예루살렘으로 올라가고 있었다. 예수님께서 앞장서서 가시는데, 제자들은 놀랐으며, 뒤따라가는 사람들은 두려워하였다. 예수님께서 다시 열두 제자를 곁에 불러 놓으시고, 앞으로 자기에게 닥칠 일들을 그들에게 일러주시기 시작하셨다. **33** "보아라, 우리는 예루살렘으로 올라가고 있다. 인자가 대제사장들과 율법학자들에게 넘어갈 것이다. 그들은 인자에게 사형을 선고하고, 이방 사람들에게 넘겨줄 것이다. **34** 그리고 이방 사람들은 인자를 조롱하고 침 뱉고 채찍질하고 죽일 것이다. 그러나 그는 사흘 후에 살아날 것이다."

35 세베대의 아들들인 야고보와 요한이 예수님께 다가와서 말하였다. "선생님, 우리가 요구하는 것은, 무엇이든지 해주시기 바랍니다." **36** 예수님께서 그들에게 말씀하셨다. "너희는 내가 너희에게 무엇을 해주기를 바라느냐?" **37** 그들이 그에게 대답하였다. "선생님께서 영광을 받으실 때에, 하나는 선생님의 오른쪽에, 하나는 선생님의 왼쪽에 앉게 하여 주십시오." **38** 예수님께서 그들에게 말씀하셨다. "너희는, 너희가 구하는 것이 무엇인지를 모르고 있다. 내가 마시는 잔을 너희가 마실 수 있고, 내가 받는 세례를 너희가 받을 수 있느냐?" **39** 그들이 그에게 말하였다. "할 수 있습니다." 예수님께서 그들에게 말씀하셨다. "내가 마시는 잔을 너희가 마시고, 내가 받는 세례를 너희가 받을 것이다. **40** 그러나 내 오른쪽과 내 왼쪽에 앉는 그 일은, 내가 허락할 수 있는 일이 아니다. 정해 놓으신 사람들에게 돌아갈 것이다." **41** 그런데 열 제자가 이것을 듣고, 야고보와 요한에게 분개하였다. **42** 그래서 예수님께서는 그들을 곁에 불러 놓고, 그들에게 말씀하셨다. "너희가 아는 대로, 이방 사람들을 다스린다고 자처하는 사람들은, 백성들을 마구 내리누르고, 고관들은 백성들에게 세도를 부린다. **43** 그러나 너희끼리는 그렇게 해서는 안 된다. 너희 가운데서 누구든지 위대하게 되고자 하는 사람은 너희를 섬기는 사람이 되어야 하고, **44** 너희 가운데서 누구든지 으뜸이 되고자 하는 사람은 모든 사람의 종이 되어야 한다. **45** 인자는 섬김을 받으러 온 것이 아니라 섬기러 왔으며, 많은 사람을 구원하기 위하여 치를

몸값으로 자기 목숨을 내주러 왔다."

질문을 만들고 그 답을 말씀에서 찾습니다.

1) 예루살렘을 향하여 가시는데 예수님께서 앞장서서 가셨고 제자들이 두려운 마음으로 뒤를 따라가고 있는데(32절) 주님께서 제자들에게 무엇을 알려 주기 시작하셨을까요? 32하~34절

2) 예수님께서 자신에게 닥칠 일들을 처음으로 알려 주신 때는 언제 였나요? [마태복음 16:21]

3) 왜 예수님께서는 반드시 예루살렘에서 돌아가셔야 할까요? [마태복음서 16:21]

4) 예수님께서 "사람들이 나를 조롱하고 침 뱉고 채찍질하고 죽일 것이다. 그러나 사흘 후에 살아날 것이다"라고 말씀하시니(33~34절) 제자들이 이해하고 알아듣나요? [누가복음 18:34]

5) 제자들의 의식과 생각에는 어떤 프레임, 고정관념에 씌어져 있어서 예수님의 중요한 말씀은 알아듣지 못하고 자기들이 듣고 싶은 것만 듣고 있을까요? 37절

6) 제자들은 생각하기를 모세가 애굽의 모든 장자를 죽이고 이스라엘을 해방할 때와 같이 이제는 주님께서 예루살렘 성을 차지하고 하늘에서 불이 내려와(눅 9:54) 이스라엘을 회복할 때 높은 자리를 원하고 있는 야고보와 요한에게 "너희가 내가 마시는 잔을 너희가 마실 수 있고, 내가 받는 세례를 너희가 받을 수 있느냐"고 물으니(38절) 거짓 프레임으로(37절) 생각이 가득 차 있는 두 사람이 할 수 있다고 말합니다. 그러자 예수님께서는 사실과 진실을 말합니다. "그 자리는 내 권한에 있지 않고 정해놓은 사람에게 갈 것이다"라고 말하니(40절) 남은 열 제자들이 이것을 듣고, 야고보와 요한에게 어떻게 대하나요? 41절

7) 예수님께서는 야고보와 요한에게 대하여 시기와 분노가 터진 다른 제자들을

불러 놓고 하늘나라를 어떤 말씀으로 가르쳐 주시나요? 42~45절

8) 예수님께서 이 땅에서 사람을 구원하려고 어떤 지위와 권세를 가지고 왔다가 죽는다고 사랑스럽고 온유한 마음으로 알려주시나요? 45절

9) 섬기는 종의 모습으로 순종하신 예수님께서는 어떻게 되셨을까요? [빌립보서 2:6~11]

나눔의 시간

1) 하나님은 어떤 분이십니까?
2) 무엇을 깨달았나요?
3) 적용합니다.
4) 묵상과 함께 하는 말씀기도

내일의 양식 : 마가복음 10:46~52

신앙생활을 하면 **사람이 변해간다는 것은** 무엇을 말할까?

예수님을 믿고 사람이 변했다는 것은 무엇을 말할까? 사람이 변했다는 것은 성격이나 성질, 또는 성품이 변한다는 것이 아니다. 사람은 육을 덧입고 살다가 그 몸은 흙으로 돌아가기 전까지 본질상 죄인이기에 육신과 함께 가지고 있던 그 결은 그대로 있다(롬 7:24~25, 행 15:37~39). 예수님을 잘 믿는 사람도 사역과는 관계없이 여전히 그 기질을 그대로 가지고 있다. 그렇다면 예수님을 영접하고 거듭나서 무엇이 변했다는 것인가? 변했다는 것은 어떤 일이나 말을 결정할 때 우선순위가 바뀌었다는 것이다. ①말씀이냐? ②이성이냐? ③세상이냐? 할 때 이전과는 다르게 이제는 말씀이 먼저가 된다는 것이다. 분노와 욕심과 성질이 나와야 할 때 성질을 내느냐, 아니면 참고 인내하고 절제해야 하느냐 할 때 신앙의 자세와 태도를 견지하는 것을 말한다.

하나님께서도 이렇게 삶의 우선순위가 바뀐 사람을 찾으면(시 53:2) 그 사람의 믿음을 응원하기 위해서 크고 작은 일들을 통해서 자신을 그 사람에게 나타내신다(마 6:33). 예를 들면, 자신을 먼저 생각하지 않고 하나님을 먼저 생각하는 다윗의 앞날을 축복하려고 사울을 죽일 수 있는 기회를 두 번씩이나 살려 보내기도 하시고(삼상 24:7, 26:10) 아브라함의 목자와 롯의 목자가 초지와 물 있는 곳 때문에 다투는 일로 인하여 아브라함은 롯에게 먼저 택하라고 말한다(창 13:8). 이런 일들은 성경에 수없이 등장한다(고후 11:24~27).

한번은 이런 일이 있었다. 억울한 고난을 받고 교회당을 이전해야 하는데 갈 곳이 없었다. 여기저기 다녀 보았지만, 마땅한 곳이 없었다.

그날도 아내와 나는 청계산 길을 걸었다. 그 길 끝에 얼마 전에 시작한 카페가 있었다. 대추차 한 잔을 시켜 놓고 서로 마시며 이런 대화를 했다. "이런 곳에서 주일 날 예배를 드릴 수 있으면 좋은데..." 그러나 주인하고는 일면식도 없는 분이고 노을 지는 저녁에 처음 온 카페에서 부부가 하는 말이었고 생각뿐이었다. 하나님을 먼저 선택하고 포기한 이 말이 두 달도 안 되어서 현실이 되었다. 이것은 주님께서 행하셨고 우리는 감사할 뿐이다. 이런 고난과 은혜 때문에 할 말도 많고 성질은 있지만 나는 죽고(고전 15:31) 우선순위를 주님께 두고 바라보는 것이다. 은혜가 있는 사람은 '생명이냐? 죽음이냐?' 할 때 우선순위가 하나님이다. 그러나 은혜가 떨어지면 성질과 세상 논리가 앞서간다. 예수님을 믿는 사람은 억울해도 참아야 하는데 그렇지 않을 때가 가까운 사람에게서 나타난다. 그러나 해가 지기 전에 한쪽에서라도 풀어야 할 분명한 이유는 있다(엡 4:26~27).

사람의 기질은 그대로 있는데 "하나님이 먼저야! 말씀이 우선이야!"라고 말하고 말씀에 순종했는데 기질과 성격은 그대로 가지고 있는 그 사람에게 주님께서는 알게 모르게 은혜를 주시면서 예수님을 닮아가는 사람으로 만들고 계신다. 예수님을 닮아간다고 예수님처럼 되는 것은 아니다. 그러나 예수님을 바라보고 살아가는 우선순위가 바뀌면 주님께서 그 사람의 인생에 개입하여 은혜가 점점 쌓인다. 그리고 주님을 선택한 그 은혜로 인해서 예수님을 닮은 만큼의 인격(눅 21:19, 푸슈케, ψυχή)을 가지고 낙원으로 가서 그 상급대로 잠을 자고 있다가, 또는 행복하게 살다가(눅 23:43, 고후 12:4), 나팔소리와 함께 주님께서 재림하시는 그날(살전 4:15~17, 고전 15:51~52)에 영광스러운 부활의 몸으로 변화되어 살다가(계 20:5~6), 후에 새 하늘과 새 땅에서 영원히 살아가게 된다(계 21:1~2). 이 진리는 참으로 중요하다. 그래서 정말 예수님을 잘 믿어야 한다. 아니면 후에 억울해서 이를 갈며 슬피 우는 사람이 된다. 마태는 이 진리를 6번이나 말했다(마 8:12, 13:42, 50, 22:13, 24:51, 25:30). 나는 내가 목숨을 다해서 예수님을 잘 믿기를 바울 형님처럼 날마다 기도한다(빌 3:14).

베드로는 예수님을 성령님으로 나의 주 나의 하나님으로 영접(마16:17)한 이후에도 자신의 목적 때문에 자기 생각이 우선이었을 때가 있었다. 예수님께서 예루살렘에 올라가 장로들과 대제사장들과 서기관들에게 많은 고난을 받고 죽임을 당하고 제 삼 일에 살아나야 할 것을 말씀하시니 베드로가 예수님을 붙들고 "주님 아닙니다. 이 일이 결코 주님께 있어서는 안 됩니다"라고 말했다(마 16:22). 그래서 베드로는 예수님으로부터 "사탄아 내 뒤로 물러가라"는 무서운 말을 들었다. 이랬던 베드로가 훗날에 "생명을 사랑하고 좋은 날 보기를 원하는 자는 혀를 금하여 악한 말을 그치며 그 입술로 거짓을 말하지 말고 악에서 떠나 선을 행하고 화평을 구하며 그것을 따르라"고 권면한다(벧전 3:10~11). 베드로는 말의 혀와 행동의 우선순위가 연단을 통하여 변한 것이다. 신앙의 사람이 변한다는 것은 연단을 통해서 우선순위가 바뀌는 것이다. 그 결과로 성품의 변화가 따라온다. 아멘&샬롬.

기적 플러스⁺

마가복음 10:46~52

46 그들은 여리고에 갔다. 예수님께서 제자들과 큰 무리와 함께 여리고를 떠나실 때에, 디매오의 아들 바디매오라는 눈먼 거지가 길 가에 앉아 있다가 **47** 나사렛 사람 예수님께서 지나가신다는 말을 듣고 "다윗의 자손 예수님, 나를 불쌍히 여겨 주십시오" 하고 외치며 말하기 시작하였다. **48** 그래서 많은 사람이 조용히 하라고 그를 꾸짖었으나, 그는 더욱더 큰소리로 외쳤다. "다윗의 자손님, 나를 불쌍히 여겨 주십시오." **49** 예수님께서 걸음을 멈추시고, 그를 불러오라고 말씀하셨다. 그리하여 그들은 그 눈먼 사람을 불러서 그에게 말하였다. "용기를 내어 일어나시오. 예수님께서 당신을 부르시오." **50** 그는 자기의 겉옷을 벗어 던지고, 벌떡 일어나서 예수님께로 왔다. **51** 예수님께서 그에게 말씀하셨다. "내가 너에게 무엇을 하여 주기를 바라느냐?" 그 눈먼 사람이 예수님께 말하였다. "선생님, 내가 다시 볼 수 있게 하여 주십시오." **52** 예수님께서 그에게 말씀하셨다. "가거라. 네 믿음이 너를 구원하였다." 그러자 그 눈먼 사람은 곧 다시 보게 되었다. 그리고 그는 예수님께서 가시는 길을 따라 나섰다.

질문을 만들고 그 답을 말씀에서 찾습니다.

1) 예수님께서는 여리고에 얼마 동안 계시다가 큰 무리와 함께 여리고를 떠나실 때 디매오의 아들 바디매오가 나사렛 사람 예수님께서 지나가신다는 말을 듣고 무엇이라고 부르짖어 구하나요? 47절

2) 한두 명도 아니고 많은 사람이 맹인이라고 바디매오를 무시하면서 조용히 하라고 무시하고 핀잔을 주었으나 더 큰소리로 부르짖어 무엇이라고 구하나요? 48절

3) 예수님께서는 길을 멈추고 바디매오를 불러오라고 말씀하시고 가까이 오자, 그의 사정을 이미 알고 계시는 주님께서 "내가 너에게 어떻게 해주면 좋겠느냐"라고 묻자, 바디매오는 무엇이라고 즉시 대답하나요? 51절

4) 바디매오는 부르짖다가 다윗의 자손으로 오신 이가 너를 부른다는 말을 듣고 재산 1호인 겉옷까지 버려두고 달려갑니다. 예수님께 집중하는 바디매오의 믿음을 칭찬하시면서 치료해 주시자 구걸만 하던 거지가 180도로 인생이 변하여 누구를 따라가기 시작하나요? 52절하

5) 성경을 읽다 보면 믿음이 있는 사람은 아버지의 이름이 따라다닙니다. 이렇게 훌륭한 신앙으로 구원받는 믿음이란 어떤 결의 믿음을 말할까요? [로마서 14:8]

나눔의 시간

1) 하나님은 어떤 분이십니까?
2) 무엇을 깨달았나요?
3) 적용합니다.
4) 묵상과 함께 하는 말씀기도

내일의 양식 : 마가복음 11:1~11

은혜의 일들이 쌓이면
상을 주시는 내 아버지

하나님은 '전지전능하신 분'이다. 하나님께서 전지전능하다는 것은 모든 것을 그 마음의 원대로 하실 뿐만 아니라(엡 1:11), '충분자이시다'(창 17:1). '충분자'라는 의미에는 우리의 개념과는 다른 부분이 있는데 예를 들면 우리 집에도 사람이 살기에는 부족함이 없이 모든 것을 다 가지고 있다. 방도 있고, 냉장고 안에는 시원한 물도 있고, 쌀도 있고, 김치도 있고, 그릇도 있고, 옷장에는 옷도 있고, 장롱에는 이불도 있다. 에어컨도 있다. 그러나 불과 3~4명이 살기에 부족함이 없는 것이지 만일 10명이나 100명이 오면 살 수 없다. 그러나 우리들의 아빠 아버지는 충분하셔서 100명, 1,000명, 100,000명, 그 이상도 커버하신다. 벳세다 광야에서 5,000명도 넘는 사람을 먹이셨고(요 6:10) 광야에서는 2백만 명이 넘는 사람들을 떡과 고기로 먹이시고 옷도 해어지지 않게 하셨으며 발도 부르트지 않게 하셨다(신 8:4, 느 9:21). 그것도 40년 동안이나 그렇게 하셨다. 하나님은 전능자이시며 동시에 충분자이시다. 아멘.

하나님은 우리가 눈으로 볼 수 있는 우주를 창조하시고 우주 위에 둘째 하늘과 그 위에 셋째 하늘을 창조하신 분이다(창 1:1, 고후 12:2). 지금은 사람이 첫째 하늘 끝도 가보지 못하고 그 끝을 볼 수도 없지만, 믿음의 눈만 뜨이면 셋째 하늘까지 분명히 볼 수 있다. 갈릴레오 갈릴레이(Galileo Galilei 1564-1643)는 지구는 태양을 중심으로 돌아가고 있다고 주장했다가 가택 연금 상태에 들어가면서 이렇게 말했다. "그래도 지구는 돈다"(Eppe Si Muove). 그러나 갈릴레이가 태어나기 3,500년 전, 하나님께서는 욥을 통해서 지구라는 별을 허공에 매달아 놓으셨다고 이미 말씀하셨다(욥 26:7).

1971년 7월 21일, 제임스 어윈은 아폴로 15호를 타고 달을 향하여 우주여행을 했다. 그때 어윈은 시편 19편을 생각했다. "하늘이 하나님의 영광을 선포하고 궁창이 그 손으로 하신 일을 나타내는도다. 날은 날에게 말하고 밤은 밤에게 지식을 전하니 언어가 없고 들리는 소리도 없으나 그 소리가 온 땅에 통하고 그 말씀이 세계 끝까지 이르도다." 어윈은 사랑받은 사람처럼 우주 가운데 있으면서 하나님 아버지를 생각했다.

임무를 마치고 돌아올 때였다. 창문으로 내다보이는 아름답게 보이는 작은 별 하나를 주목하고 있었는데 자세히 보니 지구였다. 축구공만한 지구가 눈앞에 보였다. 그것을 보는 순간, 요한복음 3장 16절을 생각했다. "하나님이 세상을 이처럼 사랑하사 독생자를 주셨으니 누구든지 저를 믿는 자마다 멸망치 않고 영생을 얻게 하려 하심이니라." 그리고 기도했다. "하나님 아버지, 저 축구공만한 별을 무엇 때문에 사랑하시고 관심을 가지신 것입니까? 우주에는 수억만 개의 별들이 있는데 그 가운데 하나인 지구를 이토록 사랑하시

마가복음 묵상과 나눔

는 이유는 무엇입니까?" 그것은 두말할 것도 없이 하나님의 형상대로 지으신 당신과 나를 사랑하기 때문이다(창 1:26). 이토록 하나님은 모든 것 위에 전지전능하신 충분자이시다(창 17:1). 우리가 지금까지 전능하신 아버지로부터 받은 놀라운 것들은 감히 기도도 못 하고 생각조차 할 수 없는 것들이었다. 밝히지 못하는 것은 마태복음 6장 1, 5, 16절 말씀 때문이다. 이것을 조심해야 은혜가 무너지지 않고 계속된다. 이것이 쌓여 있어야 그날에 기름이 넉넉해서 등불이 꺼지지 않는다(마 25:4).

오늘도 아버지의 은혜는 하루도 쉬지 않고 이어진다. 누구든지 은혜가 쌓이면 상을 받는다. 이 상은 우리가 미처 구하지도 생각지도 못한 놀라운 것이다. 그래서 하나님, 아빠, 아버지는 나에게 있어서 서프라이징의 하나님이다. 이 은혜가 죽음이 왔을 때 사망을 이기게 한다(고전 15:55~58). 찬송가 305장 "나 같은 죄인 살리신 주 은혜 놀라워"가 생각나는 밤이다. 아맨&샬롬.

기적 플러스⁺

마가복음 11:1~11

1 그들이 예루살렘 가까이에, 곧 올리브 산에 있는 벳바게와 베다니 가까이에 이르렀을 때에, 예수님께서 제자 둘을 보내시며, **2** 그들에게 말씀하셨다. "너희는 맞은편 마을로 가거라. 거기에 들어가서 보면, 아직 아무도 탄 적이 없는 새끼 나귀 한 마리가 매여 있을 것이다. 그것을 풀어서 끌고 오너라. **3** 어느 누가 '왜 이러는 거요?' 하고 물으면 '주님께서 쓰시려고 하십니다. 쓰시고 나면, 지체 없이 이리로 돌려보내실 것입니다' 하고 말하여라." **4** 그들은 가서, 새끼 나귀가 바깥 길 쪽으로 나 있는 문에 매여 있는 것을 보고, 그것을 풀었다. **5** 거기에 서 있는 사람들 가운데 몇 사람이 그들에게 물었다. "새끼 나귀를 풀다니, 무슨 짓이오?" **6** 제자들은 예수님께서 일러주신 대로 그들에게 말하였다. 그러자 그들은 가만히 있었다. **7** 제자들이 그 새끼 나귀를 예수님께로 끌고 와서, 자기들의 겉옷을 그 등에 걸쳐놓으니, 예수님께서 그 위에 올라 타셨다. **8** 많은 사람이 자기들의 겉옷을 길에다 폈으며, 다른 사람들은 들에서 잎 많은 생나무 가지들을 꺾어다가 길에다 깔았다. **9** 그리고 앞에 서서 가는 사람들과 뒤따르는 사람들이 외쳤다. " 호산나!" "복되시다! 주님의 이름으로 오시는 분!" **10** "복되다! 다가오는 우리 조상 다윗의 나라여!" "더 없이 높은 곳에서, 호산나!" **11** 예수님께서 예루살렘에 이르러 성전에 들어가셨다. 그는 거기서 모든 것을 둘러보신 뒤에, 날이 이미 저물었으므로, 열두 제자와 함께 베다니로 나가셨다.

질문을 만들고 그 답을 말씀에서 찾습니다.

1) 예수님께서는 예루살렘에서 2시 방향으로 2km 떨어진 벳바게와 베다니에 이르렀을 때 제자 둘을 불러서 "건너편 마을로 들어가면 아무도 탄 적이 없는 새끼 나귀 한 마리를 풀어서 끌고 오너라"고 하시고 "누가 왜 이러는 거요?" 라고 물으면 무엇이라고 말하라고 하시나요? 3절

2) 제자들이 가서 보니 새끼 나귀가 문에 매여 있었고 "어린 나귀 새끼의 줄을 왜 푸는 거요?"라고 물어서 주님께서 일러 주신 대로 말하니 그들은 가만히 있었습니다. 예수님께서는 기도로 준비하셨고(히 5:7) 성령 하나님의 인도를 어떻게 받고 준비하셨을까요? [요한복음 12:49~50]

3) 나귀 새끼를 끌고 오자 제자들이 자기들의 겉옷을 벗어서 나귀의 등에 걸쳐놓기도 하고 길에 펴기도 하니 새끼 나귀 등에 타신 예수님께서 예루살렘 성을 향하여 올라가시니 사람들이 무엇이라고 외쳤나요? 9~10절

4) 예수님께서 오셔서 어린 나귀 새끼를 타시고 예루살렘 성으로 입성하시는 모습을 500년 전에 스가랴는 예언하면서 여기에 어떤 하나님의 뜻이 담겨 있다고 말했나요? [스가랴 9:9]

5) '호산나'라는 말에는 어떤 뜻이 있을까요? [시편 118:25, 26]

6) 예수님께서는 날이 저물어 어디로 가셨나요? 11절

7) 오늘은 마지막 주일, 오후입니다. 예수님께서는 가까이 오사, 성전을 보시고 우시면서 어떤 말씀들을 남기시고 슬픈 가슴에 안고 나사로가 있는 베다니를 향하여 돌아가셨나요? [누가복음 19:41~44]

나눔의 시간

1) 하나님은 어떤 분이십니까?
2) 무엇을 깨달았나요?
3) 적용합니다.
4) 묵상과 함께 하는 말씀기도

내일의 양식 : 마가복음 11:12~19

말씀묵상을 하다가
충격에 휩싸였습니다

나는 말씀을 묵상하다가 큰 충격을 받았는데 그것은 누가복음 10장 13~15
절에 나오는 말씀 때문이다. "고라신아, 너에게 화가 있다. 벳새다야, 너에게
화가 있다. 내가 너희에게 행한 기적들을 두로와 시돈에서 행했더라면, 그들
은 벌써 베옷을 입고, 재를 뒤집어쓰고 앉아, 회개하였을 것이다. 그러나 심
판 날에는 두로와 시돈이 너희보다 더 견디기 쉬울 것이다. 가버나움아, 네가
하늘까지 치솟을 셈이냐? 지옥에까지 떨어질 것이다."

나는 이 말씀을 깨닫기 전까지는 가버나움을 좋아하고 부러워했다. 왜냐
하면 예수님 시대에 가버나움에서 살았으면 좋겠다고 생각했기 때문이다.
예수님께서는 어디를 가서 일을 하시든 집이 있는 가버나움으로 돌아오셨다
(막 2:1, 마 4:13). 가버나움에서 놀라운 산상수훈도 전하시고, 크게 칭찬하시며
기뻐하셨던 백부장도 만나셨고, 죽어가는 왕의 신하의 아들도 살리시고, 제
자들도 부르셨다. 그만큼 가버나움을 사랑하셨고 여기에서 많은 일을 하셨
다. 정성을 다해서 사역하신 곳이다. 그런데 가버나움을 향하여 애통하시며

슬퍼하시는 모습을 보면서 나는 충격과 놀라움에 빠졌다.

고라신과 벳새다와 가버나움은 다 이웃 동네이며 갈릴리 호수 11시 방향부터 1시 방향 안에 있는 마을들이며 빌립과 안드레와 베드로가 이 동네 사람들이다. 예수님께서 사역하셨던 뜻깊은 마을들이 심판 날에 화가 있고 지옥까지 떨어지는 일들이 일어날 것이라고 하신 말씀 때문에 충격을 받았던 것이다. 그렇다면 나같이 평범한 사람이 목회했던 영혼들은 어떻게 될 것인가를, 나를 포함해서 생각해 보았다.

예수님께서는 동정녀 마리아의 몸에 잉태되는 순간부터 영혼이 떠나실 때까지 하나님 아들의 신분을 가지신 그리스도요, 또한 100% 사람이셨다. 예수님의 신분과 지위는 하나님의 아들로 세상에 오셨지만, 신성을 사용하지 않으시고 종으로 오셨기에(빌 2:6~8) 하나님과 24시간을 동행하기 위해서 늘 기도하셨다. 예수님께서는 자신을 죽음에서 구원하실 수 있는 하나님께 큰 부르짖음과 많은 눈물로써 기도와 탄원을 올리셨다. 하늘의 하나님께서도 아들의 경외심을 보시고, 그 기도를 들어 주셨다(히 5:7). 예수님께서는 성령님과 늘 동행하였으며 아무것도 홀로 하지 않으시고 아버지께서 하시는 말씀과 일을 보고 하셨다(요 5:19~20, 8:28, 12:49~50). 예수님의 사랑 때문에 우리는 하나님 아버지와 한 가족이 되었고(엡 2:19) 하나님의 자녀가 되는 특권을 얻었다(요 1:12). 당연히 늘 깨어서 예수님처럼 기도해야 하며 전적으로 성령님을 의지하고 성령님에 의해서 성령님으로 살아야 한다(롬 8:9, 15).

누가는 우리에게 말하기를 "너희 이름이 하늘나라 생명책에 기록된 것으로 기뻐하라"고 하였다(눅 10:20). 내 이름이 생명책에 기록되었는지 안 되었는지 내가 스스로 알아볼 수 있는 것은 내 안에 살아계신 성령님으로 날마다 확인이 되면 된다. 존경하고 사랑하는 어머니께서는 올해가 95세인데 일상의 삶이 간증이다. 주일날 예배를 드리고 오시면 목사님한테서 들으신 말씀을 적어 오셔서 나에게 알려 주신다. 그리고 오늘은 조금 피곤해서 좀 더 잘 뻔했는데 자신을 새벽에 깨우시는 성령님을 가끔 간증으로 말씀하신다. 이런 사람은 예수님의 죽음에 자신의 몸을 맡기고 예수님의 생명도 죽을 내 육신에 말씀으로 살아서 나타난다(고후 4:10~11). 성경은 이런 사람의 이름이 기록된 책을 생명책이라고 한다(계 13:8, 21:27). 아멘&샬롬.

기적 플러스⁺

마가복음 11:12~19

¹² 이튿날 그들이 베다니를 떠나갈 때에, 예수님께서는 시장하셨다. ¹³ 멀리서 잎이 무성한 무화과나무를 보시고, 혹시 그 나무에 열매가 있을까 하여 가까이 가서 보셨는데, 잎사귀 밖에는 아무것도 없었다. 무화과의 철이 아니었기 때문이다. ¹⁴ 예수님께서 그 나무에게 말씀하셨다. "이제부터 영원히, 네게서 열매를 따먹을 사람이 없을 것이다." 제자들이 예수님께서 말씀하시는 것을 들었다. ¹⁵ 그리고 그들은 예루살렘에 들어갔다. 예수님께서 성전에 들어가셔서, 성전 뜰에서 팔고 사고하는 사람들을 내쫓으시면서 돈을 바꾸어 주는 사람들의 상과 비둘기를 파는 사람들의 의자를 둘러엎으시고, ¹⁶ 성전 뜰을 가로질러 물건을 나르는 것을 금하셨다. ¹⁷ 예수님께서는 가르치시면서, 그들에게 말씀하셨다. "기록한바 '내 집은 만민이 기도하는 집이라고 불릴 것이다' 하지 않았느냐? 그런데 너희는 그 곳을 '강도들의 소굴'로 만들어 버렸다." ¹⁸ 대제사장들과 율법학자들이 이 말씀을 듣고서는, 어떻게 예수님을 없애 버릴까 하고 방도를 찾고 있었다. 그들은 예수님을 두려워하고 있었던 것이다. 무리가 다 예수님의 가르침에 놀라고 있었기 때문이다. ¹⁹ 저녁때가 되면, 예수님과 제자들은 으레 성 밖으로 나갔다.

질문을 만들고 그 답을 말씀에서 찾습니다.

1) 예수님께서는 마지막 월요일에 베다니로 지나가시다가 무화과가 달리는 철은 아니었지만, 끼니를 조금이라도 해결할 수 있는 열매가 하나라도 있나 해서 여기저기 살펴보셨지만, 무성한 잎사귀 외에는 아무것도 찾을 수 없는 것을 아시고 다 들을 수 있도록 무엇이라고 말씀하셨나요? 14절

2) 대한민국의 나무는 무궁화입니다. 단풍나무는 캐나다입니다. 무화과나무는 어느 나라를 상징하는 나무일까요? [예레미야 24:5]

3) 예루살렘 성전에 들어가자마자 뜰에 있는 진열대를 뒤엎으시고 장사꾼들을 내쫓으시면서 무엇이라고 말씀하셨나요? 17절

4) 내 집은 만민이 기도를 하면 하나님 아버지께서 응답하시는 곳인데 너희가 강도의 소굴로 만들었다고 말씀하시자 대제사장들과 율법학자들이 듣고서 어떤 음모를 꾸미고 있나요? 18절

5) 낮에는 성전에서 가르치시고 해가 져서 성 밖으로 나가시면 어디로 가셔서 기도하셨나요? [누가복음 5:16, 21:37, 새번역]

6) 예수님께서는 예루살렘 성전을 허물도록 내어 버려두시고 새 성전을 지으셨습니다(요 2:19). 기도응답을 받아서 하나님께 영광을 돌리는 성전은 어디에 있을까요? [고린도전서 6:19~20]

7) 하나님께서는 우리에게 좋은 것을 주시기 위해서 나에게 무엇을 받기를 원하고 기다리실까요? [로마서 12:1~2]

나눔의 시간

1) 하나님은 어떤 분이십니까?
2) 무엇을 깨달았나요?
3) 적용합니다.
4) 묵상과 함께 하는 말씀기도

내일의 양식 : 마가복음 11:20~25

하나님은 언제부터
나를 위해서
일을 시작하실까?

 나 같은 보통사람들은 이런 생각을 한다. '하나님께서는 내 기도를 들으실까? 하나님은 모든 것을 다 알고 계신다고 하는데 나 같은 사람도 알고 계실까?' 물론 하나님은 내 기도를 다 들으시고 나를 나보다 더 잘 알고 계신다(시 139:1~4).

 나 같은 졸(쫄)에게도(마 25:40), 내 인생에 들어오셔서 일을 시작하셨는데 여러분들은 당연하지 않을까! 아브람은 다른 신들을 섬기는 아버지 데라의 집(수 24:2)에서 살고 있을 때 하나님께서 아브람에게 나타나셔서 말씀하셨다(창 12:1). 아브람은 갈대아 우르를 떠나서 유프라테스의 강줄기를 따라서 상류로 450km를 올라갔다. 거기가 하란이다. 거기에서 10여 년 이상 아버지 데라에게 순종하다가 마침내 아버지가 세상을 떠나자, 그곳을 떠났다(행 7:4). 하란에서 남쪽에서 800km나 되는 가나안으로 내려와서 보니 이미 가나안 땅에는 사람들이 좋은 자리는 차지하고 있어서 유목민인 아브람은 이들을 피해서 가는 곳마다 물과 초지 때문에 어려움이 있었다. 가뭄까지 들어서 점점 네게브 광야가 있는 남쪽으로 내려갔다가 가나안을 벗어나 애굽에서 연단을 받고 다시 가나안 땅 헤브론으로 돌아왔다. 헤브론으로 돌아오니 롯의 목자와 아브라함의 목자가 초지와 물이 부족해서 싸움이 있었다. 아브람은 조카 롯에게 "우리는 서로 다투지 말자 네 앞에 온 땅이 있지 아니하냐 네가 좌하면 나는 우하고 네가 우하면 나는 좌하리라"하고 우선권을 주니 롯은 떠나가고 하나님께서 아브람에게 나타나서 말씀하셨다(창 13:14). 말씀을 받고 아브람은 헤브론에서 단을 쌓으며 일상의 삶에 충실하며(창 14:14하) 이웃과 화목하게 사는데(창 14:13하) 소돔에서 큰 전쟁이 일어나서 롯이 사로잡혀 갔다는 소식을 들었다. 아브람은 롯을 구하러 떠났다. 큰 전쟁에서 아브람은 대승을 거두고 돌아와 멜기세덱을 만났다(창 14:19). 이것은 하나님께서 아브람의 포기와 사랑에 대해 아브람을 세우기 위해서 일하신 하나님의 연출이다(창 14:20). 이는 자기 생명을 포기하는 다윗을 세우기 위해서 골리앗을 40일 동안 엘라 골짜기에 붙잡아 두신 것과 같다(삼상 17:16).

그렇다고 한다면 언제부터 나를 위해서 구체적으로 일하기 시작하실까? 예수님을 나의 주 나의 하나님으로 믿고 입으로 시인할 때이다(갈 2:20). 지금도 하나님께서는 예수님과 한 영이 된 사람(고전 6:17)을 위해서 똑같이 일하시고 그 사람으로부터 영광을 받으신다. 그리고 그 사람의 예배를 받으시는 것을 기뻐하신다(롬 12:1). 자아와 자신감과 자존심이 죽은 이방 여인이 예수님께 도움을 청하러 나왔다. 예수님께서는 이 여인의 자아와 자존심이 다 죽어 있는 것을 아시고 "자녀들이 먹을 빵을 개들에게 던져 주는 것은 옳지 않다"고 말씀하셨다. 그러자 이 여인은 자기를 개와 같이 포기하고 말했다. "맞습니다. 주님, 개들도 주인의 상 아래에 흘리는 부스러기는 얻어먹습니다." 예수님께서는 이 말을 들으시고 네 믿음이 크다고 칭찬하시면서 네가 그렇게 말을 했으니 네 소원이 이루어졌다고 말씀하셨다(마 15:25~28). 자아와 자신감과 자랑이 죽은 사람이 예수님의 말씀대로 '큰 믿음의 사람'이다. 아멘&샬롬.

기적 플러스+

마가복음 11:20~25

20 이른 아침에 그들이 지나가다가, 그 무화과나무가 뿌리째 말라 버린 것을 보았다. **21** 그래서 베드로가 전날 일이 생각나서 예수님께 말하였다. "랍비님, 저것 좀 보십시오, 선생님이 저주하신 저 무화과나무가 말라 버렸습니다." **22** 예수님께서는 그들에게 말씀하셨다. "하나님을 믿어라. **23** 내가 진정으로 너희에게 말한다. 누구든지 이 산더러 '번쩍 들려서 바다에 빠져라' 하고 말하고, 마음에 의심하지 않고 말한 대로 될 것을 믿으면, 그대로 이루어질 것이다. **24** 그러므로 나는 너희에게 말한다. 너희가 기도하면서 구하는 것은 무엇이든지, 이미 그것을 받은 줄로 믿어라. 그리하면, 너희에게 그대로 이루어질 것이다. **25** 너희가 서서 기도할 때에, 어떤 사람과 서로 등진 일이 있으면, 용서하여라. 그래야, 하늘에 계신 너희 아버지께서도 너희의 잘못을 용서해 주실 것이다."

질문을 만들고 그 답을 말씀에서 찾습니다.

1) 다음 날 이른 아침에 무화과나무가 뿌리째 말라비틀어진 것을 보고 베드로가 놀라서 "선생님께서 저주하신 무화과나무가 말랐습니다"라고 말하니 예수님께서 무엇이라고 말씀하셨나요? 22~25

2) 예수님께서는 "하나님을 너의 생명으로 품고 믿어라 그리고 너희가 감당할 수 없는 큰일도 기도하고 구하라"고 하셨습니다. 그러면 어떻게 된다고 힘주어 말씀하셨나요? 24절

3) 만일 긴급한 일이 발생해서 그 자리에 서서 기도할 때 남에게 서운하게 한 일이 생각나거든 무엇부터 먼저하고 기도하라고 하나요? 25절

4) 예수님의 입에서 한마디 말씀만 나온다면 자기는 믿겠다고 말해서 예수님을 깜짝 놀라게 한 사람은 누구일까요? [마태복음 8:9~10]

5) 하나님을 믿는 믿음은 어떤 믿음일까요? [사도행전 27:25]

_____

나눔의 시간

1) 하나님은 어떤 분이십니까?
2) 무엇을 깨달았나요?
3) 적용합니다.
4) 묵상과 함께 하는 말씀기도

_____

내일의 양식 : 마가복음 11:27~33

섞이면 안 돼,
섞이지 마, 섞이면 죽어!

　나는 1988년에 담임목회를 시작하면서 교인들에게 부담을 안 주는 교회가 좋은 교회라고 생각했다. 그래서 긍정적이며 적극적 사고를 가지려고 했다. '하면 된다' '할 수 있다' '불가능은 없다'는 생각을 갖고 신앙생활을 했고 설교를 준비했다. 그 당시에 사회적 분위기가 긍정적 사고에 대한 예찬론이 대세를 이루었다. 돌이켜 생각하니 긍정적 사고로 준비한 삶과 설교는 말씀대로 증거한 설교가 아니라 긍정적이고 적극적인 사고방식에서 나온 철학적 설교였다. 긍정적 설교는 전하는 사람이나 듣는 사람이나 부담이 크지 않다. 예를 들면, 역대하 18장에서 400명이나 되는 예언자들이 남유다 왕, 여호사밧과 북이스라엘 왕, 아합이 힘을 모아 길르앗 라못으로 가서 아람군대와 전쟁하면 승리하게 될 것이라고 말하는 것과 같다(대하 18:5). 그러나 미가야 한 사람만 이스라엘 왕, 아합은 죽는다고 말한다(대하 18:16). 미가야는 매를 맞고 모욕을 당하고 옥에 갇히는 고초를 겪으면서 모든 사람이 말하고 있는 긍정적 메시지에 동의하지 않고 하나님의 말씀만을 전한다. 그러나 나머지 400명은 하나님으로부터 오지 않은 사람이 듣기 좋은 말을 전한다(렘 9:8).

구약성경을 읽으면 누구나 이런 부담을 가지게 된다.

① 쳐다보지 마라!

② 가까이 가지 마라!

③ 만지지 마라!

④ 먹지 마라!

⑤ 불로 태워라!

⑥ 다 죽여라!

⑦ 함께 짐을 지지 마라!

주님께서 왜 그러셨을까? 이는 부모가 자식에게 "길 조심해, 말 조심해, 사람 조심해, 차 조심해"라고 하는 사랑의 말씀으로 이해하면 될 것을 종교라는 누런 색안경을 쓰고 보니 잘못 보고 잘못 이해하고 있는 것이다. 친부모는 자녀들에게 해악이 되는 것들은 피하게 하고 다 치운다. 특히 감염병이나 한번 걸리면 생명을 위독하게 만드는 전염병이 있는 곳은 피하게 한다. 가족들을 사랑한다면 내 집안에서 먹어서는 안 될 것들과 눈으로 보아서는 안 될 것이 있다면 치울 것이다.

말씀으로부터 온 설교 안에는 죄와 죽음이 있고 복음과 부활이 있다. 그러나 나는 성령님의 인도를 받고 말씀을 따라서 하는 설교가 아닌 사람들에게 '할 수 있다' '하면 된다'는 긍정적 사고를 주는 설교를 했다. 나는 이것을 회개했다. "사람에게 부담 안 주는 교회" 대중은 이런 교회가 편안하고 좋은 교회라는 생각을 갖고 있다. 그래서 군중 안으로 들어가서 자기가 좋아하는 스타일의 설교를 들으며 누구의 간섭도 안 받고 예배를 드리고 싶어 한다. 그러나 이런 모습에는 영광스러운 구원은 멀다. 성도는 분명히 세상과 달라야 한다. 아니면 나도 모르는 사이에 살아 있다는 이름은 갖고 있으나, 실상은 죽은 사데교회가 될 수 있다(계 3:1). 구약성경에는 예언서가 17권이 있고 신약에는 1권이 있는데 이들의 메시지는 한결같이 "섞이면 안 돼, 섞이지 마, 섞이면 죽어!"이다. 그리스도인들은 어두움에 들어가도 그 빛을 발하고 부패된 곳에서도 소금의 맛을 잃지 않는다. 예언서의 주제는 한결같이 "섞이면 안 돼, 섞이지 마, 섞이면 죽어!"이다. 아멘&샬롬

기적 플러스⁺

마가복음 11:27~33

27 그들은 다시 예루살렘에 들어갔다. 예수님께서 성전 뜰에서 거닐고 계실 때에, 대제사장들과 율법학자들과 장로들이 예수님께로 와서 **28** 물었다. "당신은 무슨 권한으로 이런 일을 합니까? 누가 당신에게 이런 일을 할 수 있는 권한을 주었습니까?" **29** 예수님께서 그들에게 말씀하셨다. "나도 너희에게 한 가지를 물어 보겠으니, 나에게 대답해 보아라. 그러면 내가 무슨 권한으로 이런 일을 하는지를 너희에게 말하겠다. **30** 요한의 세례가 하늘에서 온 것이냐, 사람에게서 온 것이냐? 내게 대답해 보아라." **31** 그들은 자기들끼리 의논하며 말하였다. "'하늘에서 왔다'고 말하면 '어찌하여 그를 믿지 않았느냐'고 할 것이다. **32** 그렇다고 해서 '사람에게서 왔다'고 대답할 수도 없지 않은가?" 그들은 무리를 무서워하고 있었다. 무리가 모두 요한을 참 예언자로 알고 있었기 때문이었다. **33** 그래서 그들이 예수님께 대답하였다. "모르겠습니다." 예수님께서 그들에게 말씀하셨다. "나도 내가 무슨 권한으로 이런 일을 하는지를 너희에게 말하지 않겠다."

질문을 만들고 그 답을 말씀에서 찾습니다.

1) 예수님께서 성전의 뜰을 거닐고 있는데 대제사장과 종교학자들과 지도자들이 다가와서(27절) "신임장을 보여 주십시오. 누구로부터 권한을 받아서 이렇게 말하고 행동을 하고 있습니까?"라고 따지니(28절) 주님께서 무엇이라고 대답하셨나요? 29~30절

2) 그들은 예수님께서 다시 묻는 질문으로 자기들이 궁지에 몰린 것을 알아차리고 뒤로 물러나 이말 저말(31~32절)로 의논하며 수군거리기 시작했습니다. 그러나 결론을 못 찾고 대답이 궁색해지자 무엇이라고 말하나요? 33절상

4) "모르겠다"는 이들의 대답을 들으신 예수님께서는 무엇이라고 말씀하시나요?
   33절하

5) 우리도 예수님처럼 이런 일을 당하면 어떤 자세와 태도를 가져야 할까요?
   [누가복음 12:11~12]

6) 제자들이 물었다면 내 권한은 어디로부터 왔다고 예수님께서 대답을
   하셨을까요? [요한복음 12:49~50]

나눔의 시간

1) 하나님은 어떤 분이십니까?
2) 무엇을 깨달았나요?
3) 적용합니다.
4) 묵상과 함께 하는 말씀기도

내일의 양식 : 마가복음 12:1~12

복과 **축복**에 대해 **바르게** 전해지지 않으면 **세계교회의 희망**은 멀게만 느껴진다

세례 요한의 어머니, 엘리사벳이 성령님으로 충만하여 큰 소리로 예수님의 어머님, 마리아께 이렇게 말했다. "그대는 여자들 가운데서 복을 받았고, 그대의 태중의 아이도 복을 받았습니다." 그렇다고 한다면 예수님의 어머님, 마리아께서 받은 복은 무엇일까?(눅 1:41~42). "주님이시여, 기도하오니 엘리사벳이 말한 이 '복'이 무엇을 뜻하는지 알기를 원하오니 이사야의 예언처럼 숨기지 마시고 귀와 눈을 열어주세요"(마 13:14~15)라고 기도하는 마음으로 복과 축복에 대해서 논하자.

지난 2,000년 동안 말씀을 전하는 스피커들이 설교를 하거나 기도할 때 가장 많이 나오는 단어가 '복'과 '축복'이다. 그러나 한국교회를 포함해서 세계교회는 복과 축복을 잘못 전했다. 유럽교회의 몰락과 미국교회의 쇠퇴를 알게 되면 이해할 수 없는 일은 아니다. 물론 한국교회도 예외는 아니다. 유럽교회의 몰락은 이렇다. 그동안 자신들이 추구했던 복과 축복은 문명이 발달하고 나라가 발전하면서 높은 생활수준으로 다 이루었고, 사람이 태어나면서부터 죽을 때까지 나라에서 복지가 보장되었다. 이제는 더 이상 복과 축복을 받기 위해 신앙생활을 해야 할 이유를 찾지 못한 것이다. 그러나 사후세계(死後世界)에서 신앙이 필요하다면 교회생활까지는 아니고 개인적 신앙만 유지하면 된다고 생각한 것이다. 현재, 미국 서부교회로부터 시작해서 동부교회들도 그 뒤를 따라가고 있으며 한국교회도 같은 상황이다.

예수님께서는 불타 없어질 것들을 '복'이라고 말씀하지 않았다. 오히려 영생을 구하려고 예수님을 찾아온 부자 청년에게 다 팔아서 가난한 자에게 나누어 주고, 다음에 나를 따르라고 하셨다. 그러나 교인들은 부자 청년이 가지고 있는 것을 소유하고 있으면 하나님으로부터 복과 축복을 받았다고 거침없이 전할 뿐만 아니라, 기도로 구하고 이웃에게 말하는 것을 들을 수 있다. 그리고 이것을 추구한다. 이전에 내가 그랬다.

사실, 눈에 보이는 축복들은 저주가 될 수 있다(눅 16:25, 호 13:6). 모세는 이스라엘이 가나안에 들어가서 배가 부르고 살이 찌면 너희가 돌이켜 다른 신들을 섬기며 하나님을 멸시하며 언약을 깨트릴 것이라고 말하면서 걱정하며 근심했다(신 8:17, 32:20). 여기서 말하는 다른 신들은 탐욕의 신, 맘몬이다(골 3:5). 만일 눈에 보이는 이런 것들이 성경적 복이라고 한다면 현재 주님 밖에 있는 사람들이 하나님의 복과 축복을 더 많이 받아서 누리고 있다. 문제는 이런 것들이 성경지식처럼 교회 안에 들어와 박힌 돌로 자리를 잡고 있다는 것이다. 이것이 잘못되었음을 깨달아도 말씀으로 돌아가려고 하는 자정능력을 상실한 것으로 보여서 걱정이다. 과연 이렇게 잘못된 지식을 가지고 살아가는 사람들에게 영광스러운 구원이 있을까? 없을 것이다(계 20:5~6, 마 19:23). 만일 이런 것들이 복과 축복이라고 한다면 초대교회 형제자매들이 AD313년까지 조롱과 채찍질뿐 아니라, 옥에 갇히고 돌로 맞는 것과 톱으로 켜는 것과 시험과 칼로 죽임을 당하고 양과 염소의 가죽을 입고 유리하여 궁핍과 환난과 학대를 받으면서 죽음과 고통을 감내하며 로마의 카타콤과 튀르키예 갑바도기아에서 살았던 성도님들은 저주받은 인생들이다(히 11:37). 1994년과 1995년도에 갑바도기아와 카타콤의 지하 동굴을 찾아가서 이분들이 태어나면서 세상을 떠날 때까지 이곳에서 살면서 마지막 순간에 남겨 두었던 뼈 조각들을 손으로 만져 볼 수 있었다.

구약에서 '복'이라는 단어는 '바라크'와 '에쉐르' 두 가지를 사용한다. 바라크(ברך)에 대한 기본 뜻은 '무릎을 꿇다'(kneel down, 시 95:6)이다. 이는 하나님께 무릎을 꿇는 사람이 받는 복으로 영생을 말한다. 신약에서 '복'이라는 단어(εὐλογία, 유로기아)의 뜻은 '좋은'(유로), '말하다'(기아)라는 합성의 뜻을 가지고 있다. 상대에게 하는 좋은 말은 기쁜 소식, '복음'일 것이다.

그렇다면 하나님께서 성경에서 말씀하시는 복은 무엇일까? 하나님께서 말씀하시는 복은 그 형제가 예수님과 연합하여 만들어지는 '영생'이다(시 133:3). 그 영생은 두말할 것도 없이 예수님이다. 세례 요한을 잉태하신 어머니, 엘리사벳도 예수님을 성령님으로 잉태하신 마리아도 복을 잉태한 것이다. 산상수훈에서 주님께서 8번이나 말씀하신 '복 있는 사람'은 두말할 것도 없이 영생, 또는 예수님이다. 그래서 산상수훈에서 나오는 '복'이라는 말 대신에 '영생'이나 '예수님'으로 읽으면 그 뜻이 선명하다(마 5:3~11).

성경에 등장하는 복이라는 말에 영생, 또는 예수님으로 바꾸어서 읽으면 그 뜻이 선명하다. 그리고 인격이 아닌 피조물들에게 사용된 복은 '생명'으로 바꾸어 읽으면 더 풍성한 이해가 온다. 왜 한 사람에게 있어서 복에 대한 성경적 가치관과 세계관이 옳고 바르게 세워지는 것이 중요한가? 이것이 그 사람 안에서 바르게 회복되면 모든 창조를 아담에게 주셨던(창 2:19) 다스림의 권세가 회복된다(마 6:33). 이처럼 예수님 한 분으로 만족하는 그 사람에게 나타날 수밖에 없는 생육하며, 번성하며, 충만하며, 정복하며, 다스리는 은혜가 일어나기 시작한다(창 1:28). 이런 사람은 예수님과 함께 그의 생명이 보자기에 싸여 있고(삼상 25:29) 예수님 없이는 살아갈 수 없는 사람에게 주시는 천국과 사랑을 송두리째 주는 것이 하나님의 뜻이다(마 5:3, 롬 8:32).

복이라는 단어가 처음으로 등장하는 창세기 1장 22절, "하나님이 그들에게 복을 주시며"라는 말 대신에 영생이나 예수님으로 읽으면 뜻이 선명하다. 선택받은 사람들에게 복은 영생이며 피조물들은 생명이다. 태초에 지으신 창조의 모든 것은 하나님으로부터 생명의 복을 받았으며(창 1:28) 복을 받은 아담과 하와에게 거져 주셨다(창 2:19). 복은 구원받은 사람에게는 영생이며 피조물들에게는 생명이다.

그렇다면 축복이란 무엇인가? 축복은 영생, 곧 예수님을 받은 사람에게 주시는 보이는 것들과 보이지 않는 모든 것이다. 예를 들면, 새로운 생명이 탄

마가복음 묵상과 나눔

생하면 그 아이를 위해서 준비된 모든 것이 축복이다. 믿음의 형제로부터 소식이 왔다. "목사님, 제가 어제 재벌을 만나서 말씀들을 나누었는데 그분이 '재벌의 저주'에 대해서 이야기를 나누면서 두 번이나 눈물을 보였어요." 그렇지만 부자가 저주는 아니다. 예수님의 말씀처럼 그것을 잘못 사용하는 것이 저주다(막 10:25~31). 나는 그대가 이와 같이 세상을 다스리는 왕 같은 제사장이 되기를 기도한다. 아멘&샬롬.

기적 플러스⁺

마가복음 12:1~12

1 예수님께서 그들에게 비유로 말씀하기 시작하셨다. "어떤 사람이 포도원을 일구어서, 울타리를 치고, 포도즙을 짜는 확을 파고, 망대를 세웠다. 그리고 그것을 농부들에게 세로 주고, 멀리 떠났다. **2** 때가 되어서, 주인은 농부들에게서 포도원 소출의 얼마를 받으려고 한 종을 농부들에게 보냈다. **3** 그런데 그들은 그 종을 잡아서 때리고, 빈손으로 돌려보냈다. **4** 주인이 다시 다른 종을 농부들에게 보냈다. 그랬더니 그들은 그 종의 머리를 때리고, 그를 능욕하였다. **5** 주인이 또 다른 종을 농부들에게 보냈더니, 그들은 그 종을 죽였다. 그래서 또 다른 종을 많이 보냈는데, 더러는 때리고, 더러는 죽였다. **6** 이제 그 주인에게는 단 한 사람, 곧 사랑하는 아들이 남아 있었다. 마지막으로 그 아들을 그들에게 보내며 말하기를 '그들이 내 아들이야 존중하겠지' 하였다. **7** 그러나 그 농부들은 서로 말하였다. '이 사람은 상속자다. 그를 죽여 버리자. 그러면 유산은 우리의 차지가 될 것이다.' **8** 그러면서, 그들은 그를 잡아서 죽이고, 포도원 바깥에다가 내던졌다. **9** 그러니, 포도원 주인이 어떻게 하겠느냐? 그는 와서 농부들을 죽이고, 포도원을 다른 사람들에게 줄 것이다. **10** 너희는 성경에서 이런 말씀도 읽어 보지 못하였느냐? 집을 짓는 사람이 버린 돌이 집 모퉁이의 머릿돌이 되었다. **11** 이것은 주님께서 하신 일이요, 우리 눈에는 놀랍게 보인다." **12** 그들은 이 비유가 자기들을 겨냥하여 하신 말씀인 줄 알아차리고, 예수님을 잡으려고 하였다. 그러나 그들은 무리를 두려워하여, 예수님을 그대로 두고 떠나갔다.

질문을 만들고 그 답을 말씀에서 찾습니다.

1) 주님께서는 포도원을 만들어 놓고 농부들에게 세를 주고 멀리 떠났다가(1절) 추수할 때가 되어서 열매의 얼마를 얻어 보려고 종을 보냈는데(2절) 농부들이 그 종을 어떻게 대우했다고 말씀하시나요? 3절

2) 주님께서 보낸 종을 소작농들이 때려서 빈손으로 돌려보낸 것을 알고 다시 다른 종들을 여러 명을 보냈는데(4절) 이번에도 어떻게 했나요? 5절

3) 이제는 사랑하는 아들 한 사람밖에 남지 않아서 최후의 방책으로 아들을 보내면서 '저들이 아무리 악해도 내 아들만큼은 존중하겠지'라고 생각하고 보냈는데(6절) 아들이 어떻게 되었을까요? 7~8절

4) "너희 생각에는 어떠하뇨 주인이 와서 농부들을 다 없애 버리고 포도원을 다른 사람들에게 맡길 것이다. 성경을 보아라! 석공들이 내 버린 돌이 모퉁이 돌이 될 것이다. 이것은 주님께서 하신 일이요, 우리 눈에도 놀랍게 보일 것이다"(시 118:22)라고 말하니 저들이 자기들을 겨냥해서 한 말이라는 것을 알고 예수님에 대해서 어떤 반감을 갖게 되나요? 12절

5) 예수님을 잡으려고 하는 이들은 누구일까요? [마가복음 11:27하]

6) 예루살렘 성전에 기득권을 가지고 있는 자들과 대제사장과 그 안에서 장사하는 자들의 프레임은 사람이 아니라 오직 돈입니다. 주님께서는 사람들에게 맡기신 물질을 포도원의 농부들로 말씀하시면서 돈과 재물에 관하여 어떤 믿음과 신앙을 기다리고 계실까요? [고린도전서 10:31]

나눔의 시간

1) 하나님은 어떤 분이십니까?
2) 무엇을 깨달았나요?
3) 적용합니다.
4) 묵상과 함께 하는 말씀기도

내일의 양식 : 마가복음 12:13~17

| # 하나님을 경외함

하나님을 경외하는 자에게 주시는 은혜는 참으로 놀랍다. 하나님께서는 하나님을 경외하는 자에게 갈 길을 알려 주시며(시 25:12) 그 친밀하심이 그를 경외하는 자들에게 있고 그의 언약을 그들에게 나타내 보이신다(시 25:14). 아버지가 자식을 긍휼히 여김같이 여호와께서는 자기를 경외하는 자를 긍휼히 여기시며(시 103:17), 여호와의 인자하심은 자기를 경외하는 자에게 영원부터 영원까지 이르며 그의 의는 자손의 자손에게 이른다(시 103:17). 자기를 경외하는 자들이 가지고 있는 소원을 이루어 주시며 또 그들의 부르짖음에 응답하시고 구원하신다(시 145:19). 하나님을 경외하는 자에게는 견고한 의뢰가 있고 그 자녀들이 위급할 때 피난처가 있다(잠 14:26). 그러면, 하나님을 경외한다는 것은 무엇일까? 두말할 것도 없이 하나님의 말씀을 자신의 생명보다 더 귀히 여기는 것이다.

하나님의 말씀을 경외하지 않는 이스라엘은 BC722년, 남유다는 BC586년에 멸망하고 시작된 포로시대를 통해 고난을 받으면서 회당 중심의 유대교가 만들어졌다. 예루살렘 성전으로 와서 절기를 지키고 제사를 드려야 하는데 주후 72년 로마에 의해서 예루살렘 성전이 완전히 파괴되면서 더 이상 제사를 드릴 수가 없게 되었다. 예수님 부활 승천 이후에 초대교회는 AD313년까지 극심한 핍박을 받다가 콘스탄티누스 1세가 기독교를 국교로 공인하면서 로마에서 가톨릭이 만들어졌다. 가톨릭은 신부중심의 천주교회다. 신부가 없이는 미사가 안된다. 이후 1517년 종교개혁과 함께 개신교가 탄생했다. 개신교는 만인제사장의 교리를 믿기에 목사가 없어도 예배를 드릴 수 있다.

다윗은 하나님과 그 말씀을 경외하는 사람이었다. 다윗은 골리앗을 만났을 때 자기의 생명은 생각하지도 않았다. 그가 자기 생명을 생각했다면 이스라엘 군대와 블레셋 군대가 지켜보는 가운데 17살의 어린 나이로 골리앗 앞으로 나가지 못했을 것이다. 다윗은 물맷돌을 가지고 나가서 골리앗을 사자나 곰처럼 쳐 죽여서 목을 잘라 사울 앞에 가지고 가지는 못했을 것이다. 다윗은 하나님을 모르는 사람이 하나님과 하나님의 군대를 40일 동안 모욕하는 것에 대해서 하나님을 경외하는 마음이 있었다.

1995년에 요한계시록 2장에 소개된 서머나교회를 방문했을 당시에 받은 감동을 잊지 않고 있다. 사도 요한의 제자로 교회를 섬겼던 폴리갑이 순교했던 마지막 장면이 교회당 내부에 수채화 그림으로 전시되어 있었다. 첫 번째 그림은 폴리갑을 화형에 처하려고 로마에서 온 집행관이 서 있는 장면이다. 집행관이 사형을 집행하러 왔는데 폴리갑의 신앙에 감동하여 이런 부탁을 하는 장면이다. "폴리갑 감독님, 제가 돌아가는 시간만이라도 믿음을 부인해 주세요!" 그의 말을 들은 폴리갑은 이렇게 말한다. "지난 86년 동안 한 순간도 나를 모른다고 하지 않은 분을 내가 어떻게 부인할 수 있겠습니까?" 그리고 다음 그림은 폴리갑이 화형대 묶여서 하늘을 바라보면서 불타는 장면이 그려져 있었다. 하나님을 경외하는 폴리갑, 이 사람이 영광스러운 첫째 부활에 참여(계 20:6)하는 복 받은 영생의 사람(시 133:3)이며 하나님을 사랑하는 사람이다. 아멘&샬롬.

기적 플러스⁺

마가복음 12:13~17

13 그들은 말로 예수님을 책잡으려고, 바리새파 사람들과 헤롯 당원 가운데서 몇 사람을 예수님께로 보냈다. 14 그들이 와서, 예수님께 말하였다. "선생님, 우리는, 선생님이 진실한 분이시고 아무에게도 매이지 않는 분이심을 압니다. 선생님은 사람의 겉모습으로 판단하지 않으시고, 하나님의 길을 참되게 가르치십니다. 그런데, 황제에게 세금을 바치는 것이 옳습니까, 옳지 않습니까? 바쳐야 합니까, 바치지 말아야 합니까?" 15 예수님께서 그들의 속임수를 아시고, 그들에게 말씀하셨다. "어찌하여 나를 시험하느냐? 데나리온 한 닢을 가져다가, 나에게 보여 보아라." 16 그들이 그것을 가져오니, 예수님께서 그들에게 물으셨다. "이 초상은 누구의 것이며, 적힌 글자는 누구의 것이냐?" 그들이 대답하였다. "황제의 것입니다." 17 예수님께서 그들에게 말씀하셨다. "황제의 것은 황제에게 돌려주고, 하나님의 것은 하나님께 돌려드려라." 그들은 예수님께 경탄하였다.

질문을 만들고 그 답을 말씀에서 찾습니다.

1) 예수님을 올무에 걸리게 하려고 바리새파 사람들과 헤롯 당원들이 왔습니다 (13절). 무엇이든 책잡힐 말을 하게 만들어서 예수님을 범죄자로 고발하여 잡아가려는 속셈이었습니다. 그들은 예수님께 이렇게 물었습니다. "황제에게 세금을 바치는 것이 옳습니까? 옳지 않습니까"라고 물으니(14절), 예수님께서 무엇이라고 대답하셨나요? 15~17절

2) 이들은 예수님을 사냥꾼의 올무에 걸리게 하여 잡아가려고 왔다가 예수님의 답변을 듣고 놀라서 돌아갔습니다(17절). 예수님께서는 어떻게 이들의 속임수를 알고 모든 사람이 경탄할 답변을 하게 되었을까요? [요한복음 5:19~20]

3) 지금도 신실한 그리스도인들이 이런 말과 일을 당당히 할 수 있을까요?
　[누가복음 12:12]

___

나눔의 시간

1) 하나님은 어떤 분이십니까?

2) 무엇을 깨달았나요?

3) 적용합니다.

4) 묵상과 함께 하는 말씀기도

___

내일의 양식 : 마가복음 12:18~27

행복한 떠남

사람이 떠난 초상집에 가 보았다. 사람들은 말한다. "허망해요. 이렇게 허무하게 갈 줄 알았다면 '좀 더 웃으면서 잘 살걸'하는 안타까움만 남아 있어요. 마음이 아프고 속이 상해서 눈물도 안 나와요!" 그러나 어떤 초상집은 초상집 같지 않은 기쁨이 있다. 감사가 있고 경건이 있고 기쁨과 나눔이 있다. 행복한 떠남이다.

'살다가 불행해지거나 몸이 아프면 어떻게 해야 하나'라는 주제로 이야기가 시작되었다. 누가 말했다. "몸에 병이 나면 병원 가서 치료하면서 기도하면 된다." 이 사람의 말이 맞다. 그러나 다시 생각해 보면 틀리다. 왜냐하면 병원에 가기 전에 먼저 하나님께 치료해 달라고 기도해야 한다. 그리고 병원에 가는 것을 결정하기 전에 병원을 정하는 것도, 의사를 만나는 것도 주님의 인도를 받아야 하기 때문이다. 왜 먼저 하나님의 인도를 받는 것이 중요한가? 의사도, 약도, 병원도 하나님의 것이다. 사람은 피 한 방울, 물 한 방울 만들지 않았다. 하늘과 땅과 하늘 위에 속한 모든 것이 하나님의 소유이며 하나님의 주권 가운데 있다(신 10:14).

하나님을 바르게 알고 기도하는 것처럼 중요한 것이 없다. 이렇게 하려면 말씀묵상이 기본이다. 성경을 자세히 보면 말씀묵상이 곧 기도라는 것을 알 수 있다(시 104:34, 개역성경과 새번역성경 비교). 마틴 루터는 하루에 3시간을 기도 했는데 3시간을 말씀을 묵상했다고 한다. 말씀을 묵상하면 그 증거로 눈에 보이는 열매가 나타난다(눅 6:44). 하나님께서 지으신 모든 것은 말씀과 기도, 곧 말씀묵상으로 거룩해진다(딤전 4:5). 하나님께서 사람에게 말씀을 주신 이유는 행복하게 살게 하려고 주신 것이다(신 10:13). 예배와 율법을 주신 이유도 하나님의 곁에 나를 두고 함께 살고 싶은 것이 목적이다(출 29:45~46). 누가 행복하게 살 수 있을까? ①말씀을 따라 사는 사람이 행복하고(잠 16:20), ②지금, 주님과 함께 있는 사람이 행복하고(시 16:2), ③말씀이 이루어질 줄 믿고 있는 사람이 행복하다(눅 1:45). 이 행복은 한 달, 두 달만 행복하다가 사라지는 행복이 아니라 영원한 행복이다. 지금도 예수님께서는 내가 행복하기를 기도하신다(롬 8:34).

말씀에는 3가지 명제(命題)가 존재한다. 그래서 말씀을 묵상하는 사람은 3가지 답을 가지고 있다.

① 나는 예수님을 인격적으로 만났나요?
② 나는 예수님을 바라보며 살고 있나요?
③ 나는 '그날'까지 행복하게 살아야 할 이유가 있나요?

마가복음 묵상과 나눔

예수님을 믿는 사람들은 예수님과 함께 행복하게 살다가 떠날 때도 행복하게 떠난다. 왜냐하면 그토록 가고 싶은 곳으로 드디어 가기 때문이다. 일과를 마치고 잠을 잘 때는 반듯이 누워서 말씀을 기억하면서 기도하면서 매일 잠자리에 들면서 경건훈련을 스스로 하는 것이 좋다(딤전 4:8). 매일 밤 계속하다 보면 어느 순간에 세상 떠나는 것에 익숙해진다. 마하트마 간디(Mahatma Gandhi)는 이런 말을 남겼다. "매일 밤 잠자리에 들 때 나는 죽는다. 그리고 다음 날 아침 깨어날 때 다시 태어난다."

예수님께서는 죽음 때문에 근심, 걱정하는 제자들에게 말씀하신다. "너희는 마음에 근심하지 말아라 하나님을 믿는 것과 같이 나를 믿어라 하늘나라에 있는 내 아버지 집에는 거할 곳이 많다 그것이 사실이 아니라면 내가 너희에게 알려주었을 것이다. 내가 너희를 위하여 집을 준비하러 가니 가서 너희를 위하여 집을 예비하면 내가 다시 와서 너희를 내게로 영접하여 나 있는 곳에 너희도 있게 하리라"(요 14:1~3). 이는 예수님께서 십자가에서 죽으시고 부활 승천하여 성령님으로 다시 오신다는 말씀이요, 우리가 세상을 떠날 때 성령님께서 나를 데리고 행복하게 낙원으로 가신다는 약속이다(요 14:1~3). 샬롬&아멘.

기적 플러스⁺

마가복음 12:18~27

18 부활이 없다고 주장하는 사두개파 사람들이 예수님께 와서, 물었다.
19 "선생님, 모세가 우리에게 써 주기를 '어떤 사람의 형이 자식이 없이, 아내만 남겨 두고 죽으면, 그 동생이 그 형수를 맞아들여서, 그의 형에게 대를 이을 자식을 낳아 주어야 한다' 하였습니다. **20** 형제가 일곱 있었습니다. 그런데, 맏이가 아내를 얻었는데, 죽을 때에 자식을 남기지 못하였습니다. **21** 그리하여 둘째가 그 형수를 맞아들였는데, 그도 또한 자식을 남기지 못하고 죽고, 셋째도 그러하였습니다. **22** 일곱이 모두 자식을 두지 못하였습니다. 맨 마지막으로 그 여자도 죽었습니다. **23** 그들이 살아날 부활 때에, 그 여자는 그들 가운데 누구의 아내가 되겠습니까? 일곱이 모두 그 여자를 아내로 맞아들였으니 말입니다."
24 예수님께서 그들에게 말씀하셨다. "너희는 성경도 모르고, 하나님의 능력도 모르니까, 잘못 생각하는 것이 아니냐? **25** 사람이 죽은 사람들 가운데서 살아날 때에는, 장가도 가지 않고 시집도 가지 않고, 하늘에 있는 천사들과 같다.
26 죽은 사람들이 살아나는 일에 관해서는, 모세의 책에 떨기나무 이야기가 나오는 대목에서, 하나님께서 모세에게 어떻게 말씀하셨는지를, 너희는 읽어보지 못하였느냐? 하나님께서는 모세에게 말씀하시기를 '나는 아브라함의 하나님이요, 이삭의 하나님이요, 야곱의 하나님이다' 하시지 않으셨느냐?
27 하나님은 죽은 사람들의 하나님이 아니라, 살아 있는 사람들의 하나님이시다. 너희는 생각을 크게 잘못 하고 있다."

질문을 만들고 그 답을 말씀에서 찾습니다.

1) 부활을 일절 부인하는 사두개파 사람들이 예수님께 다가와서(18절) 모세가 말한(신 25:5) 계대결혼을 말하면서(19~23) 마지막 부활 때 누구의 아내가 되냐고 질문을 하니 예수님께서 무엇이라고 대답하셨나요? 24~27절

2) 부활이 없다는 말은 무엇이 없다는 말과 같을까요? [호세아 4:1]

3) 이들이 부활이 없다고 말할 수밖에 없는 무지한 이유는 어디로부터 왔을까요?
   24절

4) 말씀을 잘못 알고 있는 사람처럼 불쌍한 이는 없습니다. 떨기나무 앞에서
   모세에게 나타나신(출 3:6) 아브라함의 하나님, 이삭의 하나님, 야곱의
   하나님은 죽은 사람의 하나님이 아니라 지금도 살아계신 I AM WHO I AM의
   하나님이며(26절) 그 하나님은 지금도 살아서 우리와 함께하시는 영원하신
   분입니다.(27절) 지금도 살아계신 하나님을 어디에서 확인할 수 있을까요?
   [고린도전서 3:16]

5) 모세의 글까지 알고 있었던 이들이 부활에 대해서 왜 무지하고 어리석은
   사람이 되었을까요? [누가복음 6:39]

나눔의 시간

1) 하나님은 어떤 분이십니까?
2) 무엇을 깨달았나요?
3) 적용합니다.
4) 묵상과 함께 하는 말씀기도

내일의 양식 : 마가복음 12:28~37

원수 갚는 것은
하나님께 있다

구원받고 성령님으로 살아가는 사람에게는 자기 집안 식구뿐만 아니라 믿음 없는 사람들과 살아가면서 신앙 때문에 원수관계가 될 수도 있다(마 10:36). 이런 일들이 일어나면 믿음으로 살아가고 있다는 증거도 되지만, 그 원수를 사랑하는 것이 구원받은 증거도 된다. 내가 알고 지내는 목사님 두 분은 어려서 예수님을 믿는 다는 것 때문에 수없이 매를 맞고 성장하셨다. 얼마나 맞고 살았는지 맞다가 기절도 하고 나무 몽둥이가 수없이 부러지기도 했다는 이야기를 들었다.

이런 원수도 예수님을 믿고 회개하고 돌아서면 구원받을 수 있지만, 원수에 대해서 용서와 사랑하는 마음을 지닌 사람은 지극히 큰 상급을 받는다. 큰 상급은 예수님을 말한다(창 15:1, 롬 8:32).

"너희는 너희 원수를 사랑하고, 좋게 대하여 주고, 또 아무것도 바라지 말고 꾸어 주어라. 그리하면 너희는 큰 상을 받을 것이요, 더없이 높으신 분의 아들이 될 것이다. 그분은 은혜를 모르는 사람들과 악한 사람들에게도 인자하시다"(눅 6:35).

"모든 사람과 더불어 화평하게 지내고, 거룩하게 살기를 힘쓰십시오. 거룩해지지 않고서는, 아무도 주님을 뵙지 못할 것입니다"(히 12:14).

내가 지금 살고 있는 이곳이 땅끝이며 선교지다. 지금 있는 곳에서 그리스도인으로 살지 않으면 어디를 가도 그리스도인으로 살기는 쉽지 않다.

요셉은 억울한 일을 당하고 고통 가운데 13년을 지냈지만, 원수 갚는 것을 하나님께 맡기고 고난을 견뎠다. 그는 훗날 이렇게 간증한다. "당신들은 나를 해하려 하였으나 하나님은 그것을 선으로 바꾸사 오늘과 같이 많은 백성의 생명을 구원하게 하시려 하셨나니 당신들은 두려워하지 마소서 내가 당신들과 당신들의 자녀를 기르리이다"(창 50:20~21). 요셉은 그들을 간곡한 말로 위로하였다.

사울은 죄도 없는 다윗을 원수로 여기고 죽이려고 13년을 쫓아다녔지만, 다윗은 원수 갚는 것을 주님께 맡겼다. 다윗이 원수 갚는 것을 주님의 손에 맡겨서 해결했기에 다윗의 왕정은 어려울 때마다 하나님께서 다시 세우셨고, 40년 동안이나 계속되었고, 그 이후의 사람들도 다윗의 왕국을 사모한다. 예수님께서는 십자가에서 원수를 사랑하고 용서의 기도까지 하셨다. 그리고 십자가에 달린 한 사람을 전도하여 그 영혼을 낙원까지 데리고 갔다. 원수 갚는 것은 하나님께서 하신다(롬 12:19).

95세 되신 어머니의 고모님께서는 20대 초반의 나이에 주님 곁으로 가셨다. 핍박과 모진 고통을 감내하다가 순교로 신앙을 증명하셨다. 떠나시기 직전 가족에게 "나는 주님 곁으로 가니 슬퍼하지 말라"는 말씀을 남기셨다. 그리고 가족 가운데 한 사람에게 한낮에 천국으로 가시는 모습을 꿈으로 보여주셨다. 낙원으로 가신 지 90여 년이 지났음에도 어머님께서 고모님의 귀한 믿음과 삶을 전할 정도로 신앙을 남기셨다. 고모님께서 예수님의 이름으로 올리신 기도와 사랑은 소멸되지 않고 나 같은 믿음의 자손들이 받고 있다(출 34:7). 믿음의 기도를 우리가 이어서 받을 수 있는 것은 우리가 없이는 완성에 이르지 못하기 때문이다(히 11:40) 그래서 우리는 고백한다. "나는 죽었습니다. 오늘도 주님만을 바라봅니다." 아멘&샬롬.

기적 플러스⁺

마가복음 12:28~37

28 율법학자들 가운데 한 사람이 다가와서, 그들이 변론하는 것을 들었다. 그는 예수님께서 그들에게 대답을 잘 하시는 것을 보고서, 예수님께 물었다. "모든 계명 가운데서 가장 으뜸 되는 것은 어느 것입니까?" **29** 예수님께서 대답하셨다. "첫째는 이것이다. '이스라엘아, 들어라. 우리 하나님이신 주님은 오직 한 분이신 주님이시다. **30** 네 마음을 다하고, 네 목숨을 다하고, 네 뜻을 다하고, 네 힘을 다하여, 너의 하나님이신 주님을 사랑하여라.' **31** 둘째는 이것이다. '네 이웃을 네 몸 같이 사랑하여라.' 이 계명보다 더 큰 계명은 없다." **32** 그러자 율법학자가 예수님께 말하였다. "선생님, 옳은 말씀입니다. 하나님은 한 분이시요, 그 밖에 다른 이는 없다고 하신 그 말씀은 옳습니다. **33** 또 마음을 다하고 지혜를 다하고 힘을 다하여 하나님을 사랑하는 것과, 이웃을 자기 몸 같이 사랑하는 것이, 모든 번제와 희생제보다 더 낫습니다." **34** 예수님께서는, 그가 슬기롭게 대답하는 것을 보시고, 그에게 말씀하셨다. "너는 하나님의 나라에서 멀리 있지 않다." 그 뒤에는 감히 예수님께 더 묻는 사람이 없었다. **35** 예수님께서 성전에서 가르치실 때에, 이렇게 말씀하셨다. "어찌하여 율법학자들은, 그리스도가 다윗의 자손이라고 하느냐? **36** 다윗이 성령의 감동을 받아서 친히 이렇게 말하였다. '주님께서 내 주께 말씀하셨다. 「내가 네 원수를 네 발 아래에 굴복시킬 때까지, 너는 내 오른쪽에 앉아 있어라.」 **37** 다윗 스스로가 그를 주라고 불렀는데, 어떻게 그가 다윗의 자손이 되겠느냐?" 많은 무리가 예수님의 말씀을 기쁘게 들었다.

질문을 만들고 그 답을 말씀에서 찾습니다.

1) 종교학자 한 사람이 곁에서 질문과 대답이 열띠게 오고 가는 것을 듣고서 "모든 계명 가운데서 가장 으뜸 되는 것은 어느 것입니까?"라고 예수님께 물었습니다. 예수님께서는 신중하게 잘 들으라고 하시면서 무엇이라고 대답하셨나요? 29~31절

2) 예수님께서 "네 마음을 다하고, 목숨을 다하고, 열정과 간구와 지성과 힘을
　다해서 하나님을 사랑하여라. 그리고 네 이웃을 네 몸 같이 사랑하여라.
　이것에 견줄만한 다른 계명은 없다"고 말씀하시니 종교학자가 무엇이라고
　대답하나요? 32~33절

3) 예수님께서는 그의 남다른 통찰력을 보시고 "너는 하나님 나라에서 멀리
　있지 않고 문턱까지 와 있다"라고 말씀하셨습니다. 예수님께서 율법학자에게
　말씀하신 문턱은 어디를 말씀하실까요? [갈라디아서 3:24~25]

4) 하나님 나라의 문턱까지 와 있어도 하나님의 나라로 들어가는 믿음은 누가
　선물로 주어야 할까요? [에베소서 2:8]

5) 예수님께서 성전에서 가르치시다가 사람들에게 묻기를 "어찌하여
　종교학자들은 메시아가 다윗의 자손이라고 하느냐? 다윗은 성령의 감동을
　받아서 말하기를 '하나님께서 내 주님께 말씀하셨다'(시 110:1). 내가 네
　원수들을 네 발아래에 둘 때까지 너는 여기 내 오른편에 앉아있으라"고
　하였습니다. "다윗이 하나님께서 메시아를 내 주님이라고 부르는데 어찌하여
　내 주님이 다윗의 자손이 될 수 있느냐"고 예수님께서 말씀하시니 무리가 듣고
　무엇이라고 말할까요? 37절하

나눔의 시간

1) 하나님은 어떤 분이십니까?
2) 무엇을 깨달았나요?
3) 적용합니다.
4) 묵상과 함께 하는 말씀기도

내일의 양식 : 마가복음 12:38~44

이것이 되니
은혜의 길로 들어서게 되었다

나는 신앙생활을 시작하고 오랫동안 발전이 없었다. 단지, 십일조 생활을 늘 했기 때문에 재정 수입이 늘은 것과 건강이 전부였다. 바른 회개가 안 되어서 한 발짝의 진보도 없다는 진단을 받은 것도 그 이후였다. 영과 혼과 몸이 생명의 양식을 먹고 건강하게 자라야 하는데 나는 먹지 못해서 체중미달로 멈춘 것이다. 기본이 안 된 것이다. 그것은 회개를 해도 회개가 안 돼서 죄가 씻겨지지 않으니, 회개기도는 늘 따라다녔다. 예를 들면 옷을 갈아입기는 했는데 세탁이 덜된 옷을 입은 것이다(벧후 2:22). 입으로 자백은 했지만 죄에서 돌아서는 길을 몰랐던 것이다. 회개가 믿음의 시작인데 나에게는 온전함이 없으니 내 신앙은 다람쥐처럼 그 자리에서 맴돌았다. 내가 중환자였다는 사실도 그 이후에 알게 되었다.

이렇게 어렵사리 신앙생활 하다가 천국 문 앞에서 쫓겨나면 '구원도 못 받고 부끄러운 꼴을 당하겠구나!'라는 생각이 들었다(마 22:11~13). 잠시 생각만 했는데 끔찍하다는 생각이 지나갔다. 회개해도 안 되고 또 안 되니 '죄란 도

대체 무엇인가?'라는 근본을 찾기 시작했다. 이렇게 기쁨이 없는 신앙생활을 계속할 수는 없었다. 나를 살린 것은 비가 오나 눈이 오나 계속해 오던 말씀 묵상이었다. 그러다가 요한복음 16장 9절에 예수님을 믿지 않는 것이 '죄의 본질'이라는 진리를 알게 된 것이다. '아, 회개가 안되는 사람은 예수님을 믿지 않는 사람이구나.' 그리고 더 무서운 현실은 마태복음 12장 31절에서 예수님을 믿지 않는 이 죄는 영원히 용서받지 못한다는 것도 알게 되었다. 당연한 결과였다. 왜냐하면 예수님을 믿지 못해서 회개가 온전히 안 되고 있으니 구원받지 못하는 것은 당연했다. 하늘나라는 나 같은 죄인이 예수님을 믿고 들어가는 곳이지만 죄를 가지고는 들어갈 수 없다.

요한복음 16장 9절에서 예수님을 안 믿는 것이 죄의 근본이요, 본질이라면 예수님을 '믿는 다는 것은 도대체 무엇일까'를 찾기 시작했다. 마침내 믿음의 장이라고 하는 히브리서 11장이 지나가고 12장 2절을 시작하면서 알게 되었다. '아, 예수님과 그 말씀을 바라보며 사는 것이 믿음이구나!' 히브리서 12장 2절에서 "믿음의 창시자요 완성자이신 예수님을 바라봅시다"라는 바라본다(압호라오, αφοραω)는 내 눈의 시선과 마음이 예수님을 향하여 고정하고 주시하는 (fixing our eyes on Jesus)것이라는 것을 알게 되었다.

해 보려고 여러 차례 시도해 보았지만, 예수님과 예수님의 말씀을 바라보고 하루를 살아간다는 것이 안 되었다. 죄에 길들여지고 익숙한 나는 어려웠다. 내 영과 마음은 원하고 있지만, 생각과 육신의 습관이 굳어진 것이다. 그래서 이것만이라도 되게 해 달라고 간절히 기도하면서 하루하루 살기 시작했다. 하나님의 마음에 드는 기도는 어느 순간에 이루어지고(엡 2:8), 회개가 되었고, 회개가 되니 죄씻김이 되었고 은혜를 받는다는 것이 무엇인지 조금씩 알기 시작했다. 눈물, 콧물은 안 흘렸어도 그동안 남이 하면 따라 했던 아멘과 할렐루야가 혼자 있을 때 나왔다. 사람다운 사람으로 살면서 하나님을 구하며 사는 것이 조금씩 가능해진 것이다(창 2:7). 귀로만 들었던 회개가 입술의 자백(confess) 후에 행동이 바뀌니(눅 15:20), 말씀과 친해지고 성령님과 친밀해진 것이다. 무엇보다도 굳어진 마음이 풀리기 시작하는 것이 나에게는 기적 같은 일이었다. 그러나 시간은 걸렸다.

이보다 더 좋을 수는 없었다. 믿음으로 주님을 바라보며 살다가 잠자리에 들어서도 똑바로 누워서 오늘의 일들을 기억하면서 하늘 위에 하늘들을 생각하며 잠이 들었다. 3년이 지나니 이와 같은 삶이 루틴(routine)이 되었다. 다른 사람과 다르게 오랜 시간이 걸린 것은 고집과 교만이 한 몫을 했던 것이다. 나는 이렇게 살다가 내 주님 오시면 언제든지 떠날 수 있다. 돌이켜 생각해 보면, ①말씀대로 믿고 ②말씀대로 살고 ③말씀대로 구하며 살지 못한 것이 문제였다. 성경에 등장하는 성도들이 예수님을 사랑하기에 주님만을 바라보고 말씀하고 친밀하게 살았다. 사랑이 시선이었는데... 이것이 되니 그야말로 감사의 연속이었다. 이것이 되니 나는 점점 더 깊은 은혜의 길로 들어섰다. 샬롬&아멘.

기적 플러스[+]

마가복음 12:38~44

38 예수님께서 가르치시면서, 이렇게 말씀하셨다. "율법학자들을 조심하여라. 그들은 예복을 입고 다니기를 좋아하고, 장터에서 인사받기를 좋아하고, **39** 회당에서는 높은 자리에 앉기를 좋아하고, 잔치에서는 윗자리에 앉기를 좋아한다. **40** 그들은 과부들의 가산을 삼키고, 남에게 보이려고 길게 기도한다. 이런 사람들이야말로 더 엄한 심판을 받을 것이다." **41** 예수님께서 헌금함 맞은쪽에 앉아서, 무리가 어떻게 헌금함에 돈을 넣는가를 보고 계셨다. 많이 넣는 부자가 여럿 있었다. **42** 그런데 가난한 과부 한 사람은 와서, 렙돈 두 닢 곧 한 고드란트를 넣었다. **43** 예수님께서 제자들을 곁에 불러 놓고서, 그들에게 말씀하셨다. "내가 진정으로 너희에게 말한다. 헌금함에 돈을 넣은 사람들 가운데, 이 가난한 과부가 어느 누구보다도 더 많이 넣었다. **44** 모두 다 넉넉한 데서 얼마씩을 떼어 넣었지만, 이 과부는 가난한 가운데서 가진 것 모두 곧 자기 생활비 전부를 털어 넣었다."

질문을 만들고 그 답을 말씀에서 찾습니다.

1) 신앙인이 아닌 종교인들은 잘 차린 옷을 입고 다니면서 자기를 인정해 주고 치켜세워 주는 말에 우쭐하고(38절), 어디를 가든지 시야가 좋은 자리에 앉기를 좋아하고(39절), 먼저 인사받기를 원하고 돈에 따라서 사람을 차별하여 대하고, 기도의 기회가 오면 하나님이 아닌 사람에게 잘 보이려고 말을 꾸며서 길게 기도합니다. 이런 사람들은 어떤 심판을 받는다고 말씀하셨을까요? 40절하

2) 천국에도 상급이 있듯이 지옥에도 엄한 등급이 있습니다. 이런 사람들을 위해서 준비된 등급은 어디일까요? [요한계시록 19:20]

3) 예수님께서는 헌금함 맞은편에 앉아서 사람들이 헌금하는 것을 보고

계셨습니다. 부자들이 큰돈을 넣는 것도 보시고(41절) 가난한 사람이 얼마 안 되는 돈을 넣는 것도 보셨습니다(42절). 이것을 보시고 제자들을 불러서 말씀하셨습니다. "가난한 저 사람이 넣은 것이 어느 사람보다 많이 드렸다"(43절). 예수님께서 보시는 헌금의 절대기준은 어디에 있을까요? 44절

4) 자신의 전부를 넣은 사람은 하나님으로부터 어떤 보장과 보상이 있을까요?
   [마가복음 10:29~30]

5) 아브라함은 순종한 다음에 어느 정도로 땅에서 보상받고 하늘에서 보장을 받았을까요? [창세기 14:19~20, 히브리서 11:16]

나눔의 시간

1) 하나님은 어떤 분이십니까?
2) 무엇을 깨달았나요?
3) 적용합니다.
4) 묵상과 함께 하는 말씀기도

내일의 양식 : 마가복음 12:38~44

성경를 바르게 이해하는 원리(요 14:6) 중의 하나는 점진적으로 나타나는 중요한 진리를 아는 것이다. 예를 들면 성전이다. 성전은 하나님께서 계신 곳이며 말씀하시는 곳이다. 창세기에서 요한계시록까지 점진적으로 나타나는 성전의 프로세스는 이렇다. ①에덴동산⇨②노아의 방주⇨③모세의 장막성전⇨④솔로몬 성전⇨⑤예수님⇨⑥성령님과 함께 있는 사람⇨⑦새 예루살렘이다. 하나씩 알아보자.

①에덴동산은 주 하나님께서 머무시는 성전이다. 아담과 하와는 하나님을 만나고 세상의 모든 것을 다스리고 누리며 부족함이 없는 곳에서 살았다(창 2:19). 여기가 성전이다.

②다음은 노아의 방주다. 모든 사람이 하나님을 떠나 타락해서 하나님은 고민이 깊어졌다. 하나님은 세상에 죄악이 가득함과 사람의 마음에 생각하는 모든 계획이 항상 악할 뿐임을 보시고 땅 위에 사람 지으셨음을 한탄하사

탄식하시고(창 6:6) 노아의 가족들을 택하여 아라랏 산 중턱에서 방주를 짓게 하셨다. 사람들은 산 중턱에 방주를 짓는 노아의 가족들을 보고 미쳤다고 비웃었다. 만일 지금이 노아의 시대라고 한다면 사람들이 무엇이라고 했을까? 그러나 노아의 가족들은 하나님께서 지으라고 하신 대로 지었다(창 6:22). 하나님의 때가 되어 세상의 모든 짐승이 방주로 들어가게 하셨다(창 7:9). 마지막으로 노아 가족 8명을 들여보내시고 친히 그 문을 닫으셨다(창 7:16). 그리고 일주일 동안 아무 일도 일어나지 않았다(창 7:10). 노아의 가족들에게는 믿음으로 기다리는 '인고의 시간'이었다. 그러나 일주일 후에 비가 150일 동안이나 땅을 덮었고(창 7:24), 노아의 가족들은 방주 안에서 1년 17일 동안이나 있었다(창 7:11~8:13). 노아의 가족들은 방주에서 나와 제2의 시조(始祖)가 되었다.

③다음은 모세의 장막성전이다. 스데반은 모세의 장막성전을 광야교회라고 말했다(행 7:38). 이스라엘 백성들이 솔로몬 성전을 완공할 때까지 출애굽 이후에 478년 동안 장막성전에서 하나님을 만나고 살았다. "너희가 대대로 여호와 앞 회막 문에서 늘 드릴 번제라 내가 거기서 너희와 만나고 네게 말하리라. 내가 거기서 이스라엘 자손을 만나리니 내 영광으로 말미암아 회막이 거룩하게 될 것이다"(출 29:42~43, 25:22, 신 42:9).

④다음은 솔로몬 성전이다. 솔로몬 성전에는 하나님의 영광이 크게 나타났다(대하 7:1-3). 다윗이 준비를 했고 솔로몬이 성전을 건축한 기간은 7년 6개월이다. 그때가 주전 959년이다. 이스라엘 사람들에게 있어서 솔로몬 성전은 중요하다. 그러나 솔로몬 성전은 주전 586년 바벨론의 침략으로 파괴되

었고 그로부터 70년이 지난 후, 주전 517년 느헤미야와 함께 스룹바벨 성전이 재건되었지만 말라기 선지자의 탄식(말 1:10)처럼 신약과 구약 사이 400년의 어두운 중간사를 지나오면서 성전은 훼손되고 무너지기 시작했다. 예수님께서 오시기 20년 전에 유대교로 개종한 헤롯 대왕이 이스라엘 사람들로부터 정치적 환심을 얻기 위해서 성전재건 공사를 시작하고 주후 66년에 완공은 되었지만 6년 만에 로마군에 의해서 돌 하나도 돌 위에 남지 않고 예루살렘 성전은 완전히 멸망했다(막13:2). 40년 전, 예수님의 말씀처럼 예루살렘 성전에 돌 하나도 돌 위에 남지 않은 것은 성전이 불에 타면서 흘러내린 쇠붙이와 금속을 핍절한 예루살렘 주민들이 캐내기 위해서 곡괭이와 삽으로 파헤쳤기 때문이다.

⑤다음은 예수님이다. 예수님께서 곧 성전이다. 누구든지 예수님 앞으로 나오기만 하면 된다. 예수님을 만나야 자유가 있고 영생이 있다. 그래서 예수님께서는 "너희가 이 성전을 헐라 내가 사흘 동안에 일으킨다"(요 2:19)고 말씀하셨다. 진실로 예수님께서는 십자가에서 죽으시고 사흘 만에 부활하심으로 자신의 몸으로 하나님의 성전을 이루셨다(요 19:30).

⑥다음 성전은 성령님이다. 예수님께서 부활승천 이후에 예수 그리스도를 나의 주 나의 하나님으로 영접한 사람 안에 함께 살아가는 성전이다. 그래서 "성도 여러분이 하나님의 성전이며, 하나님의 성령이 여러분 안에 거하신다는 것을 알지 못합니까"(고전 3:16)라고 말씀하신다. 성도는 성령님을 하나님으로부터 받아서 모시고 있다(고전 6:19). 이 시대의 성전은 예수님을 구주로

영접한 사람 안에 거룩한 성전이 있다. 이것은 자신뿐만 아니라 원할 때마다 기도로 물으면 누구나 확인이 가능하다(요 14:26).

⑦앞으로 이루어질 마지막 성전은 새 예루살렘이다. 새 예루살렘은 하나님께로부터 하늘에서 내려온다(계 21:2). 이 일은 앞으로 반드시 나타날 일이다. 여기에서 성도는 신랑 되신 예수님과 신부관계로 예수님을 만나게 된다(마 25:6). 성도와 예수님과의 관계는 성전과 예수님과의 관계다. 이 비밀은 크고 놀라운 일이다(엡 5:32). 성경에 점진적으로 나타나는 진리가 성전 이외에도 ①안식 ②땅 ③언약 ④예배 ⑤율법 ⑥성령님의 나타나심 등이 있다. 아멘&샬롬.

기적 플러스⁺

마가복음 13:1~8

1 예수님께서 성전을 떠나가실 때에, 제자들 가운데서 한 사람이 예수님께 말하였다. "선생님, 보십시오! 얼마나 굉장한 돌입니까! 얼마나 굉장한 건물들입니까!" **2** 예수님께서 그에게 말씀하셨다. "너는 이 큰 건물들을 보고 있느냐? 여기에 돌 하나도 돌 위에 남지 않고 다 무너질 것이다." **3** 예수님께서 올리브 산에서 성전을 마주 보고 앉아 계실 때에, 베드로와 야고보와 요한과 안드레가 따로 예수님께 물었다. **4** "우리에게 말씀해 주십시오. 이런 일이 언제 일어나겠습니까? 또 이런 일들이 이루어지려고 할 때에는, 무슨 징조가 있겠습니까?" **5** 예수님께서 그들에게 말씀하셨다. "누구에게도 속지 않도록 조심하여라. **6** 많은 사람이 내 이름으로 와서는 '내가 그리스도다' 하면서, 많은 사람을 속일 것이다. **7** 또 너희는 여기저기에서 전쟁이 일어난 소식과 전쟁이 일어날 것이라는 소문을 듣게 되어도, 놀라지 말아라. 이런 일이 반드시 일어나야 한다. 그러나 아직 끝은 아니다. **8** 민족과 민족이 맞서 일어나고, 나라와 나라가 맞서 일어날 것이며, 지진이 곳곳에서 일어나고, 기근이 들 것이다. 이런 일들은 진통의 시작이다.

질문을 만들고 그 답을 말씀에서 찾습니다.

1) 성전을 지나가는데 제자 중에 한 사람이 "선생님, 저 석조물들과 웅장한 건물기둥들을 보십시오"라고 말하니(1절) 예수님께서 무엇이라고 말하나요? 2절

2) 예루살렘 성전이 한눈에 내려다보이는 올리브 동산에 있을 때 베드로와 야고보와 요한과 안드레가 예수님께 무엇을 물어보나요? 4절

3) 예수님께서는 사람들이 내 이름으로 와서 자기가 그리스도라고 속일 것이니

너희는 누구에게도 속지 말라고 하시면서 이때 어떤 일들이 일어날 것이라고 하시나요? 7~8절

4) 사람들에게 속지 않고 미혹 당하지 않는 것이 가능할까요? [디모데후서 3:15, 마태복음 24:42]

5) 환란을 피하고 주님 앞에 영원히 머무르는 것이 어떻게 가능할까요?
   [디모데후서 3:15, 누가복음 21:36]

5) 예루살렘 성전은 무너졌습니다. 성전은 지금 어디에 있을까요?
   [고린도전서 3:16]

6) 성전에서는 어떤 일이 있을까요? [출애굽기 29:42하~43, 요한복음 14:26]

나눔의 시간

1) 하나님은 어떤 분이십니까?
2) 무엇을 깨달았나요?
3) 적용합니다.
4) 묵상과 함께 하는 말씀기도

내일의 양식 : 마가복음 13:9~13

치유와 회복과
영생하시는 주님

예수님께서는 치유와 회복과 영생이시다. 하나님께서는 영원히 살리시는 분인데 오늘도 이것을 위해서 함께 하시는 분은 성령님이다(요 15:26). 성령 하나님께서는 바르고 옳은 말씀으로 먼저 바르고 옳게 깨닫게 하고 그 말씀이 믿음이 되어 치유하며 은혜를 주신다.

하나님은 영생이시다. 그래서 아브라함은 영생하시는 하나님의 이름을 부르며 예배를 드렸다(창 21:33, 사 9:6). 하나님 안에는 3가지 없는 것이 있는데 그것은 ①끝이 없고 ②죽음이 없고 ③죄와 거짓이 없다. 그래서 주님을 따르던 제자 가운데 한 사람이 아버지의 장례를 치르고 다시 오겠다고 말하자, 예수님께서는 죽은 자들은 죽은 자들이 장례하고 너는 나를 계속 따르라고 한마디로 거절하셨다(마 8:21). 만일 이 사람이 아버지 장례에 갔다가 다시 온다고 말하지 않고 마태복음 9장 18절에 나오는 사람처럼 "주님, 아버지를 살려 주세요"라고 했으면 분명히 살려 주셨을 것이다. 주님 안에서는 태초부터 영원까지 죽음이 없다. 한 마디로 하나님께서는 모든 것이 영원불멸이다. 나는 성경을 살펴보면서 많은 곳에서 놀라웠다. 그 가운데 하나가 신자든 불신자든 선한 일을 행한 자든 악한 일을 행한 자든 모두가 부활한다는 요한복음 5장 29절 말씀이다. 믿지 않는 자들은 지옥에 그대로 있고 예수님을 믿는 자들만 부활하는 줄로만 알았다. 그러나 이 말씀을 조금 더 깨닫고 내 아버지가 계획하시는 일을 알고 완벽하게 동의하고 찬성했다. "내 아버지는 진짜 최고의 아버지야"라고 하면서 엄지척을 하고 감격하는 시간을 나 혼자 가졌다. 중요한 것은 여기에서 선한 일(요 5 :29)이라고 하시는 선은 예수님께서도 엄중하게 말씀하신 것처럼 우리가 알고 있는 선이 아니라(막 10:18, 눅 18:19), 성령님으로 살았던 사람을 말한다. 이 선한 사람은 로마서 8장 6절에 말씀하시는 성령님께 속한 생각과 일을 말한다. 이것을 하라고 우리에게 믿음을 선물로 주셨고 구원을 받았고 지음을 받았다. 에베소서 2장 8~10절까지 한번에 읽으면 이해가 명료하게 된다.

그래서 영과 혼과 몸이 땅에서 살다가 몸이 소멸되어 죽는 것은 영원한 영생의 나라로 가기 위한 하나의 과정(Taking courses)에 불과하다. 몸이 소멸되어 영과 혼이 몸에서 죽음이라는 껍질을 벗고 나와서 부활로 가는 것이다. 몸은 그가 본래 있었던 흙으로 돌아가고 영과 혼은 낙원에 있다가 후에 예수님처럼 부활의 몸으로 들어가 영원히 존재한다(살전 4:16-17). 결국 믿는 사람은 그 행한 일로 영광스러운 나라로 들어가고 믿지 않는 사람은 준비된 불로 들어간다.

몸이 소멸되는 것은 우주로 발사되는 로켓 뒤에 붙어 있던 연료통에서 연료가 소멸되면서 1단계, 2단계, 3단계로 떨어져 나가고 마지막에 중요한 부분만 펼쳐져서 우주에 안착하듯이 사람의 몸이 소멸되면 영혼과 몸은 분리되어 몸은 흙으로 돌아가고 영혼은 낙원에 있다가 영광스러운 부활의 몸으로 들어가 주님과 함께 살게 된다. 예수님께서는 하나님의 아들이라도 죽음의 과정을 거치지 않았는가? 나 같은 사람도 예외는 없다. 죽음을 주신 하나님께 감사하다. 죽음의 강을 건너온 나로서는 나 스스로에게 "하나님의 계획과 섭리는 정말 멋지다"고 말한다. 정말이지 일부 사람들이 말하는 대로 안 죽고 다 살아 있으면 어떻게 하란 말인가? 그리스도 안에 있는 사람에게 있어서 죽음은 그 인생이 끝나는 재앙이 아니라 더 좋은 행복으로 돌아감이다 (계 14:13). 아멘.

처음으로 암송한 성경구절은 요한복음 14장 1~4절이다. 이전에 사용하던 개역성경은 이렇게 시작한다. "너희는 마음에 근심하지 말라 하나님을 믿으니 또 나를 믿으라 내 아버지 집에 거할 곳이 많도다 그렇지 않으면 너희에게 일렀으리라 내가 너희를 위하여 처소를 예비하러 가노니 가서 너희를 위하여 처소를 예비하면 내가 다시 와서 너희를 내게로 영접하여 나 있는 곳에 너희도 있게 하리라 내가 가는 곳에 그 길을 너희가 알리라." 이 말씀을 암송하게 된 이유는 예수님의 한마디 말씀이 있었기 때문이다. "내가 다시 와서 너희를 내게로 영접하여"이다. 예수님을 믿는다고 영원한 나라에 들어간다는 보증이 있는가? 있다! 분명한 증거가 있다. 그것은 지금 나와 함께 계시는 성령님이다(고전 3:16). 그래서 내가 언제 그 나라로 갈지 그때를 말씀하신다. 그리스도의 이름을 부르는 성도들에게는 일상의 은혜가 매일 계속된다. 이것 때문에 기적은 더 이상의 기적이 아니라 삶이다. 그러나 매일 있었던 은혜가 끊기는 이유는 여기에 있다(마 6:1, 5, 16). 상은 은혜가 쌓이면 주시는 것을 말하는데 그 상은 구하지도 않았고 생각조차 하지 못했던 큰 상을 년말년시(年末年始)에 받는 것과 같다. 그리스도인들에게는 이런 상을 받았던 기억이 남아 있어야 하는데 이 상을 받고 하늘나라에서 큰 상을 또 주신다(히 11:16). 하나님 아버지는 나에게 치유와 회복과 영생을 주시며 상주시는 분이다. 아멘&샬롬.

기적 플러스⁺

마가복음 13:9~13

9 너희는 스스로 조심하여라. 사람들이 너희를 법정에 넘겨줄 것이며, 너희가 회당에서 매를 맞을 것이다. 또 너희는 나 때문에 총독들과 임금들 앞에 서게 되고, 그들에게 증언할 것이다. **10** 먼저 복음이 모든 민족에게 전파되어야 한다. **11** 사람들이 너희를 끌고 가서 넘겨줄 때에, 너희는 무슨 말을 할까 하고 미리 걱정하지 말아라. 무엇이든지 그 시각에 말할 것을 너희에게 지시하여 주시는 대로 말하여라. 말하는 이는 너희가 아니라 성령이시다. **12** 형제가 형제를 죽음에 넘겨주고, 아버지가 자식을 또한 그렇게 하고, 자식이 부모를 거슬러 일어나서 부모를 죽일 것이다. **13** 너희는 내 이름 때문에 모든 사람에게서 미움을 받을 것이다. 그러나 끝까지 견디는 사람은 구원을 받을 것이다."

질문을 만들고 그 답을 말씀에서 찾습니다.

1) "조심하여라 세상이 점점 무섭고 살벌해져서 내 이름대로 살고 내 이름을 전한다는 이유로 욕하고 법정에 끌고 갈 것이며 너희를 물고 뜯을 것이다 (9절) 그러나 너희를 통해서 복음이 땅끝까지 전파되어야 한다"(10절). 너희에게 고소, 고발을 주고 어려운 일을 당할 때 무엇을 걱정하지 말라고 하시나요? 11절

2) 바로 이때 성령님께서 할 말을 주셔서 오히려 어떤 기회가 될까요? [누가복음 21:12~15]

3) 예수님 이후에 죽음 앞에서 가장 멋있게 말하고 지금은 그 영혼이 낙원에서 (고후 12:1~4) 살고 계시는 분은 누구일까요? [사도행전 7:1~2]

4) 예수님께서는 "신앙으로 인하여 가족 안에서 형제가 형제를 죽음에 넘겨주고 자식이 부모를 죽이는 일도 일어날 것이다. 그리고 내 이름 때문에 너희가

미움을 받을 것이다"(12절)라고 하시며 그럼에도 불구하고 끝까지 인내해야 하는 절대가치는 어디에 있다고 말씀하실까요? 13절하

나눔의 시간

1) 하나님은 어떤 분이십니까?

2) 무엇을 깨달았나요?

3) 적용합니다.

4) 묵상과 함께 하는 말씀기도

내일의 양식 : 마가복음 13:14~27

주여,
내 아버지

"주여, 내 아버지!" 밤낮없이 부르기만 해도 좋다. 예수님을 믿게 된 동기가 하나님 나라, 곧 천국이었다. 그러나 그 위에 '하나님께서 내 아버지'라는 진리를 찾게 되니 너무나 좋아서 춤이라고 추고 싶었다. 예수님을 믿으니 태초부터 계셨던 하나님이 사랑하는 내 아버지라는 사실을 알게 되고 찾은 것이다. 하나님을 '아버지'라고 부르기만 해도 좋았다. 나는 하루에도 "주여, 내 아버지"를 수도 없이 부른다. "주여, 내 아버지"는 내 입술의 방언이다. 예수님께서는 내 마음에 두 개의 겨자씨를 심으셨는데 하나는 하나님 나라이고 하나는 "주여, 내 아버지"다.

로마서 8장 15절을 보니 이런 말씀이 있는 것이 아닌가? "여러분은 또 다시 두려움에 빠뜨리는 종살이의 영을 받은 것이 아니라, 자녀로 삼으시는 영을 받았습니다. 그래서 우리는 그 영으로 하나님을 '아빠, 아버지'라고 부릅니다. 바로 그때 그 성령님이 우리의 영과 함께, 우리가 하나님의 자녀임을 증언하십니다." 하늘나라에 갈 때가 가까우면 성령님께서 언제 갈 것이라고 알려주시고 나를 데리러 오셔서 낙원에 가면 예수님께서 나에게 이렇게 말씀하실 것 같다. "주여, 내 아버지, 왔구나!" 나도 주님께 이렇게 말씀드릴 것 같다. "네, 주여, 내 아버지, 왔어요."

내 주, 내 아버지는 이런 분이시다. 먼저는 임마누엘이다(마 1:23). 항상 살아서 함께 계시는 아버지다. 이분이 모세에게 나타나셨던 "I AM WHO I AM"의 하나님이시다. 부활이 없다고 하는 자들에게 예수님께서 말씀하신 아브라함과 이삭과 야곱의 하나님은 지금도 이제도 영원히 살아계신 하나님이시다(막 12:26). 내 아버지는 현재진행형이다. 임마누엘의 아버지다. 어디에나 계신 분이다(렘 23:34). 나는 아버지가 좋다. 언제나 동행하시고 말씀과 성령님으로 함께 하신다.

내가 알고 있는 여 전도사님이 계시다. 한번은 전철역에서 내려서 계단을 걸어 올라오다가 이유도 없이 갑자기 쓰러지셨다. 누구도 도와줄 사람이 없는 순간이었다. 전도사님께서 이렇게 기도하셨다고 한다. "하나님 아버지, 이럴 때 어떻게 기도해야 하나요?" 전도사님은 성령님의 기도를 하고 일어설 수 있었다. 그 이후로 나도 이 기도문을 사용한다. SOS다. 아멘!

내가 예수님을 믿게 된 또 하나의 이유는 주 내 아버지가 계시는 셋째 하늘나라에 가는 것이다. 나는 오늘도 주님 계신 하늘나라에 가려고 예수님을 믿으며 성령님으로 살기를 원한다. 내가 가려는 하나님 나라는 바울 사도가 빌립보서 3장 11절에서 단 한번 말했던 죽은 사람들 가운데서 살아나는 영광스러운 부활(엑사나스따시스, ἐξανάστασις)이다. 영광스러운 부활은 히브리서 11장 35절에 순교한 사람들이 가고 싶어 하는 '더 좋은 부활'을 말한다. 이들이 가는 곳은 마태복음 11장 11절에서 예수님께서 말씀하신 곳과 일치한다. 세례 요한의 때로부터 지금까지, 하늘나라는 힘을 떨치고 있고, 힘을 쓰는 사람들이 차지하는 곳이다. 이 하늘나라는 예수님의 말씀처럼 아무리 작은 이라도 세례 요한보다 더 큰 곳이다. 세례 요한 때로부터 지금까지, 하늘나라는 힘을 떨치고 있다. 그리고 힘을 쓰는 사람들이 그곳을 차지한다(마 11:11).

나는 이 영광스러운 부활을 사모하며 오늘도 갈망한다. 그러나 나 같은 죄인이 가능할까? 그래도 나는 이 천국을 침노한다. 성경을 처음부터 샅샅이 살펴오다가 약 35년 만에 가장 크게 놀란 말씀이 있다. 그것은 내가 알고 있는 천국과 성경이 말씀하시는 천국하고는 전혀 달랐던 '구원에 대한 진리'다. 그것은 성경에서 말씀하시는 영광스러운 부활이다. "그 나머지 죽은 자들은 그 천 년이 차기까지 살지 못하더라 이는 첫째 부활이라 이 첫째 부활에 참여하는 자들은 복이 있고 거룩하도다 둘째 사망이 그들을 다스리는 권세가 없고 도리어 그들이 하나님과 그리스도의 제사장이 되어 천 년 동안 그리스도와 더불어 왕 노릇 하리라"(계 20:5~6). 첫째 부활이 있다는 것은 둘째도 있다는 것이다. 둘째에는 모든 사람이 다 부활하는 때다(요 5:29, 계 20:12). 우리를 지으시고 낳으신 전능하신 주 내 아버지가 이 모든 일을 하시기에 충분하다. 이날을 믿음으로 기다린다. 아멘&샬롬

기적 플러스⁺

마가복음 13:14~27

14 "황폐하게 하는 가증스러운 물건이 서지 못할 곳에 선 것'을 보거든, 읽는 사람은 깨달아라 그 때에는 유대에 있는 사람들은 산으로 도망하여라. **15** 지붕 위에 있는 사람은, 내려오지도 말고, 제 집 안에서 무엇을 꺼내려고 들어가지도 말아라. **16** 들에 있는 사람은 제 겉옷을 가지러 뒤로 돌아서지 말아라. **17** 그 날에는 아이 밴 여자들과 젖먹이가 딸린 여자들은 불행하다. **18** 이 일이 겨울에 일어나지 않도록 기도하여라. **19** 그 날에 환난이 닥칠 것인데, 그런 환난은 하나님께서 세상을 창조하신 이래로 지금까지 없었고, 앞으로도 없을 것이다. **20** 주님께서 그 날들을 줄여 주지 않으셨다면, 구원받을 사람이 하나도 없을 것이다. 그러나 주님께서는, 주님이 뽑으신 선택받은 사람들을 위하여, 그 날들을 줄여 주셨다. **21** 그 때에 누가 너희에게 '보아라, 그리스도가 여기에 있다. 보아라, 그리스도가 저기에 있다' 하더라도, 믿지 말아라. **22** 거짓 그리스도들과 거짓 예언자들이 일어나, 표징들과 기적들을 행하여 보여서, 할 수만 있으면 선택 받은 사람들을 홀리려 할 것이다. **23** 그러므로 너희는 조심하여라. 내가 이 모든 일을 너희에게 미리 말하여 둔다." **24** "그러나 그 환난이 지난 뒤에, '그 날에는, 해가 어두워지고, 달이 빛을 내지 않고, **25** 별들이 하늘에서 떨어지고, 하늘의 세력들이 흔들릴 것이다.' **26** 그 때에 사람들이, 인자가 큰 권능과 영광에 싸여 구름을 타고 오는 것을 볼 것이다. **27** 그 때에 그는 천사들을 보내어, 땅 끝에서 하늘 끝까지, 사방에서 선택된 사람들을 모을 것이다."

질문을 만들고 그 답을 말씀에서 찾습니다.

1) 거룩한 것을 더럽히는 것이 (절대)로 있어서는 안 될 곳에 서 있는 것을 보거든 (14절) 무엇을 깨닫고 어떤 내용으로 기도하라고 예수님께서 말씀하시나요? 14~18절

2) 그날에 일어나는 예루살렘 성전의 환난의 크기가 어느 정도나 될까요? 19절

3) 말세에는 예루살렘 성전의 자리에 우상의 신전이 서 있게 될 것을 누가 먼저 예언했나요? [다니엘 11:31]

4) 예루살렘 성전이 있던 자리에는 현재, 모슬렘 신전이 서 있습니다. 언제까지 예루살렘이 이런 모습으로 더럽혀져 있을까요? [누가복음 21:24]

5) 이방인의 때가 차는 것은 무엇을 뜻할까요? [로마서 11:25]

6) 예루살렘 성전에 닥친 환란과 함께 마지막 날들을 지금처럼 하나님께서 줄여 주지 않고 종말이 왔다면 구원받을 사람이 있었을까요? 20절

7) 세상 심판의 끝 날을 누구를 위해서 줄여 주셨나요? 20절하

8) 말세에는 거짓 예언자들이 어떤 일을 행하며 택한 자들을 홀리려 할까요? 22절

9) 거짓에 홀리지 않으려면 무엇을 배워서 어디에 나를 맡겨야 할까요? [사도행전 20:32]

10) 재림 때에 하늘과 땅에 어떤 일들이 있을까요? 24~25절

11) 예수님께서 오실 때에는 한 사람도 보지 못하는 사람은 없을 것입니다. 어떤 모습으로 오실까요? 26절

12) 예수님께서 오셔서 어떤 일을 먼저 하실까요? 27절

13) 예수님께서 오실 때 세상 분위기는 어떤 모습을 가지고 있을까요? [마태복음 24:38~39, 누가복음 17:27~28]

나눔의 시간

1) 하나님은 어떤 분이십니까?

2) 무엇을 깨달았나요?

3) 적용합니다.

4) 묵상과 함께 하는 말씀기도

내일의 양식 : 마가복음 13:28~37

누가 좁은 문, 좁은 길로 들어갈 수 있을까?

예수님께서는 좁은 문, 좁은 길로 들어가야 생명을 얻는다고 말씀하셨다 (마 7:13). 어떻게 해야 좁은 문으로 들어가 좁은 길을 걸을 수 있을까? 깨어서 힘을 써야 한다고 하셨다. 그러나 들어가기를 구하여도 들어가지 못하는 사람이 많다고 하셨다(눅 13:24). 그렇다면 이런 의문을 가질 수 있다. 하늘나라는 은혜로 들어가는 곳인데 왜 힘을 써야 하나? 그것은 예수님을 주와 그리스도로 영접한 이후에 죄와의 싸움이 있기 때문이다. 바울 사도는 말하기를 자기는 교회를 박해한 사람이지만, 율법의 의로는 흠 잡힐 데가 없는 사람이라고 증언한다(빌 3:6). 그리고 말하기를 나는 선한 싸움을 싸우고 나의 달려갈 길을 마치고 믿음을 지켰다고 말한다(딤후 4:7).

바울 사도는 이미 말한 대로 율법의 의로는 흠이 없는 사람인데 죄와의 싸움이 있고 무슨 믿음을 지켰다고 할까? 바울에게 어떤 싸움이 있었을까? 그는 어려웠던 때를 이렇게 말한다. "아, 나는 비참한 사람입니다. 누가 이 죽음의 몸에서 나를 건져 주겠습니까?"(롬 7:24). 그는 믿음으로 선한 싸움을 하다가 비참하고 곤고한 사망의 몸이 되었는데 "자신을 구해줄 사람이 없다"고 말한다. 왜 바울 사도는 이런 비참하고 처절한 싸움이 있었다고 고백할까? 그 이유는 예수님을 만난 이후 모세의 율법이 아닌 그리스도의 율법을 알고 그 율법 안에서 살아가는 사람이 되었기 때문이다(고전 9:21).

모세의 율법으로는 흠이 없는 사람이었는데 예수님을 만나서 그리스도의 율법을 알고 자신을 그 율법에 적용하니 어느 사이에 죽어 있는 자신을 발견하고 고통스러워한다.

그렇다면 그리스도의 율법이란 무엇일까? 그리스도의 율법은 산상수훈이라고 말하는 마태복음 5, 6, 7장에 집중되어 있다. 그 가운데 몇 가지만 여기에 나누면 ①형제나 자매에 대해서 성을 내고 욕하면 지옥 불에 들어갑니다(마 5:22). ②남자든지 여자든지 이성의 눈으로 사람을 보고 음욕을 품으면 지옥에 던져집니다(마 5:29). ③오리를 가자고 하면 십 리까지 가고 속옷을 달라고 하면 겉옷까지 주어야 합니다(마 5:41). ④원수까지 사랑하고 나를 박해하는 사람을 위해서 축복하고 기도해야 합니다(마 5:44). ⑤누구든지 음행한 이유 없이 아내를 버리면 이는 그로 간음하게 함이요, 또 누구든지 버림받은 여자에게 장가드는 자도 간음입니다(마 5:32). ⑥예수님께 "주여, 주여" 하는 자마다 다 천국에 들어갈 것이 아니요, 하늘에 계신 내 아버지의 뜻대로 행하는 자라야 들어갑니다(마 7:21).

바울 사도는 다메섹(행 9:3)에서 예수님을 만난 이후에 유대교인을 만나면 배교자가 되어 핍박과 고난을 로마에서 순교할 때까지 계속 당했고(고후 11:23~27), 그리스도교에서조차 인정받지 못하고(행 9:26~30, 갈 1:23), 아라비아에서 3년(갈1:18), 다소에서 10년을 바나바가 데리러 올 때까지 칩거하게 된다. 두 사이에서 어디도 가지 못하고 고통을 당한다. 특별히 이 부분(마 5:22)에서 큰 고통이 가운데 있을 때 자기 안에서 원하는 바 선은 행하지 아니하고 도리어 원하지 아니하는 악을 행하는 자신의 속사람을 보면서 괴로워한다(롬 7:23). 만일 내가 원하지 아니하는 그것을 내가 하면 이를 행하는 자는 내가 아니요, 내 속에 거하는 죄라고 반복한다(롬 7:17~25). 그는 "오호라 나는 비참하고 곤고한 사람이로다 이 사망의 몸에서 누가 나를 건져내랴. 그러나 이제는 우리 주 예수 그리스도로 말미암아 하나님께 감사하다"라고 말한다. 바울은 그토록 괴로워하다가 왜 우리 주 예수님 그리스도 안에서 감사하는 사람이 되었을까?(롬 7:25상). 그것은 그리스도를 통하여 오신 성령님께서 정죄하지 아니하시고 그리스도의 율법에 순종할 수 있도록 능력을 주시고 해방을 주셨기 때문이다. 육신으로 말미암아 해낼 수 없었던 그 일을 성령님 안에서 자유를 주셨기 때문이다. 이것이 로마서 8장 1절부터 39절이다.

그리스도와 함께 나는 죽고 성령님으로 사는 사람만이(롬 8:9) 우리 주 예수님께서 말씀하신 좁은 문으로 들어가 예수님과 함께 그곳에서 살다가 더 좋은 부활에 참여하기를 기도하고 있다. 바울 사도는 우리에게 성령님을 주신 하나님의 사랑이 너무나 크고 놀라워서 말한다. "자기 아들을 아끼지 않으시고, 우리 모두를 위하여 내주신 분이, 어찌 그 아들과 함께 모든 것을 우리에게 선물로 거저 주지 않으시겠습니까? 하나님께서 택하신 사람들을, 누가 감히 고발하겠습니까? 의롭다 하시는 분이 하나님입니다. 누가 감히 그들을 정죄하겠습니까? 그리스도 예수님은 죽으셨지만 오히려 살아나셔서 하나님의 오른쪽에 계시며, 우리를 위하여 대신 간구하십니다. 누가 우리를 그리스도의 사랑에서 끊을 수 있겠습니까? 환난입니까, 곤고입니까, 박해입니까, 굶주림입니까, 헐벗음입니까, 위협입니까, 또는 칼입니까? 성경에 기록한 바 우리는 종일 주님을 위하여 죽임을 당합니다. 우리는 도살당할 양과 같이 여김을 받았습니다. 그러나 우리는 이 모든 일에서 우리를 사랑하여 주신 그분을 힘입어서, 이기고도 남습니다. 나는 확신합니다. 죽음도, 삶도, 천사들도, 권세자들도, 현재 일도, 장래 일도, 능력도, 높음도, 깊음도, 그 밖에 어떤 피조물도, 우리를 우리 주 예수 그리스도 안에 있는 하나님의 사랑에서 끊을 수 없습니다"(롬 8:32~39). 아멘&샬롬.

마가복음 13:28~37

28 "무화과나무에서 비유를 배워라. 그 가지가 연해지고 잎이 돋으면, 너희는 여름이 가까이 온 줄을 안다. **29** 이와 같이, 너희도 이런 일들이 일어나는 것을 보거든, 인자가 문 앞에 가까이 온 줄을 알아라. **30** 내가 진정으로 너희에게 말한다. 이 세대가 끝나기 전에, 이 모든 일이 다 일어날 것이다. **31** 하늘과 땅은 없어질지라도, 나의 말은 절대로 없어지지 않을 것이다." **32** "그러나 그 날과 그 때는 아무도 모른다. 하늘의 천사들도 모르고, 아들도 모르고, 오직 아버지만 아신다. **33** 조심하고, 깨어 있어라. 그 때가 언제인지를 너희가 모르기 때문이다. **34** 사정은 여행하는 어떤 사람의 경우와 같은데, 그가 집을 떠날 때에, 자기 종들에게 권한을 주어서, 각 사람에게 할 일을 맡기고, 문지기에게는 깨어 있으라고 명령한다. **35** 그러므로 깨어 있어라. 집주인이 언제 올는지, 저녁녘일지, 한밤중일지, 닭이 울 무렵일지, 이른 아침녘일지, 너희가 알지 못하기 때문이다. **36** 주인이 갑자기 와서 너희가 잠자고 있는 것을 보게 되는 일이 없도록 하여라. **37** 내가 너희에게 하는 말은 모든 사람에게 하는 말이다. 깨어 있어라."

질문을 만들고 그 답을 말씀에서 찾습니다.

1) 너희는 무화과나무에서 초록빛 잎사귀가 살짝만 내 비처도 여름이 가까이 온 줄로 아는 것처럼 어떤 일들이 일어나면 내가 문 앞에 가까이 온 줄로 알라고 말씀하셨나요? [마가복음 13:6, 7, 8, 14, 22]

2) "이런 일들이 일어나면 가볍게 여기지 말아라. 하늘과 땅은 없어져도 내 말은 없어지지 않을 것이다"라고 하신 예수님께서 그날은 누구만 아신다고 말씀하시나요? 32절

3) "정확한 날짜와 시간표는 천사도 모르고 아들도 모른다. 오직 아버지만 아시니

각별히 조심하고 깨어 있어라"라고 하신 후에 이는 마치 어떤 것과 같다고 하실까요? 34~35절

4) "주인이 집을 떠나면서 그 종에게 자리를 지키고 깨어서 있으라고 하는 것과 같다. 내가 하는 이 말은 너희에게만 하는 말이 아니라"고 하신 후에 누구에게도 하는 말이라고 하실까요? 37절

5) 예수님께서는 오늘 본문에서만 "깨어있으라"는 말씀을 직접, 또는 간접으로 몇 번이나 말씀하셨나요? 33, 34, 35, 36, 37절

6) '이 세대'는 예수님께서 오셨던 날부터 시작하여 다시 오시는 날까지를 말합니다(고전 15:23). 깨어 있는 성도는 어떤 경우를 두고 하신 말씀일까요? [시편 1:2, 여호수아 1:8, 로마서 8:9]

나눔의 시간

1) 하나님은 어떤 분이십니까?
2) 무엇을 깨달았나요?
3) 적용합니다.
4) 묵상과 함께 하는 말씀기도

내일의 양식 : 마가복음 14:1~9

성경을 잘못 이해하고
오해하고 있었다

성경말씀을 오해하고 있었다. 가장 크게 오해한 성경말씀은 한 번 구원은 영원한 구원인 줄 알고 있었던 것이다. 나를 구원하시려는 하나님의 사랑은 세상을 떠날 때까지 계속되지만 바르고 옳게 믿고 있지 않으면 구원은 잃을 수 있다는 것을 늦게 알고 깨달았던 것이다. 마치 티켓을 끊고 구원열차를 타면 어떤 경우에도 구원만큼은 잃지 않는 것으로 잘못 배우고 잘못 알고 잘못 믿고 있었다. 다시 말해서 구원은 어떤 경우에도 취소나 소멸이 안 되는 것으로 알았다. 이것은 완벽한 실수다. 선택받고 사랑받은 이스라엘 사람들도 구원을 잃고 소멸이 되었다(롬 11:20-23). 심지어 바울과 함께했던 동역자들도 구원이 소멸되었다고 그 이름까지 거명하고 말하고 있는데, 이렇게 중요한 말씀들을 나만 몰랐던 것이다(딤전 1:20, 딤후 2:17). 내가 신앙생활에 대해서 정신을 차리게 된 것은 구원에 대해서 바르게 깨닫고 난 다음부터다. 나는 분명히 잘못 알고 있었다.

나는 성경을 읽으면서 구원이 취소되거나 소멸될 수 있다는 경고말씀이 나올 때마다 바른 정자(正)로 기록해 가다가 100회 이상이나 된다는 것을 알고 정말 놀라지 않을 수 없었다. 신약성경에 더 많이 있었다. '아, 생명책에 내 이름이 기록되어 있어야 하는구나!' 그래서 믿음이 있는 딸에게서 조용한 시간을 만들어서 이렇게 물었다. "하늘나라 생명책에 너의 이름이 기록되어 있다고 믿어?" 이 질문은 요한계시록 21장 27절 말씀 때문에 나온 질문이었다. "속된 것은 무엇이나 그 도성에 들어가지 못하고, 가증한 일과 거짓을 행하는 자도 절대로 거기에 들어가지 못합니다. 다만 어린 양의 생명책에 기록되어 있는 사람들만이 들어갈 수 있습니다."

그러나 출애굽기 32장 33절을 보니 생명책에 기록된 사람까지도 그 이름이 지워질 수 있다는 말씀을 읽으면서 다시 한번 놀라며 깨달았다. 주님께서 모세에게 말씀하셨다. "누구든지 나에게 죄를 지으면, 나는 오직 그 사람만을 나의 책에서 지운다." 그때부터 나는 어린 시절부터 지은 죄 때문에 괴로워하는 시간을 여러 날을 가졌다. 내가 예수님을 영접하고 회심하기 전, 나의 옛사람에 대해서 알고 계신 주님께서 로마서 6장 6절 말씀을 깨닫게 하셨다. "우리의 옛사람이 그리스도와 함께 십자가에 달려 죽은 것은, 죄의 몸을 멸하여서, 우리가 다시는 죄의 노예가 되지 않게 하려는 것임을 우리는 압니다." 이 말씀은 회심하기 이전에 지은 옛사람의 죄는 예수님을 나의 주 나의 하나님으로 영접하고 회심할 때 옛사람의 죄도 예수님과 함께 십자가에서 죽었다는 말씀이다. 이 말씀을 깨닫고 기뻤다. 그러나 회심하고 난 다음에 '예수님을 믿고 살다가 죄를 지면 어떻게 할 것인가?'를 또 생각했다.

"나의 자녀 여러분, 내가 여러분에게 이렇게 쓰는 것은, 여러분으로 하여금 죄를 짓지 않도록 하려는 것입니다. 누가 죄를 짓더라도, 아버지 앞에서 변호해 주시는 분이 우리에게 계시는데, 곧 의로우신 예수님 그리스도이십니다. 그는 우리 죄를 위한 화목제물이시니, 우리 죄만 위한 것이 아니라 온 세상을 위한 것입니다"(요일 2:1~2). 이제는 알았다! 예수님을 믿고 동행하며 살다가 죄를 범하면 그 죄에서 회개하고 180도 마음과 몸이 돌아서서 예수님을 바라보며 성령님으로, 말씀으로, 믿음으로 양심으로 살면 된다. 이렇게 예수님과 함께 쓰는 글을 통해서 나의 모든 것을 드러내는 것은 그동안 성경을 잘못 알고 있었던 죄인이요, 부족한 사람이었다는 나의 수치가 어제뿐만 아니라 오늘도 공개함으로 하나님 앞과 사람 앞에서 벌충(罰充)하려는 마음이 있다. 믿음으로 살지 못한 내가 깨닫고 진정 회개할 때 나를 용서해 주시는 예수님께 감사할 뿐이다. 이제 다시 일어나 오늘도 주님을 바라보며 오직 말씀을 따라 오직 믿음으로 살리라! 아멘&샬롬.

기적 플러스⁺

마가복음 14:1~9

1 유월절과 무교절 이틀 전이었다. 그런데 대제사장들과 율법학자들은 '어떻게 속임수를 써서 예수님을 붙잡아 죽일까' 하고 궁리하고 있었다. **2** 그런데 그들은 "백성이 소동을 일으키면 안 되니, 명절에는 하지 말자" 하고 말하였다. **3** 예수님께서 베다니에서 나병 환자였던 시몬의 집에 머무실 때에, 음식을 잡수시고 계시는데, 한 여자가 매우 값진 순수한 나드 향유 한 옥합을 가지고 와서, 그 옥합을 깨뜨리고, 향유를 예수님의 머리에 부었다. **4** 그런데 몇몇 사람이 화를 내면서 자기들끼리 말하였다. "어찌하여 향유를 이렇게 허비하는가? **5** 이 향유는 삼백 데나리온 이상에 팔아서, 그 돈을 가난한 사람들에게 줄 수 있었겠다!" 그리고는 그 여자를 나무랐다. **6** 그러나 예수님께서 말씀하셨다. "가만두어라. 왜 그를 괴롭히느냐? 그는 내게 아름다운 일을 했다. **7** 가난한 사람들은 늘 너희와 함께 있으니, 언제든지 너희가 하려고만 하면, 그들을 도울 수 있다. 그러나 나는 언제나 너희와 함께 있는 것이 아니다. **8** 이 여자는, 자기가 할 수 있는 일을 하였다. 곧 내 몸에 향유를 부어서, 내 장례를 위하여 할 일을 미리 한 셈이다. **9** 내가 진정으로 너희에게 말한다. 온 세상 어디든지, 복음이 전파되는 곳마다, 이 여자가 한 일도 전해져서, 사람들이 이 여자를 기억하게 될 것이다."

질문을 만들고 그 답을 말씀에서 찾습니다.

1) 여드레 동안 유월절과 무교절이 시작되기 이틀 전에 대제사장들과 종교지도자들이 예수님을 죽일 계획을 꾸미다가(1절) 왜 유월절 기간에 하지 말자고 할까요? 2절

2) 예수님께서 베다니에 있는 시몬의 집에 초대를 받아서 식사를 하고 계시는데 한 여자가 값비싼 향유를 가져다가 예수님의 어디에 부었나요? 3절

3) 한 여자가 매우 값진 향유를 예수님의 머리에 부으니 거기에 있던 손님들이 화를 내면서 "일 년 치 월급도 더 되는 비싼 향유를 가지고 이렇게 가치 없는 일을 하다니 한심하다"고 다그치며 여자에게 말하자(4~5절), 예수님께서 무엇이라고 말씀하셨나요? 6~9절

4) 화를 버럭 낸 이들 중에 그 이름이 거명된 사람은 누가 있을까요? [요한복음 12:4~5]

5) 마지막 수요일입니다. 지금 제자들은 예수님과 함께 베다니 시몬의 집에서 식사를 하면서 마지막 때 나타날 주옥같은 말씀을 듣고는 있지만(마 25:1~46), 이틀 후에 주님께서 유월절 어린양으로 십자가에서 죽으시고 사흘 후에 다시 부활한다는 진리를 여전히 모르고 있습니다(요 14:5). 그러나 이 여인은 자신의 전부라고 할 수 있는 향유옥합을 깨어서 주님의 머리에 부음으로 예수님의 죽으심을 예고합니다(8절). 예수님의 말씀처럼 온 세상 어디든지 복, 음, 이, 전, 파, 되, 는, 곳, 마, 다, 이 여자가 한 일도 전해져서 사람들이 기억하게 될 것이라고 말씀하십니다(9절). 여자가 한 일은 영적으로 또는 신앙적으로 무엇을 뜻하고 있을까요? [갈라디아서 2:20]

나눔의 시간

1) 하나님은 어떤 분이십니까?
2) 무엇을 깨달았나요?
3) 적용합니다.
4) 묵상과 함께 하는 말씀기도

내일의 양식 : 마가복음 14:10~11

누구든지 이것 한 가지만은 (절대)로 하지 마세요

글을 쓰고 말하면서 좀처럼 사용하지 않는 단어가 있다. 그것은 '절대'와 '빨리'다. '절대'는 사람이 사용하는 말이 아니라, 사랑하고 존경하는 하나님을 표현할 때 사용하는 단어라는 생각을 하고 있고 '빨리'는 마귀가 자주 사용하는 단어라 좋아하지 않는다. 생명과 재산을 잃는 실수와 자동차 사고는 99%가 '빨리' 가려고 하다가 일어난다. 그런데도 오늘은 "이것 한 가지만은 (절대)로 하지 마세요"라는 제목을 선택했다.

고속도로를 달리다가 보면 마음에 와닿는 글귀가 있다. "졸리면 제발 쉬었다 가세요"라는 말이다. 졸음운전이 불행을 만들어 내기 때문이다. 음주운전보다 무서운 것이 졸음운전이라고 한다. 인생을 살면서 (절대)로 하지 말아야 할 일이 하나 있다. 그것은 사람을 억울하게 하면 안 된다. 그 억울한 일이 배은망덕이면 더욱 안 된다. 배은망덕은 나에게 은혜를 입힌 사람에게 선을 악으로 갚는 것이다. 나는 이 글을 쓰면서도 눈물이 깊어지고 길어진 것은 '예수님은 그 많은 배은망덕을 어떻게 하셨어요?'라는 생각이 들어왔기 때문이다.

1999년, 나는 3번째 목회를 시작하면서 한 부부에게 나만의 마음에 소망을 두었다. 주님과 함께 믿음 안에서 이들 부부에게 조심스럽게 마음을 둔 것은 다음에 오시는 목회자와 함께 교회를 세우고 그 가정에 하나님의 사랑과 은총의 통로자가 되기를 바라는 마음이 있었다. 이 말이 맞는지는 모르겠지만 신앙의 명품가정으로 만들고 싶었다. 25년 동안 기도와 말씀으로 준비를 했다. 코로나 때에도 새벽기도를 같이 했다. 은퇴를 1년 앞두고 교회가 이 부부를 장로와 권사로 세웠다. 물론 이것은 교회를 사랑하는 마지막 내 사명이라고 생각했다. 그러나 이것이 어찌 된 일인가? 2023년 봄, 피택까지 한 장로와 권사취임까지 한 부부가 직분을 반납한다는 것이 아닌가? 오랫동안 준비된 거룩한 예배시간에 하나님 앞에서 또 교회 앞에서와 주님의 종들 앞에서 "아멘"으로 직분을 받기로 한 사람들이 장로임직을 눈앞에 두고 얼마 되지 않아서 이미 받은 권사직분까지 거절한다는 일로 인하여 나는 트라우마(trauma)가 생겼다. 아직도 트라우마는 상처와 함께 남아 있다. 예수님께서 부활하신 후, 손과 옆구리에 남아 있는 못과 창에 찔린 상처를 얼마든지 지울 수 있다. 그러나 우리들의 믿음을 위해서 남겨 두셨다(요 20:27). 주님과 함께 받은 고난이 믿음이 된 것은 사실이다(잠 17:3).

나는 은퇴를 1년 앞두고 슬픔과 좌절과 낙심이 뒤섞였다. 주님께서는 "너는 잠잠히 나만 바라보고 있으라"는 말씀과 함께 앞으로 있게 될 안타까움과 일들을 보이셨다. 2024년 6월 23일에 40년 목회은퇴식에서의 회중들에게 이렇게 고백했다. "눈에는 보이지 않지만 내 양 가슴에는 슬픔과 기쁨이 있습니다. 한쪽 가슴에는 눈물이 차 있고, 한쪽 가슴에는 기쁨이 있습니다. 이는 에스라 3장 13절의 말씀처럼 환성과 통곡이 한데 뒤섞여 있는 것과 같으며 그 소리는 누구도 환성인지 통곡인지 구별할 수 없는 것과 같습니다."

우리 부부는 가 보지 않은 마른 뼈가 있는 죽음의 땅을 가 보았다. 그곳은 파쇄와 함몰이 있는 곳이다. 나는 2,000년 전에 골고다에 계셨던 예수님을 생각했다. 그리고 예수님처럼 큰 부르짖음으로 통곡하고 또 많은 눈물을 보였다(히 5:7). 그러나 한편으로 무익한 사람을 사용하셔서 평신도들이 전도자와 선교사로 세워진 것에 감사했다(눅 17:10). 그래서 나는 오늘도 주님께서 다시 오신다고 말씀하신 '그날'이 '오늘'이 되기를 기도한다. 왜 세월호가 생각이 날까? 정말 어떤 일이 있어도 인생을 살면서 다른 사람을 억울하게 하는 일, 선을 악으로 갚는 배은망덕만은 (절대)로 하지 말아야 한다. 아멘&샬롬.

마가복음 14:10~11

10 열두 제자 가운데 하나인 가룟 유다가, 대제사장들에게 예수님을 넘겨줄 마음을 품고, 그들을 찾아갔다. **11** 그들은 유다의 말을 듣고서 기뻐하여, 그에게 은돈을 주기로 약속하였다. 그래서 유다는 예수님을 넘겨줄 적당한 기회를 노리고 있었다.

질문을 만들고 그 답을 말씀에서 찾습니다.

1) 가룟 유다가 예수님을 팔아넘기려는 마음을 굳히고 두둑한 보상을 바라고 누구에게로 찾아갔나요? 10절

2) 대제사장들은 가룟 유다의 말을 하나님의 음성처럼 듣고 자기들의 귀를 의심하면서 일이 잘 돌아가는 것 같아서 기뻐하면서 가룟 유다에게 무엇을 약속했나요? 11절

3) 마귀는 가룟 유다의 주위에서 맴돌고 있다가 그가 악한 마음을 품으니 유다의 마음 안으로 누가 들어가서 담대하게 일을 할 수 있도록 어떻게 돕나요? [누가복음 22:3]

4) 마귀는 늘 어디에서 무엇을 노리고 있을까요? [누가복음 4:13, 공동번역]

5) 누구나 거짓 음성을 하나님의 음성처럼 들을 수 있습니다. 그래서 신중하게 말씀을 알아야 하고 말씀으로만 그 음성을 분별해야 합니다. 가룟 유다의 말을 들은 대제사장들은 일이 잘 돌아간다는 생각이 들어서 기뻐합니다(11절). 잘못되었는데 왜 제사장들은 모르고 있을까요? [요한복음 16:2]

6) 가룟 유다는 자기 스승을 팔아먹는 죄를 저지릅니다. 스승도 보통 스승이 아닙니다. 하나님의 아들 그리스도요, 구세주입니다. 공동번역, 누가복음 4장

13절에 "마귀는 여러 가지로 예수님을 유혹하다가 자기 뜻대로 되지 않자 '다, 음, 기, 회'를 노리면서 예수님을 떠나갔다"라고 말합니다. 유다는 처음부터 맘몬 신에 사로잡혀(요 13:29) 예수님을 따라다니며 돈을 계산하였습니다. 주님께서는 그가 원하던 대로 마귀가 들어가는 것을 허락하여 내어버려 두십니다(요 13:27, 롬 1:24, 26, 28). 유다는 예수님의 몸값으로 은돈 30개의 약속을 받고 대제사장에게 넘겨주려는 마음을 먹자, 누가 와서 함께 끼어들어 가 마음을 혼미케 하여 어두운 일을 시작하게 할까요? [고린도후서 4:4]

나눔의 시간

1) 하나님은 어떤 분이십니까?
2) 무엇을 깨달았나요?
3) 적용합니다.
4) 묵상과 함께 하는 말씀기도

내일의 양식 : 마가복음 14:12~21

3살 때부터 우리 집과 그 집은 원수지간이었는데 어머님만 살아계시고 어른들은 대부분 떠났다. 내가 40대 중반이었을 때 중국 남경까지 가서 이복동생에게 복음을 전했는데 일언지하(一言之下)에 거절을 당했다. 그 이후에 한번 더 기회가 있었지만, 결과는 같았다. 형제가 죄를 짓거든 꾸짖고, 회개하거든 용서하여 주라고 하셨는데 그는 예수님도 모르고 불신자로 있다가 2021년 6월 22일, 의식이 없는 상태에 있다고 의정부 백병원 중환자실에서 연락이 왔다. 나는 주님의 말씀 때문에 바로 갈 수밖에 없는 형편이었다. 그는 독신으로 고독하게 살다 보니 연락할 곳이 나밖에 없었던 것이다. 나는 1년 3개월 동안 정성으로 돌보아 주었다. 의식이 돌아왔을 때 특별면회를 신청하고 가서 3번째로 복음을 전했다. 복음은 전했지만 코로나 때라 직접 얼굴을 대면하고 말은 주고받지 못하고 투명창으로 가로막힌 상태에서 스마트폰으로 하니 쉽지 않았다. 정확하게 복음을 전하고 예수님을 나의 주, 나의 하나님으로 영접했다면 눈을 감았다가 뜨라고 말했다. 오랫동안 감았다가 다시 떴다. 집으로 돌아오는 길에 예수님을 전혀 모르고 살다가 죽어간 사람들보다는 비교할 수 없다는 생각을 하면서 위로를 받았다. 그동안의 일들이 주마등처럼 지나가고 있었다.

나는 그에게 당부했다. 24시간 누워만 있으니, 이제부터는 마음으로 영접한 예수님께 "나의 주 그리스도시여, 나를 불쌍히 여겨 주세요! 그리스도시여, 나를 구원해 주세요. 나는 이제 형이 믿는 예수님만 바라봅니다. 나를 구해 주세요!"라고 쉬지 말고 기도하라고 부탁했다. 그는 고개를 미동하였다. 그리고 3개월 정도 누워 있다가 50대 중반에 떠났다. 정말 불쌍하다.

나는 예수님의 이름으로 진정 그를 용서했다. 부족한 것들이 있었지만 내가 줄 수 있는 것들을 주었다. 퇴원하면 작은 임대아파트라도 들어가 살 수 있을까 싶어서 18개월 동안 청약저축도 준비해 두었다.

뇌졸중에 권위 있는 전문의를 찾아가서 치료받게 하려고 진료챠트와 영상자료를 준비해 가지고 대리 진료를 받으러 가면서 기도했다. 나는 본래 이런 사람이 아닌데 예수님께서 나를 이렇게 만들어 놓으셨으니 "이렇게 할 수밖에 없다"고 말씀을 드렸다. 내가 하는 일은 내 안에 계셔서 여기까지 인도하신 주님이라고 말씀드렸다. 예수님께서 기뻐한다는 느낌이 섬광처럼 내 마음에 지나갔다.

안타까운 것은 다만 그가 얼마라도 주님 안에서 살아가는 행복을 가지지 못한 것으로 인하여 불쌍했다. 나는 하늘을 바라본 것이 전부였는데 나에게는 원수에게 사랑과 용서가 되고 그가 죽음을 앞에 두고 예수님을 구주로 영접해서 감사하다. 그가 살던 주민센터 복지과에서 장례비용 얼마가 나왔으니 찾아가라는 연락을 받았다. 가난한 사람들에게 주는 작지 않은 비용이었다. 나는 기도했다. 살아생전 교회당에 가서 예배도 한번 드리지 못하고 마지막 순간에 죽은 강도처럼 주님을 영접하게 되었으니, 이복동생의 이름으로 주신 소중한 장례비용은 사용할 곳에도 부족했지만 이름도 성도 모르는 아프리카 아이들의 눈을 치료하는 뜻깊은 곳에 드리고 싶었다. 그의 이름으로 처음이자 마지막으로 드리는 하늘의 씨앗이었을 것이다. 그리고 나는 2박 3일 동안 나 홀로 초상을 치르려고 성남 화장터에 도착했는데 2명의 친구가 찾아와 마지막 가는 길을 그나마 외롭지 않게 해주었다. 나는 예수님 때문에 이렇게 할 수밖에 없었다. 샬롬&아멘.

마가복음 14:12~21

12 무교절 첫째 날에, 곧 유월절 양을 잡는 날에, 제자들이 예수님께 말하였다. "우리가 가서, 선생님께서 유월절 음식을 드시게 준비하려 하는데, 어디에다 하기를 바라십니까?" **13** 예수님께서 제자 두 사람을 보내시며 말씀하셨다. "성 안으로 들어가거라. 그러면 물동이를 메고 오는 사람을 만날 것이니, 그를 따라 가거라. **14** 그리고 그가 들어가는 집으로 가서, 그 집 주인에게 말하기를 '선생님께서 하시는 말씀이, 내가 내 제자들과 함께 유월절 음식을 먹을 내 사랑방이 어디에 있느냐고 하십니다' 하여라. **15** 그러면 그는 자리를 깔아서 준비한 큰 다락방을 너희에게 보여 줄 것이니, 거기에 우리를 위하여 준비를 하여라." **16** 제자들이 떠나서, 성 안으로 들어가서 보니, 예수님께서 말씀하신 그대로였다. 그리하여, 그들은 유월절을 준비하였다. **17** 저녁때가 되어서, 예수님께서는 열두 제자와 함께 가셨다. **18** 그들이 자리를 잡고 앉아서 먹고 있을 때에, 예수님께서 말씀하셨다. "내가 진정으로 너희에게 말한다. 너희 가운데 한 사람, 곧 나와 함께 먹고 있는 사람이 나를 넘겨줄 것이다." **19** 그들은 근심에 싸여 "나는 아니지요?" 하고 예수님께 말하기 시작하였다. **20** 예수님께서 그들에게 말씀하셨다. "그는 열둘 가운데 하나로서, 나와 함께 같은 대접에 빵을 적시고 있는 사람이다. **21** 인자는 자기에 관하여 성경에 기록되어 있는 대로 떠나가지만, 인자를 넘겨주는 그 사람에게는 화가 있다. 그 사람은 차라리 태어나지 않았더라면 자기에게 좋았을 것이다."

질문을 만들고 그 답을 말씀에서 찾습니다.

1) 무교절 첫날에 제자들이 말하기를 "우리가 어디에서 선생님과 함께 유월절 음식을 준비했으면 좋겠습니까"라고 물으니, 예수님께서는 두 사람을 성안으로 보내시면서 어떻게 하라고 말씀하셨나요? 13~15절

2) 제자들이 성안으로 들어가서 보니 모든 것이 예수님께서 말씀하신
그대로였습니다. 저녁이 되어 예수님께서는 제자들을 데리고 들어가서
식사하시다가 멈추시고 "나는 지금 마음이 괴롭지만, 곧 일어날 중대한 말을
해야 할 것 같다"고 하시면서 무엇을 말씀하셨나요? 18절

3) "지금 나와 함께 빵을 먹는 사람 중의 한 사람이 나를 죽이려고 음모를 꾸미는
이들에게 나를 넘겨줄 것이다"라고 말씀하시니 모든 제자가 근심에 싸여서
"나는 아니지요"라고 돌아가면서 말하니 예수님께서 그 사람이 누구라고
말씀하시나요? 20절

4) 인자가 제자에게 배반당하는 것이 성경에 미리 기록되어서 전혀 뜻밖의
일은 아니지만 나를 배반하여 넘겨주는 그 사람은 차라리 세상에 태어나지
않았다면 좋았을 것이라고 말씀하시면서 식사를 멈추시고 빵을 떼어서
제자들에게 주시면서 이것은 무엇이라고 말씀하시나요? 22절하

5) 지금 제자들과 함께 성찬을 하는 마가의 다락방은 성령님께서 강림하신
곳이며(행 1:13) 초대교회 당시에 모여서 기도하는 곳이었으며(행 12:12)
예수님께서 십자가의 고난을 당하신 후에 사람들이 두려워 제자들이 문을
걸어 잠그고 모여 있을 때 예수님께서 부활하신 몸으로 이곳으로 들어오셔서
어떤 말과 일을 하여 믿게 하셨을까요? [요한복음 20:19~20]

나눔의 시간

1) 하나님은 어떤 분이십니까?
2) 무엇을 깨달았나요?
3) 적용합니다.
4) 묵상과 함께 하는 말씀기도

내일의 양식 : 마가복음 14:22~26

나의 주 나의 하나님은
임마누엘입니다

'하나님께서 율법을 주신 목적은 무엇일까?' 율법 안에서 하나님과 만나고(출 29:42~43) 하나님과 함께 머물며 함께 사랑하며 살아가기 위해서 주신 것이다(출 29:45~46). 율법은 ①진리요(시 119:142, 151) ②말씀이요(갈 5:14) ③생명이다(행 5:20). 또한 율법은 우리를 악인들과 불법하는 자들로부터 보호하며 지켜 준다(딤전 1:9). 구약의 율법은 3가지로 이루어져 있다. ①십계명은 돌 판에 쓰셨고 ②시민법과 ③제사법은 양의 가죽에 기록했다. 이것이 모세오경이다. 십계명은 율법을 대표하며 시민법은 그리스도인들이 살아가는데 필요한 민법이며, 제사법은 그리스도께서 오실 때까지 드리는 예배법이다. 그러나 구약의 율법은 정결까지이다(롬 7:1~25).

그래서 거룩에 이르게 하시려고 신약에서도 율법을 주셨다(마 5:17). 그것이 그리스도의 율법이다. 그리스도의 율법은 산상수훈(마 5~7장)이다. 바울은 예수님을 만난 후에 자기는 그리스도의 율법 안에서 살아가고 있다고 말한다(고전 9:21). 예수님께서는 이 율법을 가지고 태어나셨으며 다 이루셨다(요 19:30).

그래서 누구나 예수님을 영접한 사람도 성령님으로 이 율법에 순종할 수 있다(고후 5:5, 롬 8:4). 성령님께서는 우리가 순종할 수 있도록 말씀을 마음 판에 새겨 주신다(렘 31:33, 히 8:10). 우리에게 이것을 해주시려고 예수님의 몸은 찢어지고 피를 흘리신 것이다. 이것이 바로 성찬의 본질이다(막 14:24). 이제는 조문 규약이나 법률에 따라서 조목조목 문자에 기록된 것이 아니라 성령님께서 우리의 마음 판에 새겨 주시는 새 정신으로 하나님을 따라 진리에까지 이르며 매일을 살아가게 하신다(롬 7:6, 고후 3:6). 목적은 우리를 성령님으로 거, 룩,에, 까지 이르게 하신다. 그리스도의 율법을 성령님으로 순종하게 하시는 목적은 내가 예수님의 신부가 되는 것이다(마 25:6, 계 21:2). 누구든지 예수님만 믿으면 성령님으로 가능하다. 또한 이것이 예수님께서 부활하신 이유이다(요 16:13~14, 롬 4:25). 이것을 위해서 예수님의 이름은 '임마누엘'이 되셨다. 지금 우리와 함께 계시는 이름이다. 임마누엘의 주님은 아브라함에게 약속하신 대로 자기 백성을 구원하기 위해서 모세에게 나타나신 "I AM WHO I AM"의 하나님이다. 임마누엘의 하나님은 지금 있는 그곳에서 나와 함께하시는 현재진행형의 하나님이시다.

우리는 옛 언약이든 새 언약이든 예수님의 이름으로 이미 받았다. 믿음의 용기를 가져야 한다(요 20:22). 내가 할 일은 주님만 바라보고 의지하는 것이다(히 12:2). 임마누엘의 하나님을 믿음으로 볼 수 없고 믿음으로 만져지지 않는다면 기도해야 한다. 조금만 힘을 더 내어서 간절히 구하고 중단하지 말아야 한다. 잠언 8장 17절의 말씀대로 해야 한다. 성도는 세상과 경쟁해서 이기는 것이 아니라 탁월한 믿음으로 세상을 이기는 것이다. 말씀은 내가 이루지 않는다. 주님께서 이루신다. 임마누엘의 하나님은 충분자이시며 전능하신 내 아버지이시다(창 17:1). 당신이 예수님만을 바라보고 있다면 완벽(perfect)이다. 더이상은 없다. 물을 잔에 따라서 마시듯이 주님의 말씀을 마시고 빵을 떼어서 먹듯이 말씀을 먹으려는 자세와 태도를 갖고 있으면 된다. 말씀의 잔과 빵이 성령님으로 눈을 열어주시고 필요하다면 마음의 심비에 새겨 주실 것이다(렘 31:32, 히 8:10). 이것이 주 예수님을 바라보고 하는 말씀묵상과 말씀기도이다. 성령님께서 마음에 새겨 주신 말씀은 어디를 가든지 지워지지 않는다. 우리는 약속을 받은 사람들이다. 내 아버지는 지금 나와 함께 계시는 "I AM WHO I AM"의 하나님이시다. 나의 주, 나의 하나님은 지금도 임마누엘로 나와 함께 계신다. 아멘&샬롬.

기적 플러스⁺

마가복음 14:22~26

22 그들이 먹고 있을 때에, 예수님께서 빵을 들어서 축복하신 다음에, 떼어서 그들에게 주시고 말씀하셨다. "받아라. 이것은 내 몸이다." **23** 또 잔을 들어서 감사를 드리신 다음에, 그들에게 주시니, 그들은 모두 그 잔을 마셨다. **24** 그리고 예수님께서 말씀하셨다. "이것은 많은 사람을 위하여 흘리는 나의 피, 곧 언약의 피다. **25** 내가 진정으로 너희에게 말한다. 이제부터 내가 하나님의 나라에서 새것을 마실 그 날까지, 나는 포도나무 열매로 빚은 것을 다시는 마시지 않을 것이다." **26** 그들은 찬송을 부르고서, 올리브 산으로 갔다.

질문을 만들고 그 답을 말씀에서 찾습니다.

1) 예수님께서는 식사하는 중에 빵을 떼어서 제자들에게 주시면서 축복의 말씀과 함께 누구의 몸이라고 받아서 먹으라고 주셨나요? 22절

2) 예수님의 몸, 한 덩어리에서 떼어서 빵을 나누어 주시면서 "서로 사랑하라" 고 하시고 또 잔을 들어서 축복하신 다음에 이것은 내가 많은 사람을 위해서 흘리는 나의 피라고 말씀하시면서 같은 잔에서 떠서 마셨습니다. 예수님의 몸이 찢기시고 예수님의 피가 흘러 나와서 믿음으로 먹고 마시는 사람에게 어떻게 될까요? [이사야 53:5]

3) 예수님께서 흘리신 피는 어떤 약속을 이루셨나요? [마태복음 26:28]

4) 성소에서 지성소로 들어가는 휘장을 그의 찢어진 몸으로 열어 놓으시고 (히 10:20, 눅 23:45) 다 이루셨기에 하나님의 나라에서 새 것을 마실 때까지 포도나무에서 빚은 것을 다시는 마시지 않겠다고 하셨습니다. 그날에 있을 새 포도주는 어떤 것일까요? [요엘 3:18]

5) 태초부터 약속된(창 3:21) 이 일이 출애굽을 하는 때(출 12:7)부터 시작해서 오늘이 오기를 예수님께서는 어느 정도로 기다리고 원하셨다고 말씀하셨을까요? [누가복음 22:15]

_____

나눔의 시간

1) 하나님은 어떤 분이십니까?
2) 무엇을 깨달았나요?
3) 적용합니다.
4) 묵상과 함께 하는 말씀기도

_____

내일의 양식 : 마가복음 14:27~31

일상의 삶이
믿음입니다

그리스도인은 바리새인들과 같이 하나님의 일과 세상의 일을 구분하지 않는다. "무엇을 하든지 말에나 일에나 다 주 예수님의 이름으로 하고 그를 힘입어 하나님 아버지께 감사합니다"(골 3:17).

하나님께서는 한 사람의 인생에 개입하셔서 구체적으로 기록한 사람은 아브라함의 가문이다. 이들의 가문은 일상의 삶에서 하나님을 의식하며 살았다는 것을 예수님의 말씀에서 알 수 있다. 부활을 모르는 사두개인들이 예수님을 찾아왔을 때 말씀하시기를 "너희가 성경을 크게 잘못 알고 있다"라고 말씀하시면서 "너희는 성경에서 하나님은 아브라함의 하나님이요 이삭의 하나님이요 야곱의 하나님이라고 하신 말씀을 읽어보지 못하였느냐 하나님은 죽은 자의 하나님이 아니요 산 자의 하나님"이라고 알려주었다. 그리고 또 말씀하시기를 하나님은 살아계신 하나님이며 일상의 삶에서 지금 함께하시는 영원하신 '임마누엘의 하나님'을 말씀하셨다.

구약의 성도들은 일상의 삶에서 100년을 하루 같이 그리스도가 오시기를 바라보며 살았고(막 15:43) 그리스도는 약속대로 오셨다. 그로부터 2,024년이 지나가고 있는 오늘, 성도들은 일상의 삶에서 그리스도께서 다시 오시기를 기다린다. 이것이 오늘을 살아가는 이유이다.

그러면 그리스도께서 일상의 삶에서 나와 함께 살고 있다는 것을 어떻게 알 수 있을까? 주님의 품에 기대어 일상의 삶을 살았던 요한은 말한다. "태초부터 있는 생명의 말씀에 관하여는 우리가 들은 바요 눈으로 본 바요 자세히 보고 우리의 손으로 만졌습니다 영원한 생명을 우리가 보았고 증언하여 너희에게 전하노니 예수님은 아버지와 함께 계시다가 우리에게 나타내신바 되었습니다 우리가 보고 들은 바를 전하는 것은 너희로 우리와 사귐이 있게 하려 함이니 우리의 사귐은 아버지와 그의 아들 예수 그리스도와 더불어 누리는 것입니다"(요일 1:1~4). 요한은 예수님의 십자가 아래까지 따라갔다. 십자가 아래까지 따라갔다가 예수님의 부탁을 받고 일상의 삶에서 어머님, 마리아를 모시겠다고 말한다(요 19:26).

나는 그동안 은혜를 받은 사람들을 만났다. 그 사람들에게서 같은 모습을 발견했는데 무슨 일을 하든지 마음을 다하여 주님께 하듯이 일상의 삶에서 하는 사람들이었다(골 3:23). 우리는 두려움에 빠뜨리는 종살이의 영을 받은 사람들이 아니다. 자녀로 삼으시는 평안의 영을 받았다. 그래서 그 영으로 하나님을 "아빠, 아버지"라고 부른다. 바로 그때 성령님께서 내 영과 함께 내가 하나님의 자녀임을 나타내 주시고 증명해 주신다(롬 8:15~16). 다윗은 평범한 일상의 삶을 살다가 하나님께 영광을 드렸다.

　다윗이 열일곱 살 때 아버지의 심부름으로 엘라 골짜기로 형들의 간식을 배달하러 갔다가(삼상 17:17) 왕의 면전과 많은 사람 앞에서 이렇게 말한다. "제가 아버지의 양을 지킬 때 사자나 곰이 와서 양 떼에서 새끼를 물어 가면 따라가서 사자나 곰을 치고 그 입에서 새끼를 건져내었고 그것이 일어나 나를 해하고자 하면 내가 그 수염을 잡고 쳐 죽였습니다. 이제 나를 보내시면 내가 가서 골리앗을 쳐 죽이겠습니다." 다윗 말을 들어보면 다윗은 일상의 삶에서 양들을 지키며 성실하게 살았다는 것을 알 수 있다. 이와 같이 주님께 영광을 드리는 사람은 일상의 삶을 주님과 함께 살았다는 것을 알 수 있다. 바람 같은 인생길에서 성실하게 자리를 지키며 '묵상하는 그리스도인'으로 기억되면 좋겠다. 아멘&샬롬.

기적 플러스$^+$

마가복음 14:27~31

27 예수님께서 제자들에게 말씀하셨다. "너희가 모두 걸려서 넘어질 것이다. 성경에 기록하기를 '내가 목자를 칠 것이니, 양 떼가 흩어질 것이다' 하였기 때문이다. **28** 그러나 내가 살아난 뒤에, 너희보다 먼저 갈릴리로 갈 것이다." **29** 베드로가 예수님께 말하였다. "모두가 걸려 넘어질지라도, 나는 그렇지 않을 것입니다." **30** 예수님께서 그에게 말씀하셨다. "내가 진정으로 너에게 말한다. 오늘 밤에 닭이 두 번 울기 전에, 네가 세 번 나를 모른다고 할 것이다." **31** 그러나 베드로는 힘주어서 말하였다. "내가 선생님과 함께 죽는 한이 있을지라도, 절대로 선생님을 모른다고 하지 않겠습니다." 나머지 모두도 그렇게 말하였다.

질문을 만들고 그 답을 말씀에서 찾습니다.

1) 예수님께서는 제자들에게 "조금 있으면 너희가 걸려서 넘어질 것이며 세상이 무너지는 것과 같은 일이 일어날 것인데 모두가 나 때문에 고난을 당하고 흩어질 것이다(27절). 그것은 내가 나를 스스로 쳤기 때문이다"(요 10:18)라고 하시고 예수님은 내가 죽고 사흘 만에 살아난 후에 너희 보다 먼저 어느 장소로 가신다고 말씀하시나요? 28절

2) 그때 베드로가 불쑥 튀어나와서 말합니다. "모두가 걸려서 넘어지고 주님을 부끄러워해도 나는 절대로 아닙니다"(29절). 베드로의 말을 들으신 예수님께서는 말씀하시기를 "내가 진정으로 너에게 말한다. 오늘 밤에 닭이 두 번 울기 전에, 네가 세 번 나를 모른다고 할 것이다"라고 하셨습니다. 그러나 베드로와 다른 제자들이 무엇이라고 힘주어 말하나요? 31절

3) 예수님께서 십자가에서 죽으시고 부활하신 후에 갈릴리에서 만나자고 하신 약속이 지켜졌을까요? [마가복음 16:7]

4) 제자들 모두가 부인하고 떠날 것이라고 말씀하시지만 이들을 언제까지
   사랑하신다고 미리 말씀하셨을까요? [요한복음 13:1하]

5) 예수님께서 십자가에서 무참하게 죽으시는 것을 보고 실망하고 낙심하여
   자기 고향으로 돌아가고 있는 제자들의 뒤를 따라가서 어떤 방법으로 이해를
   시키고 다시 돌아오게 하셨을까요? [누가복음 24:27]

나눔의 시간

1) 하나님은 어떤 분이십니까?
2) 무엇을 깨달았나요?
3) 적용합니다.
4) 묵상과 함께 하는 말씀기도

내일의 양식 : 마가복음 14:32~42

83 / 기 | # 고난과 눈물이었다

　예수님께서는 많은 눈물을 흘리셨다. 예수님께서는 예루살렘을 바라보시며 마음이 굳어져서 말씀을 알아듣지 못하고 깨닫지 못하는 사람들 때문에 많이 우셨다. 이때 흘리신 눈물은 클라이오(κλαίω), 소리 내서 우시는 눈물이다(눅 19:41). 나사로가 아프다는 소식을 듣고 하나님의 시간에(카이로스, Kairos) 맞추어서 이틀 후에 가셨다가 나사로의 죽음으로 인하여 슬퍼하며 우는 사람들과 같이 우셨다. 이때 흘리신 눈물은 다크뤼오(δακρύω), 소리 내지 않고 흐르는 눈물이다(요 11:35). 그리고 기도하시면서 많이 우셨다. 이때 흘리신 눈물은 사람들이 다 들을 수 있는 통곡의 눈물, 크라조(κραυγή)이다. 예수님께서는 육신으로 세상에 계실 때, 자기를 죽음에서 구원하실 수 있는 분께 큰 부르짖음과 많은 눈물로써 기도와 탄원을 올리셨다(히 5:7).

　목회시작 1년 3개월 만에 주님께 허락받고 14년 차가 되었을 때 교회들이 서로의 몸에서 털을 뽑아 자기 몸으로 옮기려고 싸우고 경쟁하는 것을 보면서 교단을 초월하여 3교회가 연합하여 교회연합운동을 하다가 2년 만에 실패하고 1999년도 4월 4일 주일, 오전 11시 20분에 빈손으로 교회를 떠나오면서 눈물을 쏟았다. 그리고 25년 후, 2024년 6월 23일, 41년의 목회 일선에서 은퇴하면서 한쪽 가슴에는 눈물이 가득 차 있었다. 그 눈물은 어떤 것과도 비교할 수 없는 강물 같은 눈물이었다. 어찌 비바람 모진 된서리 그날 그때를 다 말할 수 있을까? 이수인의 '내 맘의 강물'을 들으면서 마음의 그림을 이렇게 그려 본다.

———

내 마음속에 흐르는 강물은 그 끝을 알 수 없는 깊은 마음의 여정이야.
작은 바람에도 흔들리는 나뭇잎처럼, 그 물결은 조용히 흘러가도
때로는 세차게 부딪히며 가슴속 깊은 곳에서 눈물이 올라오네.

강물에는 기쁨과 슬픔, 사랑과 아픔이 모두 섞여 있는 곳.
때로는 기억 속에 간직된 소중한 순간들이 그 물결을 따라 흘러가고,
때로는 잊혀진 아픔들이 다시 떠오르며 나를 울리네.

하지만 이 강물이 흘러가는 길을 따라가다 보면
그 끝에는 선한 빛살이 나를 기다리고 있네.
어두운 계곡을 굽이굽이 지나서 마침내 따스한 햇살 아래서
모두가 평화로이 머물 수 있기를 바라는 마음뿐이네.

눈물은 마음속에 남긴 흔적일 뿐이야,

마가복음 묵상과 나눔

슬프고 아프지만 눈물은 아름다움을 만드는 기억의 조각들이야.
'그날에' 그 강물 속에 나타난 기억들을 또 다시 사랑하게 될 거야.
광야에서 나를 만들었던 퍼즐들이 수채화가 되어 노래를 부를 때
너는 또 다시 꿈을 꾸며 새 일을 향하여 영원히 나아가리라!
———

나는 아내를 위해서 눈물을 흘렸다. 내 아내는 어린 시절 받은 큰 상처로 인해서 트라우마가 앙금으로 남아 있다. 아내에게는 무엇이든지 'Yes'해야 하는데 내가 부족해서 그렇지 못할 때가 있다. 이때 나는 마음속으로 말한다. 'No가 아냐. Yes야. 내 아내는 내가 받아주어야 해.' 혼자서 눈물을 흘린다.

사랑하는 딸로 인하여 눈물이 있었다. 내 딸은 중학교 2학년 때 나와 주님 때문에 인생을 20%도 채우지 못하고 중도에 인생을 마칠 뻔했다. 그때 딸아이는 주님에게나 나에게나 자기 인생을 하직할 수 있는 명분을 가지고 있었다. 그러나 떠나려고 하는 바로 그날 자고 있는데 자기 발을 붙잡고 새벽 미명에 아빠가 눈물의 기도를 하는 것이 아닌가? 살짝 눈을 뜨고 보니 아빠가 있는데 예수님도 함께 보였다. 아침에 일어나 다시 생각한다. '죽으면 모든 것이 끝이 나는 줄 알았는데 죽는다고 끝이 나는 것은 아니구나! 내가 죽으면 아빠, 엄마가 얼마나 슬퍼하실까'를 생각하고 제2의 인생을 시작한다. 이런 이야기도 10년이 지난 후, 용인 백향목교회에 초대를 받아 말씀묵상의 중요성을 강의하다가 전한 말씀을 다른 사람을 통해서 내가 들었을 때 나는 숨이 멈추고 비명과 함께 흘린 눈물은 마르지 않았다. 그러나 오늘도 기다리는

'그날'이 오면 씻어지겠지...

    은퇴 1년 전 마지막 교회 때문에 흘린 눈물은 지금까지 흘린 눈물이 시냇가라면 강물같이 흘렸다. 어떤 글이나 말로도 대신할 수 없어서 주님의 품에 넣어 두었다. 이런 일들은 가만히 생각만 하고 있어도 너무나 슬퍼서 글을 쓸 생각은 엄두도 내지 못할 텐데 글을 쓰고 있다니 주님의 사랑은 정말 신기하고 놀랍다.

    그래서 나는 이렇게 기도한다. "주님, 나의 눈물을 주님의 말씀을 담아두는 가죽부대에 함께 담아 주세요(시 56:8). 나는 하나님, 아빠 아버지를 믿습니다 (롬 8:15). 하나님께서 그날에(빌 3:11) 내 눈에서 눈물을 닦아 주실 것이니, 다시는 죽음이 없고, 슬픔도 울부짖음도 고통도 없을 것입니다. 이전 것들이 다 사라져 버렸기 때문입니다"(계 21:4). 아멘&샬롬.

기적 플러스⁺

마가복음 14:32~42

32 그들은 겟세마네라고 하는 곳에 이르렀다. 예수님께서 제자들에게 말씀하시기를 "내가 기도하는 동안에, 너희는 여기에 앉아 있어라" 하시고, **33** 베드로와 야고보와 요한을 데리고 가셨다. 예수님께서는 매우 놀라며 괴로워하기 시작하셨다. **34** 그래서 그들에게 말씀하셨다. "내 마음이 근심에 싸여 죽을 지경이다. 너희는 여기에 머물러서 깨어 있어라." **35** 그리고서 조금 나아가서 땅에 엎드려 기도하시기를, 될 수만 있으면 이 시간이 자기에게서 비껴가게 해 달라고 하셨다. **36** 예수님께서는 이렇게 말씀하셨다. "아빠, 아버지, 아버지께서는 모든 일을 하실 수 있으시니, 내게서 이 잔을 거두어 주십시오. 그러나 내 뜻대로 하지 마시고, 아버지의 뜻대로 하여 주십시오." **37** 그런 다음에 돌아와서 보시니, 제자들은 자고 있었다. 그래서 베드로에게 말씀하셨다. "시몬아, 자고 있느냐? 한 시간도 깨어 있을 수 없느냐? **38** 너희는 유혹에 빠지지 않도록, 깨어서 기도하여라. 마음은 원하지만, 육신이 약하구나!" **39** 예수님께서 다시 떠나가서, 같은 말씀으로 기도하시고, **40** 다시 와서 보시니, 그들은 자고 있었다. 그들은 졸려서 눈을 뜰 수 없었던 것이다. 그들은 예수님께 무슨 말로 대답해야 할지를 몰랐다. **41** 예수님께서 세 번째 와서, 그들에게 말씀하셨다. "남은 시간을 자고 쉬어라. 그 정도면 넉넉하다. 때가 왔다. 보아라, 인자는 죄인들의 손에 넘어간다. **42** 일어나서 가자. 보아라, 나를 넘겨줄 자가 가까이 왔다."

질문을 만들고 그 답을 말씀에서 찾습니다.

1) 겟세마네 동산은 예루살렘 성전의 3시 방향에 있습니다. 예수님께서는 8명의 제자에게 내가 기도하는 동안에 여기에 앉아 있으라고 하시고 베드로와 야고보와 요한만을 데리고 가시면서 나와 함께 깨어 있으라고 하십니다.

그리고 예수님께서는 돌을 던질 만큼 떨어진 곳(눅 22:41)에 가서서 한 시간 동안 어떤 기도를 하셨을까요? 35~36절

2) 예수님께서 간절히 기도하시다가 앞으로 닥쳐올 일들을 보시고(34절) 놀라고 괴로워하시며 근심에 싸여 죽을 지경에 놓이게 된 것들은 무엇 때문일까요? [시편 22:1~21]

3) 제자들에게는 여기 앉아서 기다리라고 하시고 베드로와 야고보와 요한은 함께 데리고 조금 떨어진 곳에서 너희는 여기에서 나와 같이 무엇을 하자고 부탁하시나요? 34절하, [마태복음 26:38]

4) 예수님께서는 하나님 아버지께 어떤 도움을 청하며 기도하셨나요? 36절

5) 모세혈관이 약한 임산부들이 출산 때에 힘을 쓰다가 이마에서 땀방울에 핏빛까지 비친다고 합니다. 예수님께서 힘을 다하여 간절히 기도하시니 얼굴에서 무엇이 떨어졌나요? [누가복음 22:44]

6) 예수님께서 돌아와서 보니 제자들은 자고 있었고 베드로에게 말씀하기를 "시몬아 자고 있느냐"라고 하시며 무엇을 알려주시나요? 37절

7) 기도는 신앙생활의 생명선입니다. 예수님께서는 기도를 왜 해야 한다고 간곡히 말씀하시나요? 38절

8) 예수님께서는 같은 말씀으로 두 번째 기도하시고 돌아와서 보니 제자들은 졸려서 눈을 뜰 수가 없는 상태입니다. 그래서 이제는 변명도 못합니다(39절). 예수님께서는 세 번째로 같은 말씀으로 기도하시고(41절) 오셔서 "이제는 충분히 잠을 잤다. 인자가 죄인의 손에 넘어 간다. 일어나서 가자. 나를 배반할 자가 왔다"고 하시는데 그 사람이 누구라고 말씀하시나요? [마가복음 14:43]

나눔의 시간

1) 하나님은 어떤 분이십니까?

2) 무엇을 깨달았나요?

3) 적용합니다.

4) 묵상과 함께 하는 말씀기도

내일의 양식 : 마가복음 14:43~50

회개가 되면
성도가 됩니다

나는 회개를 모르고 10년 넘게 신앙생활을 했다. 그 때를 생각하면 바르게 배우지 못해서 방황했던 내가 불쌍하다. 먼저 나는 배우려는 기본자세가 없었다. 예수님께서 첫 번째로 하신 말씀이 회개다(마 4:17). 그래서 신앙생활은 회개가 되면 다 되고 회개가 안 되면 다 안 된다. 예언자들과 세례 요한과 사도들도 회개의 중요성을 알고 회개의 말씀으로 시작했다. 그래서 누구든지 하나님께서 주시는 회개를 경험해야 그때부터 성도가 된다. 이것이 되면 그 인생에는 희망이 보인다. 그렇다고 한다면 회개는 무엇인가? 성경대로 알아보자.

집을 떠났던 탕자가 자기 잘못을 깨닫고 입으로 자복하고 마음으로 탄식하고 후회한다. 그리고 일어나서 집으로 돌아가려고 마음을 먹는다. 여기까지는 회개가 아니다. 일어나서 집을 향하여 걸어가기 시작할 때부터 몸도, 마음도, 그 영도 회개가 시작(눅 15:20)되지만, 회개 된 것은 아니다. 아버지를 만나서 "아버지 내가 하늘과 아버지께 죄를 지었사오니 지금부터는 아버지의 아들이라 일컬음을 감당하지 못하겠나이다"(막 15:21)라고 말하니 아버지가 아들은 가슴으로 안아준다. 그리고 아버지가 종들에게 이르되 "제일 좋은 옷을 내어다가 입히고 손에 가락지를 끼우고 발에 신을 신기라 그리고 살진 송아지를 끌어다가 잡으라 우리가 먹고 즐기자 내 아들은 죽었다가 다시 살아났으며 내가 잃었다가 다시 얻었노라"고 말하고 즐거워하신다. 이것이 회개다.

키 작은 삭개오가 예수님이 어떤 분인가 보고 싶어서 나무 위에 올라가서 예수님을 바라보고 있었다. 그런데 나무 위에 앉아 있는 자신에게 다가오셔서 말씀하시기를 "오늘은 삭개오의 집에서 머문다"고 하시니 삭개오가 나무에서 내려와 말한다. "내 소유의 절반을 가난한 자들에게 주겠사오며 만일 누구의 것을 속여 빼앗은 일이 있으면 네 갑절로 갚겠나이다"(눅 19:8). 삭개오는 실천에 옮겼을 것이다. 이것이 회개다. 만일 하지 않았다면 더 큰 죄를 하나님과 이웃에게 짓는 것이 된다(히 6:6). 두 사람이 예루살렘을 떠나서 엠마오로 가다가 예수님께서 동행하시므로 부활하신 예수님을 만난다. 그들은 밤의 여행이 위험한 길임에도 불구하고 다시 예루살렘을 향하여 돌아갔다(눅 24:33). 이것이 은혜를 받은 자가 잘못을 인정하고 180도 돌아서는 진정한 회개다. 입술로 자백하는 confess는 아직 회개가 아니다 메타노에오, repent로 죄에서 돌아서는 것이 회개다.

나는 회개를 모를 때 눈으로 음란과 탐욕스러운 죄를 지었다. 나는 이때 아픈 마음으로 탄식하고 눈물을 흘리며 가슴을 치며 기도하는 것이 회개인 줄 알았다. 맞다. 이것은 회개하고 싶어 하는 나쁘지 않은 겉모습이다. 그러나 내가 그 죄에서 180도 돌아서지 않으면 회개가 아니다. 나는 죄 중에서 영원히 용서받지 못하는 죄의 본질을 몰랐다. 죄 중의 죄는 요한복음 16장 9절에 있다. 예수님을 믿지 않는 죄다. 예수님을 믿고 죄에서 돌아서는 순간부터 예수님을 바르게 믿기 시작했다. 이것이 지속되면 예수님과 나 사이에 친밀감이 쌓인다. 믿음이 자라서 신뢰의 관계로 들어가기 시작한다. 예수님께서도 신이 나서 내가 그동안 당했던 죄의 원수들까지 갚아주기 시작하신다. 이때 하늘에서 그 사람의 이름이 생명책에 기록이 된 것을 알고 잔치가 벌어진다(눅 15:7). 그래서 그리스도인의 능력은 회개다.

우리가 빛 가운데 있으면 어두움은 조금도 없다. 그러나 죄는 역겹고 토(吐)이고 한 번의 숨도 편하게 쉴 수 없는 고통을 스스로 가지고 있다. 마치 더러운 공중화장실 안에서 용변을 마치고 빨리 나가야 하는데 사정이 있어서 나오지 못하고 그대로 머물러 있는 상태와 같다(벧후 2:22). 죄는 역겨운 것이라는 사실을 성경은 말씀하신다. 죄는 마치 죽은 사체를 태우면서 나오는 역겨운 냄새와도 같다(렘 32:35). 담배를 끊는 은혜는 그 담배연기에서 나오는 냄새가 내 후각을 역겹게 해 달라고 기도해서 풀을 말려서 만든 담배에서 역겨운 냄새를 후각이 맡기 시작하면 끊게 된다. 나는 군에 다녀와서 이와 같은 은혜를 받고 끊게 되었다.

나는 임종을 눈앞에 둔 분들께 병문안을 가면 다 마치고 돌아가기 직전에 이렇게 권한다. "여기 누워서 지루하고 긴 시간 동안 자녀들과 가문을 위해서 축복으로 기도하세요. 그러나 꼭 먼저 해야 할 일이 있습니다. 지금까지

마가복음 묵상과 나눔

지은 죄를 낱낱이 회개하세요!" 나이는 들고 아파서 오늘 죽을 지도 모르는 분에게 하기 싫은 말을 어떤 이유로 꼭 해야만 하는가? 천국은 용서받은 죄인이 들어가는 곳이다. 그러나 회개되지 않은 죄를 가지고는 그 누구도 들어갈 수 없다. 회개의 가치와 중요성을 깨닫고 바르고 옳게 회개하면 된다. 죄를 아파하며 회개의 은혜가 올 때까지 기다리면 된다. 몇 날이 되어 회개가 되면 이때부터 땅과 하늘에서 기도의 문이 열리고 주님과 동행하는 새로운 날들이 시작된다(행 3:19).

성도(聖徒)는 회개가 되어 그리스도 예수님의 신부된 모습이 재연될 것을 기대하고 세상을 떠나야 한다(계 21:2). 이것이 주님께서 회개를 시키시고 우리를 택하신 목적이다. 우리는 말씀묵상과 말씀기도와 같은 경건훈련을 하면서 예수님을 뵙게 될 희망과 기대감을 갖고 언제든지 떠날 준비를 하고 하루하루를 감사와 행복으로 살아야 한다. 아멘&샬롬.

기적 플러스⁺

마가복음 14:43~50

43 그런데 예수님께서 아직 말씀하고 계실 때에, 열두 제자 가운데 하나인 유다가 곧 왔다. 대제사장들과 율법학자들과 장로들이 보낸 무리가 칼과 몽둥이를 들고 그와 함께 왔다. **44** 그런데, 예수님을 넘겨줄 자가 그들에게 신호를 짜주기를 "내가 입을 맞추는 사람이 바로 그 사람이니, 그를 잡아서 단단히 끌고 가시오" 하고 말해 놓았다. **45** 유다가 와서, 예수님께로 곧 다가가서 "랍비님!" 하고 말하고서, 입을 맞추었다. **46** 그러자 그들은 예수님께 손을 대어 잡았다. **47** 그런데 곁에 서 있던 이들 가운데서 어느 한 사람이, 칼을 빼어 대제사장의 종을 내리쳐서, 그 귀를 잘라 버렸다. **48** 예수님께서 그들에게 말씀하셨다. "너희는 강도에게 하듯이, 칼과 몽둥이를 들고 나를 잡으러 나왔느냐? **49** 내가 날마다 성전에 너희와 함께 있으면서 가르치고 있었건만 너희는 잡지 않았다. 그러나 이것은 성경 말씀을 이루려는 것이다." **50** 제자들은 모두 예수님을 버리고 달아났다.

질문을 만들고 그 답을 말씀에서 찾습니다.

1) 예수님의 말씀이 떨어지자마자 유다가 나타났습니다. 그 뒤에 대제사장과 종교학자들과 폭력배들이 칼과 몽둥이를 들고 나타났습니다. 가룟 유다는 그들끼리 암호를 짜두고 "내가 입을 맞추는 사람이 바로 그 사람이니 잡아가라"고 하였기에 유다는 예수님께 가까이 가서 "랍비님"하고 입을 맞추니 무리들이 다가와서 예수님을 거칠게 대하니 베드로가 칼을 빼서 대제사장의 종, 말고의 귀를 쳐서 자르니(요 18:10), 예수님께서 귀를 다시 치료해 주시면서 (눅 22:51) 무엇이라고 말씀하셨나요? 48~49절

2) 예수님께서 하시는 이 모든 일들이 누구의 뜻을 이루려는 것일까요?
   [누가복음 22:42]

3) 예수님께서는 이때 어떤 말씀을 또 하셨나요? [마태복음 26:53~56]

4) 예수님께서는 아버지께 순종하여 무엇을 이루려는 것일까요? [마태복음 1:21, 디모데전서 1:15]

5) 이때 제자들은 어디로 갔나요? 50절

나눔의 시간

1) 하나님은 어떤 분이십니까?
2) 무엇을 깨달았나요?
3) 적용합니다.
4) 묵상과 함께 하는 말씀기도

내일의 양식 : 마가복음 14:51~59

무서운 고정관념,
Frame(프레임)

가룟 유다는 돈이라는 프레임에 사로잡혀서 나사로가 죽었다가 다시 살아난 것을 보고도 돈 이외에는 다른 것들은 눈에 보이지 않았다. 돈이라는 frame에 사로잡혀 예수님을 돈 받고 팔아먹을 생각에 가득 차 있었다. 돈이라는 프레임에 사로잡혀 있는 사람들의 특징은 모든 것을 돈으로 계산하고 거래한다. 맘몬 우상이 정말 무섭다(딤전 6:10). 인생의 성공실패는 물론이고 사람의 인격이나 실력이나 신앙의 정도까지 돈의 유무로 먼저 판단하고 계산한 다음에 관계를 시작한다. 대제사장과 바리새인들과 율법학자들은 죽은 나사로가 살아났다는 소식을 들었을 것이다. 그러나 예수님과 함께 나사로까지 죽이기로 결정한다(요 12:10). 왜냐하면 이들은 예루살렘 교회를 돈으로 계산하고 이것은 내 소유라는 기득권 frame에 잡혀 있기 때문이다(요 12:10).

만일 기도하는 사람들이 자기만의 frame에 사로잡혀서 기도하면 주님께서는 그 방향으로 가도록 내어버려 두신다. 그리고 이 프레임에 빠진 사람은 하나님의 인도함을 받고 있다고 생각한다. 누가복음 22장 5절을 보면 가룟 유다가 예수님을 은 30냥에 판다고 대제사장들과 성전 경비대장들에게 말하자, 그들은 기뻐한다. 빌라도의 뜰에 있던 대제사장들과 바리새인과 율법사들도 자기들이 생각하고 있던 방향으로 인도하심이 있다고 생각하고 더욱 담대하게 말하고 행동을 개시한다(막 15:1, 요 19:6). 이것이 하나님의 '내버려두심'이다(롬 1:24, 26, 28). 이들은 자기가 생각하고 행하는 일들이 옳다고 생각하고 있기에 이렇게 행동을 한다고 예수님께서 말씀하셨다(요 16:2). 하나님께든 사람에게든 조건을 가지고 대하게 되면 그 조건이 프레임이 되어 다음에는 또 다른 조건을 만들어 자신도 모르는 사이에 자기 인생의 주인이 되어 살게 된다. 이런 사람에게는 점점 하나님조차도 자기가 필요할 때만 구하는 신적 대상일 뿐이다. 이들은 주님의 이름으로 많은 업적과 공로가 보여도 끝내는 예수님의 말씀처럼 이렇게 된다(마 7:21~23). 예수님을 따르던 제자들도 처음부터 끝까지 자기들의 고정관념에서 벗어나지 못했다(막 10:35~37).

자기 프레임에 붙잡힌 사람은 다른 것은 보지 못한다. 그때부터는 하나님의 말씀도 사람의 말도 듣지 않고 줄곧 자기가 옳다고 생각하는 길을 추구한다. 자기만의 안경을 쓰고 frame에 갇혀서 세상을 보고 있다. 이것이 무서운 고정관념, 프레임이다. 하나님과 사람 앞에서 자기의 생각에 옳다고 생각하는 강한 신념이 무너지지 않기에 오늘도 고난이 그들에게 계속된다. 나는 교회연합운동을 할 때뿐만 아니라, 죽음을 건너기 전까지 이 프레임에 갇혀있었다. 나는 잘못이 없다고 생각했다.

그러나 고난 가운데 기도하는 분을 만났는데 "나는 죽었습니다"라고 기도하고 백지상태로 돌아가자, 하나님 아버지께서 개입하여 일하기 시작하셨고 이제는 상황이 역전되기 시작했다고 말한다. 이것이 야곱이 모든 것을 보내고 홀로 남아서 기도한 브니엘의 기도이다. 아므람과 요게벳이 갈대상자를 만들어서 나일강에 아기 모세를 떠나보낸 것과 같다. 예수님과 함께 죽기를 원하는 자가 하는 기도이다. 이것이 방주와 갈대상자에 사용한 테바(הבת)라는 단어의 뜻이다. 테바는 돛대가 없고 동력이 없고 방향의 키가 없다.

예를 들면 다니엘이 사자굴로 들어가기 전에 또는 사드락과 메삭과 아벳느고가 불 속에 들어가기 전, 또는 스데반이 자기에게 돌을 던지는 사람들 앞에 있을 때 "이렇게 해 주세요! 저렇게 해 주세요!"라는 자기만의 믿음의 frame이나 조건이 있었다면, 그 결과는 다르게 나타났을 것이다. 그러나 이들은 "그리 아니하실 찌라도"(단 3:19) 또는 "살아도 주를 위하여 살고 죽어도 주를 위하여 죽나니 사나 죽으나 주님의 것입니다"라고 말하고 테바(תבה)기도를 했다(롬 14:8). 예수님께서도 "아빠, 아버지, 아버지께서는 모든 일을 하실 수 있으시니, 내게서 이 잔을 거두어 주세요. 그러나 내 뜻대로 하지 마시고, 아버지의 뜻대로 하여 주세요"(막 14:36)라고 기도하셨다.

기도응답을 못 받거나 더딘 것은 나만의 생각과 프레임에 갇혀있었기 때문이라는 것을 죽음을 건너와서 깨달았다. 이것은 히브리서 12장 2절을 통해서 믿음으로 산다는 것이 무엇인 줄 알고 난 이후이다. 그때부터는 그동안 경험해 보지 못한 인생역전이 시작되었다. 마치 나오지 않던 시민권이 나와서 기본권을 누리는 하늘백성이 된 것과 같았다.

마가복음 묵상과 나눔

내 존재가 땅의 시간에서 얼마가 남았는지 모르지만, 하나님 아버지와 사람을 조건 없이 사랑하며 살아도 시간이 짧다고 생각한다. 오늘도 예수님의 이름으로 말이나 행동을 하며 살아가는 하루가 되기를 바란다(골 3:17). 내가 주님으로부터 받은 사랑은 너무나 커서 내 몸을 다 바쳐 이웃을 사랑하는 일이 있더라도 그것은 강가에 있는 조약돌보다 작다(눅 17:10).

예수님의 사랑은 모든 것을 다 주시는 백지사랑이다. 그래서 하나님 아버지께서는 예수님을 살리셨다(행 2:32, 3:15, 4:10, 5:30, 10:40, 13:30). 오늘도 주님께서는 백지상태에 있는 사람의 마음에 말씀을 쓰시고 그사람을 살리는 일을 하신다(히 8:10). 샬롬&아멘.

기적 플러스⁺

마가복음 14:51~59

51 그런데 어떤 젊은이가 맨몸에 홑이불을 두르고, 예수님을 따라가고 있었다. 그들이 그를 잡으려고 하니, **52** 그는 홑이불을 버리고, 맨몸으로 달아났다. **53** 그들은 예수님을 대제사장에게로 끌고 갔다. 그러자 대제사장들과 장로들과 율법학자들이 모두 모여들었다. **54** 베드로는 멀찍이 떨어져서, 예수님을 뒤따라 대제사장의 집 안마당에까지 들어갔다. 그는 하인들과 함께 앉아 불을 쬐고 있었다. **55** 대제사장들과 온 의회가 예수님을 사형에 처하려고, 그를 고소할 증거를 찾았으나, 찾아내지 못하였다. **56** 예수님께 불리하게 거짓으로 증언하는 사람이 많이 있었지만, 그들의 증언은 서로 들어맞지 않았다. **57** 더러는 일어나서, 그에게 불리하게, 거짓으로 증언하여 말하기를 **58** "우리가 이 사람이 말하는 것을 들었는데 '내가 사람의 손으로 지은 이 성전을 허물고, 손으로 짓지 않은 다른 성전을 사흘만에 세우겠다' 하였습니다." **59** 그러나 그들의 증언도 서로 들어맞지 않았다.

질문을 만들고 그 답을 말씀에서 찾습니다.

1) 홑이불을 걸치고 예수님을 따라가는 청년을 군병이 붙잡으려고 하자 홑이불을 버려두고 벌거벗은 몸으로 도망을 갔습니다. 그들은 예수님을 대제사장에게 끌고 가니 대제사장들과 종교학자들과 장로들이 다 모였습니다. 이때 베드로는 어디에 있었을까요? 54절

2) 베드로는 거리를 두고 예수님이 어떻게 되나 곁눈질을 하면서 불을 쬐고 있었습니다. 대제사장과 공의회 의원들은 공모해서 예수님을 사형에 처할만한 죄목을 찾지 못해서 이 사람 저 사람을 불러서 불리하게 증언할 사람들을 데리고 왔으나 서로의 말이 맞았나요? 56절

3) 전도자는 전도서 6장 1절에서 말하기를 세상에서 한 가지, 참기 어려운 일을 보았는데 그것은 사람을 억울하게 만드는 것이라고 말합니다. 사람이 예수님 때문에 억울한 일을 당할 때 하나님께서 어떤 방법으로 풀어 주실까요? [시편 72:4]

4) 이들은 예수님에 대해서 어떤 거짓말을 했을까요? 58절

5) 예레미야는 억울할 때 어떤 기도를 했을까요? [예레미야애가 3:59]

6) 예수님께서는 한 점 부끄러움이 없는 삶을 사셨습니다. 그러나 최악의 상태에서 죽어 가시면서 "아버지, 저들의 죄를 용서해주세요. 자기들이 하는 것을 알지 못합니다"(눅 23:34)라고 기도하셨습니다. 예수님을 닮아가고 있던 스데반도 억울하게 죽어 가면서 마지막으로 어떤 기도를 했을까요? [사도행전 7:60]

나눔의 시간

1) 하나님은 어떤 분이십니까?
2) 무엇을 깨달았나요?
3) 적용합니다.
4) 묵상과 함께 하는 말씀기도

내일의 양식 : 마가복음 14:60~65

나를 깨어 놓은
진리(眞理)

그리스도인에게는 희망이 있다. 그 희망언약은 예수님께서 이 땅에 다시 오시든지 아니면, 우리가 주님과 동행하다가 영광스러운 부활에 속하여 예수님을 만나는 것이다(계 20:6). 예수님께서는 부활의 모습을 500명의 제자에게 일시에 보이시고(고전 15:6), 120명이 보는 가운데(행 1:15) 하늘나라로 가시면서 너희가 눈으로 본 그대로 다시 온다고 약속하셨다. "아멘 주 예수님이시여 오시옵소서"(행 1:11, 계 22:20).

예수님께서 다시 오시는 때를 3가지로 말씀하셨다.

첫째로 마지막 때는 노아의 시대와 같이 사람들은 먹고 마시고 장가 가고 시집가는데 그들은 하나님에 대해서는 관심이 없다(눅 17:26). 잘 먹고 잘 지내는데 하나님과 그의 나라에 관심이 없는 때다. 지금의 세상과 닮았다.

두 번째로 예수님께서 오실 때에 이스라엘이 회복된다(롬11:25~26). 이스라엘은 1948년 5월 14일, 땅과 국민과 나라와 주권을 다시 찾았다. 나라를 잃

마가복음 묵상과 나눔

어버리고 2,600년 후에 나라를 그 자리에 다시 찾았다. 전무후무한 이와 같은 일은 두 말할 것도 없이 언약의 성취다(창 12:7). 북이스라엘은 2,667년, 남유다는 2,531년 만에 나라와 주권을 다시 찾았다. 예루살렘이 멸망하여 흩어진 시점은 AD72년으로 볼 수 있지만 나라의 주권을 잃은 시점은 북이스라엘은 BC722년과 남유다는 BC586년으로 보는 것이 올바르다. 그리고 1948년 5월 15일에 있었던 이스라엘의 주권회복은 15일보다 하루 먼저 보는 14일이 맞다. 왜냐하면 이사야 66장 7~8절에 그 하루가 예언되어 있기 때문이다.

세 번째로 예수님께서 오시는 그날에는 복음이 땅끝까지 전파되어 모든 민족에게 증거 된다(마 24:14). 복음은 북한같이 완전히 폐쇄된 사회에도 전파되었고, 이란과 사우디아라비아와 같은 모슬렘 국가에도 전파되었고, 난공불락(難攻不落)이었던 티벳의 장족 같은 종족에게도 전파되었다. 이제 남은 것은 미전도종족과 이스라엘의 회복이다. 오늘도 복음 전파를 위해서 죽는 것을 두려워하지 않는 형제자매들로 복음이 땅끝으로 전파되고 있고 예수님께서 다시 오신다. 아니면 내가 주님 곁으로 간다.

우리가 세상을 떠나면 어디로 가는 것일까? 사람들은 "천국으로 갔다"고 말한다. 틀린 말이다. 천국에 가지 않고 낙원으로 간다. 십자가에서 예수님과 함께 고난을 받으며 죽어가는 강도가 예수님을 인정한 것으로 인하여 예수님께서는 강도에게 "오늘 네가 나와 함께 낙원에 있을 것"이라고 말씀하셨다(눅 23:43). 이 낙원을 사람들이 세상을 떠나서 영면(永眠)하는 곳으로 알고 있다. 맞다. 틀리지 않다. 바울 사도는 데살로니가전서 4장 14~17절에서 말하고 있다. "우리는 예수님께서 죽으셨다가 다시 살아나심을 믿고 있는데 예수님 안에서 자는 자(永眠)들도 하나님께서 그와 함께 데리고 오시리라 우리가 주의 말씀으로 너희에게 이것을 말하노니 주님께서 강림하실 때까지 우리 살아남아 있는 자도 자는 자보다 결코 앞서지 못하리라 주님께서 호령과 천사장의 소리와 하나님의 나팔 소리로 친히 하늘로부터 강림하시리니 그리스도 안에서 죽은 자들이 먼저 일어나고 그 후에 우리 살아남은 자들도 그들과 함께 구름 속으로 끌어 올려 공중에서 주를 영접하게 하시리니 그리하여 우리가 항상 주와 함께 있으리라."

바울 사도는 이때로부터 4년 후에 고린도전서를 기록하였고 1년 6개월 후에는 고린도후서까지 기록하였다. 그는 고린도후서 12장 1~4절에서 성령께 이끌리어 간 낙원은 잠만(永眠) 자는 곳이 아니다. "주의 환상과 계시를 말하리라 내가 그리스도 안에 있는 한 사람을 아노니 그는 십사 년 전에 셋째 하늘에 이끌려 간 자라 그가 몸 안에 있었는지 몸 밖에 있었는지 나는 모르거니와 하나님은 아시느니라 그가 낙원으로 이끌려 가서 말로 표현할 수 없는 말을 들었으니 사람이 가히 이르지 못할 말이로다." 이때에 바울 사도가 셋째 하늘로 갔던 14년 전에는 고향 다소에서 '인고의 시간'을 보낼 때다(행 11:25). 그러나 고린도후서가 기록되어 알려지고 그로부터 40년 후에 사도 요한이 밧모섬에서 에베소교회에 편지를 쓰면서 보았던 낙원은 이런 곳이다. "귀 있는 자는 성령이 교회들에게 하시는 말씀을 들을지어다. 이기는 그에게는 내가 하나님의 낙원에 있는 생명나무의 열매를 주어 먹게 하리라"(계2:7). 요한이 가서 본 낙원은 생명나무 열매를 먹는 곳이다.

마가복음 묵상과 나눔

지금까지 살펴본 대로 그리스도인들이 세상을 떠나면 그 영혼이 가는 곳이 낙원이다. 그러나 그 낙원은 '사람에 따라서 다르다'는 것을 알 수 있다. 그러면 낙원은 누가 가는가? 주님의 이름을 불렀던 사람들이 세상을 떠나면 영과 혼이 낙원에 가서 그 상급대로 있다가 예수님께서 강림하시는 날에 예수님께서 데리고 (살전 4:14) 오셔서 땅에 있는 그리스도인들과 둘째 하늘에서 만난다. 이때 마태복음 25장과 그 외에 일들도 나타난다. 한 가지를 소개하면 기름과 불을 넉넉히 준비하고 있었던 슬기로운 다섯 처녀와 육신에 속한 그리스도인(고전 3:3)이 되어 적당히 살다가 기름부족으로 등불이 꺼져 문은 닫히고 영광스러운 부활에 들어가지 못하는 미련한 다섯 처녀의 일도 이때 있게 된다(고후 5:10). 그리고 마태복음 13장 49절의 말씀과 같이 세상 끝 날에 천사들이 와서 의인 중에서 악인을 걸러 내는 일이 이때 있게 된다.

좀 더 예수님을 잘 믿지 못하여 영광스러운 부활에 들어가지 못해서 울며 이를 갈며 억울해 하는 일들이 이때에 있을 것이라고 마태는 6번이나 말한다 (마 8:12, 13:42, 50, 22:13, 24:51, 25:30). 이들은 손과 발이 묶여 어두운 풀무불 속으로 들어가면서 슬피 울며 이를 갈면서 괴로워한다. "예수님을 조금만 더 잘 믿을 걸"하면서 말이다. 눈물을 흘리며 이를 갈면서 두고두고 후회하게 된다. 그러나 영광스러운 첫째 부활에 참여하는 자들은 주님과 함께 천년왕국에서 둘째 부활의 때까지 행복하게 지내게 된다(계 20:5~6). 성경에서 둘째 부활은 말씀하지 않는다. 그러나 첫째 부활이 있다는 것은 둘째 부활이 있다는 것이다.

사람들은 천년왕국 앞에 무, 전, 후(무천년설, 전천년설, 후천년설)를 붙여서 말한다. 성경말씀을 깨닫고 자기 지식과 생각을 말하는 것은 할 수 있다. 그러나 기록된 말씀에 자기 생각을 더하거나 빼서 그것이 진리처럼 가르치고 말하면 안 된다. 그것은 자기 혼자의 지식일 뿐이다. 누구든지 성경이 말씀하시는 것을 그대로 믿어야 한다. 요한계시록 22장 18~19절 말씀이다. "내가 이 두루마리의 예언의 말씀을 듣는 모든 사람에게 증언하노니 만일 누구든지 이것들 외에 더하면 하나님이 이 두루마리에 기록된 재앙들을 그에게 더하실 것이요. 만일 누구든지 이 두루마리의 예언의 말씀에서 제하여 버리면 하나님이 이 두루마리에 기록된 생명나무와 및 거룩한 성에 참여함을 제하여 버리시리라."

성경에서 첫째 부활의 때에 있을 '천년'을 6번이나 말씀하고 있다(계 20:2-7). 이것은 예수님의 강림과 함께 반드시 이루어질 일이다(계 1:1). 천년왕국의 때가 차고 그날들이 지나면 크고 흰 보좌가 셋째 하늘에서 내려와 나타나는데(계 20:11) 이때는 지금까지 땅에 존재했던 악한 자나 선한 자나 모든 사람들이 다 부활하여(요 5:29) 백보좌 심판대 앞에 서게 된다. 옥에서 복음을 처음으로 들었던 사람들도 부활하여 이 자리에 서게 된다(벧전 3:19). 이것을 보면 하나님은 공평하시고 공정하신 사랑의 주님이시다. 이때가 둘째 부활의 때다. 그러나 첫째 부활에 참여 했던 사람들은 심판받는 자리가 아닌 심판하는 주님 편에 있게 된다(엡 2:6). 그 자격은 첫째 부활에 들어갔기 때문이다. 이제 심판의 일들이 다 끝나면 셋째 하늘에 있는 새 하늘과 새 땅이 열리고 둘째 부활에 들어온 성도들도 그리스도의 신부가 되어 신랑 되신 예수님을 만난다(계 21:2). 첫째 부활에는 들어가지 못했어도 생명책에 기록된 사람(계 21:27)들이 새 하늘과 새 땅에 들어가 주와 함께 살게 된다. 세례 요한도 이때 들어간다(마 11:11). 세례 요한이 첫째 부활에 참여하지 못했던 이유는 분명하다(마 11:3).

예수님과 함께 죽고 예수님과 함께 살아온(롬 14:8) 그리스도인들은 이 희망을 바라며 약속하신 '그날'을 기다리며 아브라함과 같은 믿음(창 17:1-2)으로 오늘까지 살아온 사람들이다. 바울 사도도 두렵고 떨림으로(빌 2:12) 구원을 이루며 어떻게 해서든지 죽은 자 가운데서 영광스러운 부활(엑사나스타시스, ἐξανάστασις)에 이르기를 원하며 살았다(빌 3:11). 바울 사도가 그토록 원하고 갈망하며 힘을 다했던(빌 3:13-14) 영광스러운 구원은 첫째 부활을 말한다(계 20:5-6). 첫째 부활에 참여하는 사람은 힘쓰고 침노하는 자가 얻는다(마 11:12). 은혜로 들어가는 하늘나라가 왜 힘을 써야 하는가? 그것은 말씀대로 믿고 말씀대로 구하고 말씀대로 살지 못하게 하는 죄와의 선한 싸움이 있기 때문이다(딤전 6:12, 딤후 4:7). 비천하고 약한 나와 같은 사람이 봐도 영광스러운 부활에 참여하여 첫째 부활에 들어가는 사람이 많지 않은 것 같아 안타까울 뿐이다(마 7:14). 두 사람이 같이 있어도 문제는 나다(눅 17:35). 그래서 예수님께서 강림하시는 '그날'이 '오늘' 이기를 기도하고 기다리는 사람은 복(83~57)이 있는 사람이다(눅 12:37-38) 나는 내몸을 산 제물로 바치는 일(빌 2:17)이 있더라도 예수님을 잘 믿어서 영광스러운 첫째 부활에 들어가야 한다. 성경에 나타난 진리와 지식을 연구해서 이렇게 알리는 것과 믿음으로, 말씀으로 사는 것은 다른 것이다. 이 진리가 나를 깨어 놓았다. 나를 위해서 기도해 주시기 바란다. 나는 꼭 첫째 부활에 들어가야 한다. 아멘&샬롬.

기적 플러스⁺

마가복음 14:60~65

60 그래서 대제사장이 한가운데 일어서서, 예수님께 물었다. "이 사람들이 그대에게 불리하게 증언하는데도, 아무 답변도 하지 않소?" **61** 그러나 예수님께서는 입을 다무시고, 아무 대답도 하지 않으셨다. 대제사장이 예수님께 물었다. "그대는 찬양을 받으실 분의 아들 그리스도요?" **62** 예수님께서 말씀하셨다. "내가 바로 그이요. 당신들은 인자가 전능하신 분의 오른쪽에 앉아 있는 것과, 하늘의 구름을 타고 오는 것을 보게 될 것이오." **63** 대제사장은 자기 옷을 찢고 말하였다. "이제 우리에게 무슨 증인들이 더 필요하겠소? **64** 여러분은 이제 하나님을 모독하는 말을 들었소. 여러분의 생각은 어떠하오?" 그러자 그들은 모두, 예수님이 사형을 받아야 마땅하다고 정죄하였다. **65** 그들 가운데서 더러는, 달려들어 예수님께 침을 뱉고, 얼굴을 가리고 주먹으로 치고 하면서 "알아 맞추어 보아라" 하고 놀려대기 시작하였다. 그리고 하인들은 예수님을 손바닥으로 쳤다.

질문을 만들고 그 답을 말씀에서 찾습니다.

1) 대제사장이 일어나서 예수님께 말하였습니다. "사람들이 당신에게 불리하게 증언하는데도, 아무 답변도 하지 않느냐"고 말하니 예수님께서는 침묵하셨습니다. 대제사장은 또 다시 물었습니다. "네가 찬양 받으실 분의 아들이냐"고 물으니 예수님께서 무엇이라고 말씀하셨나요? 62절

2) 예수님께서 "내가 바로 그이요. 당신들은 인자가 전능하신 분의 오른쪽에 앉아 있는 것과 하늘의 구름을 타고 오는 것을 보게 될 것이오"라고 말하자 대제사장이 예수님의 말을 듣고 흥분하면서 자기 옷을 찢으며 소리를 치면서 "여러분 들으셨지요! 무슨 증인이 더 필요하오! 그가 하나님을 모독하는 것을 두고 볼 셈이오?"라고 말하니 모여 있는 사람들이 무엇이라고 말했나요?

64절하

3) 그들은 모두 예수님이 사형을 받아야 마땅하다고 정죄하면서 초유의 일들이 터집니다. 이들은 어떤 행동들을 거침없이 하나요? 65절

4) 이들은 왜 이렇게 행동하게 되었을까요? [사도행전 3:17]

나눔의 시간

1) 하나님은 어떤 분이십니까?
2) 무엇을 깨달았나요?
3) 적용합니다.
4) 묵상과 함께 하는 말씀기도

내일의 양식 : 마가복음 14:66~72

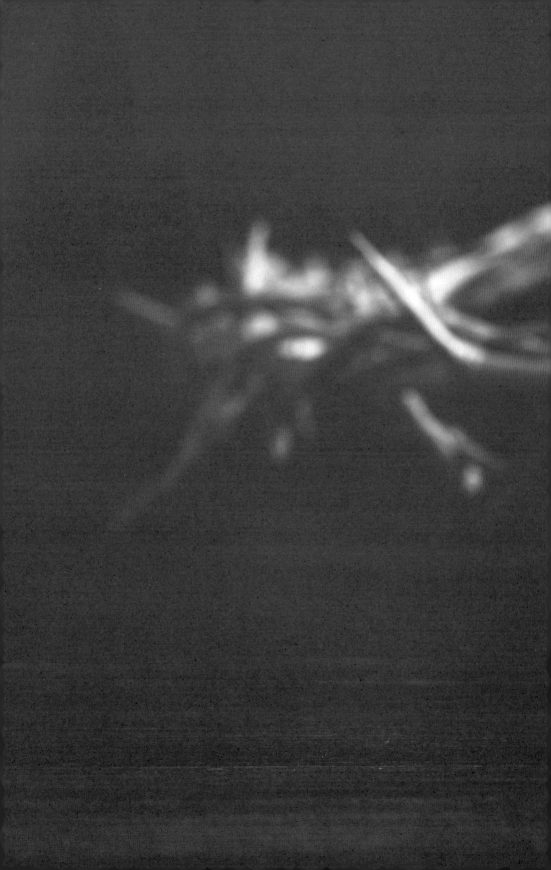

"예수님만이 나의 주, 나의 왕입니다." 이 말은 예수님께서 들으시는 사랑하는 자의 목소리다(아 2:8). 그러나 마귀는 예수님께서 나의 주, 나의 왕이 되는 것을 싫어한다. 예수님의 말도 듣지만, 내 말도 좀 들어 보라고 속삭인다. 자기 쪽으로 오게 해서 영광스러운 구원에 들어가지 못하게 하고 할 수만 있다면 자기가 있는 곳으로 데리고 와서 둘째 사망에 함께 들어가고 싶어 한다(계 21:8). 마귀는 기도하시는 예수님의 곁에 가서도 그랬는데 내 주변에 다가와서 유혹하는 것은 말할 것도 없다. 악마는 예수님께 다가가서 "이 모든 권세와 영광을 너에게 주겠다. 이것은 아담으로부터 나에게 넘어온 것인데, 내가 주고 싶은 사람에게 준다. 지금 네 눈에 보이는 천하만국을 줄 것이니 세상에 엎드렸다가 일어나면 다 주겠다"고 말한다(눅 4:6~7).

마귀는 속삭인다. 너처럼 유별나게 신앙생활하지 않아도 구원은 받는다고 타협한다. "모든 사람이 선을 그어놓고 적당히 세상도 즐기면서 건강과 돈을 챙기면서 신앙생활을 하는데 너만 그렇게 한들 세상이 달라지냐"고 설득한다. 그러나 예수님을 나의 왕, 나의 주로 믿고 있는 사람은 초지일관(初志一貫) 말한다. "우리가 미쳤다고 하면 하나님께 미친 것이요, 정신이 온전하다고 하면 여러분을 두고 온전한 것입니다"(고후 5:13). 여호수아도 말했다. "나와 우리 집은 누가 뭐라 해도 하나님 말씀만을 따라가고 섬기겠습니다. 여러분들도 왔다 갔다 하지 말고 섬길 분은 오늘 결정하십시오"(수 24:15). 베드로도 말한다. "우리는 택하심을 받은 족속이요, 왕과 같은 제사장들이요, 거룩한 민족이요, 하나님의 소유가 된 백성입니다"(벧전 2:9).

예수님만 나의 왕, 나의 주(主)입니다. 포로로 잡혀간 다니엘에게는 예수님만이 왕이었다. 다니엘은 다리오 임금 말고, 다른 신이나 사람에게 무엇을 구하는 사람은, 사자 굴에 집어넣기로 했다는 왕의 조서에 어인이 찍힌 것을 알,고,도, 자기 집에 돌아가서는 예루살렘으로 향하여 전에 행하던 대로 하루에 세 번씩 무릎을 꿇고 기도하며 <u>하나님께 감사하였다</u>(단 6:10).

예수님께서는 극한 상황에서도 "당신이 유대인의 왕이냐?"는 질문에 침묵하지 않으시고 내가 왕이라고 대답하셨다(마 27:11, 막 15:2, 요 18:37). 그래서 예수님께서는 성도의 "예수님은 나의 주, 나의 왕입니다"라는 목소리를 듣는 것을 기뻐하신다. 아멘&샬롬.

마가복음 14:66~72

66 베드로가 안뜰 아래쪽에 있는데, 대제사장의 하녀 가운데 하나가 와서, **67** 베드로가 불을 쬐고 있는 것을 보고, 그를 빤히 노려보고서 말하였다. "당신도 저 나사렛 사람 예수님과 함께 다닌 사람이지요?" **68** 그러나 베드로는 부인하여 말하였다. "네가 무슨 말을 하는지, 나는 알지도 못하고, 깨닫지도 못하겠다." 그리고 그는 바깥뜰로 나갔다. **69** 그 하녀가 그를 보고서, 그 곁에 서 있는 사람들에게 다시 말하였다. "이 사람은 그들과 한패입니다." **70** 그러나 그는 다시 부인하였다. 조금 뒤에 곁에 서 있는 사람들이 다시 베드로에게 말하였다. "당신이 갈릴리 사람이니까 틀림없이 그들과 한패일거요." **71** 그러나 베드로는 저주하고 맹세하여 말하였다. "나는 당신들이 말하는 그 사람을 알지 못하오." **72** 그러자 곧 닭이 두 번째 울었다. 그래서 베드로는 예수님께서 자기에게 "닭이 두 번 울기 전에, 네가 나를 세 번 모른다고 할 것이다" 하신 그 말씀이 생각나서, 엎드려서 울었다.

질문을 만들고 그 답을 말씀에서 찾습니다.

1) 예수님께 달려들어 침을 뱉고, 얼굴을 가리고 하인들이 예수님을 손바닥으로 치는 일들이 벌어지고 있는 동안에(막 14:65) 베드로는 곁눈으로 보면서 안뜰 아래쪽에서 불을 쬐고 있는데 대제사장의 하녀가 베드로에게 다가와서 눈이 뚫어지게 바라보면서 "당신도 나사렛 사람, 예수님과 함께 다니던 사람이지요?"라고(67절) 곁에 있는 사람들이 다 들을 수 있을 정도로 말하니 베드로가 기죽은 소리로 "나는 네가 무슨 말을 하는지 모르겠다"고 예수님을 부인하고 어디로 자리를 피해 가요? 68절

2) 마음이 졸려서 바깥뜰에 있는데 그 하녀가 베드로를 또 알아보고 둘러선 사람들에게 이렇게 말했습니다. "이 사람도 한 패예요. 내가 알아요"라고

말하니(69절) 베드로가 다시 무엇이라고 말하나요? 70절상

3) 잠시 후 곁에 있던 어떤 사람들이 말을 꺼냈습니다. "당신도 그들 가운데 하나가 틀림없소! 당신이 갈릴리 사람이라는 것이 온 몸에 새겨져 있소"라고 말하니(70절하) 베드로는 두려워서 저주하고 맹세하며 무엇이라고 말하나요? 71절

4) 바로 그때 수탉의 울음소리가 두 번째로 들려왔습니다(72절). 수탉의 울음소리를 듣고 베드로는 예수님께서 "네가 닭이 울기 전에 나를 세 번이나 부인할 것"이라고 하신 말씀이 생각나서 주저앉아 엎드려서 무엇을 하나요? 72절하

5) 대문 밖에서 서성거리던 베드로를 데리고 안으로 들어간(요 18:15~16) 요한은 예수님을 어디까지 따라갔을까요? [요한복음 19:26~27]

6) 요한은 성만찬에서 예수님의 가슴에 기대에 있었습니다(요 13:23). 요한은 죽음을 넘어갈 수 있는 신앙과 믿음은 무엇이라고 말하나요? [요한1서 3:14]

나눔의 시간

1) 하나님은 어떤 분이십니까?
2) 무엇을 깨달았나요?
3) 적용합니다.
4) 묵상과 함께 하는 말씀기도

내일의 양식 : 마가복음 15:1~15

요즈음 **무슨 생각**을 하시나요?

세계인의 사랑을 받는 Facebook을 열면 첫 마디가 "요즈음 무슨 생각을 하시나요"로 시작한다. 이 질문으로 나의 신앙을 스스로 진단할 수 있다(요삼 2). 끝까지 읽어 보시기 바란다.

영적 간음죄는 소리도 안 내고 조금씩 신앙을 소멸시키는 무서운 죄다. 영적 간음죄는 주님과 나 사이에 들어와 암처럼 소리소문없이 끊으려고 애를 쓴다. 영적 간음죄는 나도 모르는 사이에 세상과 절친이 되어서 짓는 심각한 죄다. 영적 간음죄는 죄가 눈으로 보이지 않는다. 세상 사람들이 좋아하는 것들이 내 마음을 조금씩 빼앗아 중독자로 만들기 때문에 조기에 발견이 어렵다. 그러나 발견만 하면 말씀으로 치유가 가능하다. 영적 간음죄는 세상과 벗이 되어서 말씀을 떠나 신앙에 무관심하게 만든다. 이 죄는 오늘날과 같이 바쁘게 돌아가는 디지털 시대에 나타나고 있는데 노아의 때에 된 것과 같이 사람들이 먹고 마시고 장가들고 시집가면서 전혀 느끼지 못하고 있는 것이 문제다(눅 17:27). 야고보 사도는 흩어진 12지파에게 영적 간음에 대한 말씀을 아픈 심정으로 써서 보냈다.

"간음하는 사람들이여, 세상과 벗함이 하나님과 등지는 일임을 알지 못합니까? 누구든지 세상의 친구가 되려고 하는 사람은 하나님의 원수가 되는 것입니다. 하나님께서는 우리 안에 살게 하신 그 영을 질투하실 정도로 그리워하십니다"(약 4:4~5).

세상과 친구가 되어서 마음과 영에 섞는 영적 간음죄란 무엇을 말할까? 어떻게 진단할 수 있을까? 영적 간음죄는 "요즈음 무슨 생각을 하시나요"라는 질문으로 정확한 진단이 가능하다(잠 23:7). 이 죄의 특징은 진단하지 않으면 증상이 나타나야 발견할 수 있다. 그때는 이미 루틴이 되어서 중증 환자가 된다.

영적 간음죄는 내가 24시간을 어디에 사용하고 있는지 돌이켜 보면 알 수 있다. 학생은 공부해야 하고, 주부는 가정을 돌보고 자녀를 양육해야 하며, 정치인은 정치를 해야 하고, 건축가는 집을 짓고, 음악가는 음악을 하며, 목회자는 목회를 해야 하고, 사업가는 이윤을 창출하기 위해서 사업을 해야 한다. 문제는 그것을 왜 하며 '어떤 목적을 가지고 누구와 함께하느냐?'이다. 한가지 예를 들면 주님의 일을 하는 사람들이 자기 꿈을 이루기 위해서 목회를 열심히 하지만 예수님 없이 일을 할 수 있다. 예수님의 경고말씀처럼 영적 간음죄는 주님의 이름으로 열심히 일하고 나중에는 안 좋은 결과를 맞이할 수 있다(마 7:21~23). 이 사람들은 주님의 일을 하다가 예수님을 잃어버린 어리석은 사람이다(갈 3:3).

나는 영적 간음죄에 빠져 있었다. 이 죄는 나를 현실 정치와 사상 속에 내 생각과 시간과 마음을 빼앗아 갔다. 그곳에서 180도 돌아서서 나오지 않고 있다가 주님께로 갔다면 세상과 벗 된 자로 하나님과 원수가 된 상태로 주님을 만났을 것이다. 끔찍하다. 이 죄의 특징은 기도가 'waiting'된다는 것이다 (약 4:5). 그 이유는 예수님께서 나에게 무시를 당했기 때문이다. 집에서도, 교회당에서도, 직장에서도 자기가 할 일만 하고 함께 계신 예수님을 의식하거나 인정하지 않았다(잠 3:6). 이렇듯 이 죄는 내 삶의 현장에서 예수님의 실존(實存)을 인정하지도, 인식하지도 못하게 한다.

나는 영적 간음죄를 용서받기 위해서 회개하고 180도 그곳에서 돌이켰다. 그 일이 있고 난 뒤 '내 마음과 생각은 무엇을 하면서 살고 있을까?'를 나 자신에게 묻는다. 내 마음은 예수님과 예수님의 말씀묵상하면서 주어진 일상의 일을 하기를 원한다. 그리스도인은 말씀과 성령님으로 거듭나서 주님과 합하여 한영이 된 사람들이기 때문에(고전 6:17) 예수님과 함께 생각하고, 예수님과 함께 말하고, 예수님과 함께 살아가는 사람들이다. 그래서 서로에게 묻고 대화하며 사는 것이 하나님을 기쁘시게 하는 신앙이다. "요즈음 무슨 생각을 하며 살고 계십니까?" 아멘&샬롬.

기적 플러스⁺

마가복음 15:1~15

1 새벽에 곧 대제사장들이 장로들과 율법학자들과 더불어 회의를 열었는데 그것은 전체의회였다. 그들은 예수님을 결박하고 끌고 가서, 빌라도에게 넘겨주었다. **2** 그래서 빌라도가 예수님께 물었다. "당신이 유대인의 왕이오?" 그러자 예수님께서 빌라도에게 대답하셨다. "당신이 그렇게 말하였소." **3** 대제사장들은 여러 가지로 예수님을 고발하였다. **4** 빌라도는 다시 예수님께 물었다. "당신은 아무 답변도 하지 않소? 사람들이 얼마나 여러 가지로 당신을 고발하는지 보시오." **5** 그러나 예수님께서는 더 이상 아무 대답도 하지 않으셨다. 그래서 빌라도는 이상하게 여겼다. **6** 그런데 빌라도는 명절 때마다 사람들이 요구하는 죄수 하나를 놓아 주곤 하였다. **7** 그런데 폭동 때에 살인을 한 폭도들과 함께 바라바라고 하는 사람이 갇혀 있었다. **8** 그래서 무리가 올라가서, 자기들에게 해주던 관례대로 해 달라고, 빌라도에게 청하였다. **9** 빌라도가 말하였다. "여러분은 내가 그 유대인의 왕을 여러분에게 놓아주기를 바라는 거요?" **10** 그는 대제사장들이 예수님을 시기하여 넘겨주었음을 알았던 것이다. **11** 그러나 대제사장들은 무리를 선동하여, 차라리 바라바를 놓아 달라고 청하게 하였다. **12** 빌라도는 다시 그들에게 말하였다. "그러면, 당신들은 유대인의 왕이라고 하는 그 사람을 나더러 어떻게 하라는 거요?" **13** 그들이 다시 소리를 질렀다. "십자가에 못 박으시오!" **14** 빌라도가 그들에게 말하였다. "정말 이 사람이 무슨 나쁜 일을 하였소?" 그들은 더욱 크게 소리를 질렀다. "십자가에 못박으시오!" **15** 그리하여 빌라도는 무리를 만족시켜 주려고, 바라바는 놓아주고, 예수님을 채찍질한 다음에 십자가에 처형당하게 넘겨주었다.

질문을 만들고 그 답을 말씀에서 찾습니다.

1) 동이 틀 무렵에 대제사장들과 종교지도자들이 전체모임을 갖고 예수님을

단단히 결박하고 빌라도에게 넘겨줍니다(1절). 산헤드린 공의회는 이스라엘의 입법, 사법, 행정권을 가지고 있으며 대제사장들을 포함해서 70명이 넘습니다. 이번에 예수님의 일로 전체회의가 있었는데 모인 사람들이 다 찬성을 했나요? 아니면 반대하는 사람도 있었을까요? [누가복음 23:50~51]

2) 아리마대 사람 요셉은 찬성하지 않았습니다. 오히려 그는 하나님의 나라가 오기를 묵상하고 기다렸습니다(눅 23:51). 그는 예수님께서 십자가에서 돌아가신 다음에 어떤 일을 했을까요? [누가복음 23:52~53]

3) 빌라도가 예수님께 "네가 유대인의 왕이냐?"고 물으니 예수님께서는 "당신이 그렇게 말하였다"라고 하십니다(2절). 예수님은 다른 질문에는 침묵하셔도 "유대인의 왕이요?"라는 질문에는 왜 대답을 하셨을까요? [요한복음 18:37, 로마서 5:21]

4) 대제사장들이 예수님을 빌라도에게 고발하지만(3절), 빌라도는 대제사장들이 악한 마음에서 예수님을 넘겨준 사실을 알면서도(10절) 명절 때마다 사람들이 요구하는 죄수 하나를 놓아주는 전통이 있어서 "여러분들은 이번 명절에 내가 유대인의 왕을 놓아주기를 원하오"라고 물으니(9절), 대제사장들이 무리를 선동하여 살인자 바라바를 놓아달라고 외치게 합니다(11절). 그리고 예수님을 십자가에 못을 박으라고 더욱 크게 소리를 지릅니다(14절). 끝내 빌라도는 무리 앞에서 손을 씻으며 부담을 안고 말하기를 이 사람의 피에 대하여 나는 무죄하다고 말하면서(마 27:24, 눅 23:14) 살인자 바라바는 놓아주고, 예수님을 채찍질한 다음에 십자가에 처형당하게 넘겨줍니다(15절). 유월절 예배를 드리려고 각 처에서 모인 폭도들은 예수님을 십자가에 못 박은 죄는 누가 받기를 원한다고 말하나요? [마태복음 27:25]

나눔의 시간

1) 하나님은 어떤 분이십니까?
2) 무엇을 깨달았나요?

3) 적용합니다.

4) 묵상과 함께 하는 말씀기도

내일의 양식 : 마가복음 15:16~32

예수님께서는 우리를 구원하시려고 자기 목숨을 스스로 버리신 분이다(요 10:18). 목숨만 나에게 주신 것이 아니다. 모욕과 수치와 거짓과 억울함과 가난함과 병을 항상 가지고 계셨으며(사 53:3, 새번역) 죽음의 고통을 받으셨다.

이 모든 일들이 나를 구원하시려고 우리와 같이 되시기 위해서 스스로 택하신 일이다. 많은 눈물과 통곡과 큰 부르짖음과 아픔을 겪으셨다(히 5:7). 예수님께서는 하나님의 아들, 그리스도의 자격으로 오셨지만, 신성을 사용하지 않으셨다(빌 2:6). 예수님께서는 이 모든 것을 당하지 않을 수 있었다. 극한 상황에서 베드로에게 말씀하셨다. "너는 내가 내 아버지께 구하여 지금이라도 열두 군단 더 되는 천사를 보내시게 할 수 없는 줄로 아느냐"(마 26:53). 우리처럼 인자(人子)가 되어서 고난을 겪으셨다.

나는 말씀을 묵상하면서 말씀을 다시 영상화하는 습관이 조금 있다. 그래서 예수님께서 고난 당하시는 복음서의 뒷부분을 읽을 때 마음이 어렵고 슬픔을 느낀다. 이 부분을 읽고 묵상하면서 나 혼자 "말도 안 된다"고 말한다. 저는 예수님께서 당하신 아픔과 고통을 바라보면서 내 죄가 얼마나 무서운 것이라는 것을 새삼 깨닫는다.

사람이 뺨따귀를 맞으면 그 상처가 너무나 커서 오랫동안 잊지 못한다고 한다. 예수님께서는 뺨따귀를 맞으셨다. 혹시 누군가가 나에게 침을 뱉었던 일이 있으신가? 없으신 줄로 안다. 그러나 예수님께서는 인간 이하의 모욕을 당하셨다. 예수님께 침을 뱉으며 주먹으로 치고 손바닥으로 얼굴과 머리를 때렸다(마 26:67). 하인들에게조차 얼굴을 주먹으로 맞고 그들의 손바닥으로 뺨을 맞으셨다.

예수님의 눈을 가려 놓고 누가 때렸는지 알아맞혀 보라고 놀림을 당하셨다. 온갖 말로 예수님을 모욕하면서 욕설을 퍼부었다. 정말 있어서는 안 될 일이 일어난 것이다. 잠깐도 아니고 이런 일이 밤이 새도록 계속되었다(눅 22:64~65). 이들의 영혼이 세상을 떠나갔을 때 이분이 그리스도라는 사실이 확인되는 순간에 어떠했을까?(고후 5:10). 새 하늘과 새 땅이 열리는 둘째 부활 때 우리는 자세히 보게 될 것이다(계 20:13).

부활 때에는 악한 자나 선한 자나 모든 사람이 부활한다(요 5:29). 그리고 악한 일들과 회개가 되지 않은 일들은 하나님 앞에서 낱낱이 재연될 것이다(계 20:11~12). 그러나 영광스러운 구원을 받은 사람들은 주님 곁에서 심판의 모든 과정을 보고 듣게 될 것이다(엡 2:6).

2023년 8월에 어머니께서 편찮으셔서 뵙고 왔다. 내가 도착하자마자, 어머님께서 그동안 모아 두었던 돈을 주셨다. 이것을 가지고 사용하라는 것이다. 물론 준비해 가지고 간 것이 있었지만, 어머니는 나에게 주고 싶으셔서 모아 두신 것이다. 보름 동안 간호하고 어머니께서 건강해지신 것을 보고 돌아왔다. 나는 어머님께 축복기도를 받고 싶었다(엡 6:2). 사랑하고 존경하는 어머님께서는 내 머리에 손을 얹고 쓰다듬으시면서 축복해 주셨다. 어머니의 것을 가지고 사용하는 나를 이토록 사랑하시는 어머니의 눈과 가슴을 바라보면서 하나님의 것을 가지고 마치 내 것처럼 사용하는 나를 생각해 보았다. 때로는 어머니의 기저귀를 채워 드리면서 주님께서 나에게 이렇게 말씀하시는 것 같았다. "네가 이곳으로 나왔다." 나의 모든 것이 다 어머니의 것이요, 하나님의 것임에도 불구하고 마치 내 것처럼 그동안 사용하고 살았다. 예수님께서는 빰따귀까지 맞으시고 생명까지 주셨는데, 나는 무엇을 할 수 있을까? 무엇인가 했으면 좋겠는데 내 것이 없어서 아무것도 할 수가 없으니 어떻게 하면 좋을까? 아멘&샬롬.

기적 플러스⁺

마가복음 15:16~32

16 병사들이 예수님을 뜰 안으로 끌고 갔다. 그 곳은 총독 공관이었다. 그들은 온 부대를 집합시켰다. **17** 그런 다음에 그들은 예수님에게 자색 옷을 입히고, 가시관을 엮어서 머리에 씌운 뒤에, **18** "유대인의 왕 만세!" 하면서, 저마다 인사하였다. **19** 또 갈대로 예수님의 머리를 치고, 침을 뱉고, 무릎을 꿇어서 그에게 경배하였다. **20** 이렇게 예수님을 희롱한 다음에, 그들은 자색 옷을 벗기고, 그의 옷을 도로 입혔다. 그런 다음에, 그들은 예수님을 십자가에 못 박으려고 끌고 나갔다. **21** 그런데 어떤 사람이 시골에서 오는 길에, 그 곳을 지나가고 있었다. 그는 알렉산더와 루포의 아버지로서, 구레네 사람 시몬이었다. 그들은 그에게 강제로 예수님의 십자가를 지고 가게 하였다. **22** 그들은 예수님을 골고다라는 곳으로 데리고 갔다. 골고다는 번역하면 '해골 곳'이다. **23** 그들은 몰약을 탄 포도주를 예수님께 드렸다. 그러나 예수님께서는 받지 않으셨다. **24** 그들은 예수님을 십자가에 못 박고, 예수님의 옷을 나누어 가졌는데, 제비를 뽑아서, 누가 무엇을 차지할지를 결정하였다. **25** 예수님을 십자가에 못 박은 때는, 아침 아홉 시였다. **26** 그의 죄 패에는 '유대인의 왕'이라고 적혀 있었다. **27** 그들은 예수님과 함께 강도 두 사람을 십자가에 못 박았는데, 하나는 그의 오른쪽에, 하나는 그의 왼쪽에 달았다. **29** 지나가는 사람들이 머리를 흔들면서, 예수님을 모욕하며 말하였다. "아하! 성전을 허물고 사흘 만에 짓겠다던 사람아, **30** 자기나 구원하여 십자가에서 내려 오려무나!" **31** 대제사장들도 율법학자들과 함께 그렇게 조롱하면서 말하였다. "그가, 남은 구원하였으나, 자기는 구원하지 못하는구나! **32** 이스라엘의 왕 그리스도는 지금 십자가에서 내려와 봐라. 그래서 우리로 하여금 보고 믿게 하여라!" 예수님과 함께 십자가에 달린 두 사람도 그를 욕하였다.

질문을 만들고 그 답을 말씀에서 찾습니다.

1) 병사들이 다 모이고 총독 공관으로 예수님을 끌고 들어가서(16절) 자색 옷을 입히고 가시나무로 엮은 관을 씌우고(17절) 어떤 말로 인사하면서 조롱을 하나요? 18절

2) 이들은 갈대로 예수님의 머리를 때리면서 침을 뱉고 무릎을 꿇고서 경배하는 시늉을 하면서(19절) 조롱을 실컷 한 다음에 다시 자주색 망토를 벗기고, 입으셨던 옷을 다시 입혔습니다. 그리고 예수님께 무엇을 하려고 밖으로 끌고 갔나요? 20절하

3) 알렉산더와 루포의 아버지로서, 구레네 사람 시몬이 일을 마치고 그 길로 지나가는 것을 로마군병이 데려다가 예수님의 십자가를 대신 지게 하였습니다(21절). 이는 예수님께서는 병약한 몸이었기에 나무 십자가를 지고 갈 수 없기 때문이었습니다. 그들은 예수님을 데리고 어디로 갔을까요? 22절

4) 이들은 예수님께 포도주와 몰약이 섞인 진통제를 주었으나 예수님께서는 받지 않으셨습니다. 예수님의 옷을 벗기고 손목과 발목을 나무 십자가에 대못으로 박고 시편 22편 18절에 예언된 말씀대로 제비를 뽑아서 누가 차지할 것인지를 결정하였습니다(24절). 그때가 오전 9시였습니다. 그리고 예수님의 십자가 위에는 '나사렛 예수 유대인의 왕'이라고 몇 가지 언어로 적어서 붙여 놓았을까요? [요한복음 19:19~20)

5) 예수님께서 이토록 상하고 찔리고 고통을 당하시고 죽으신 이유는 어디에 있을까요? [이사야 53:5~6]

6) 예수님과 함께 좌우에 매달린 두 강도(27절)도 예수님을 욕하고(32절) 대제사장과 종교학자들도 신이 나서 "그가 남은 구원하였으나, 자기는 구원하지 못한다"고 말하면서 "메시야라고? 이스라엘의 왕이라고? 그럼 한 번 십자가에서 내려와 보시지"라고 떠들어 대면서 조롱을 계속했습니다. 지나가는 사람들까지도 "아하! 성전을 허물고 사흘 만에 짓겠다던 사람아,

자기나 구원하여 십자가에서 내려와라"고 하면서 예수님을 모욕하며 지나갔습니다. 이들이 예수님에 대해서 무지하게 행동을 했던 것은 예언된 어느 성경에 대해서 무지해서 그랬을까요? [이사야 53:1~12]

나눔의 시간

1) 하나님은 어떤 분이십니까?
2) 무엇을 깨달았나요?
3) 적용합니다.
4) 묵상과 함께 하는 말씀기도

내일의 양식 : 마가복음 15:33~38

예수님께서는 십자가에서 죽으셨다가 스스로 부활한 것으로 알고 있었다. 그러나 성경을 살펴보니 그렇지 않았다. 예수님께서 스스로 살아나신 것이 아니라 하나님께서 살리신 것이다. 사람들이 그를 나무에 달아 죽였지만, 하나님께서 살리시고 사람들에게 나타나 보이셨다 (행 10:39~40, 2:36, 벧전 1:21). 예수님께서는 마리아의 몸에서 성령님으로 잉태되는 순간부터 우리와 같은 100% 사람이셨다. 그리고 마리아의 몸에서 열 달을 채우시고 베들레헴에서 출생하셨다. 예수님께서는 하나님 아들의 신분을 가지고 100% 사람으로 오셔서 모든 고통과 슬픔, 가난과 아픔, 끝내는 십자가에서 저주를 받으시고(갈 3:13) 처참하게 죽으셨다.

그래서 예수님께서는 사람의 몸으로 땅에 계시는 동안에 한순간도 멈추지 않고 기도하셨으며 24시간 하나님 아버지만 바라보시며 아버지께서 말씀하시는 것만을 따라 말했으며 아버지께서 하시는 일을 보시고 순종하시며 그날그날 살아가셨다. 이때 살아가셨던 예수님의 말씀을 들어 보면 더 자세히 알 수 있다.

"나는 내 마음대로 말한 것이 아니다. 나를 보내신 아버지께서, 내가 무엇을 말해야 하고, 또 무엇을 이야기해야 하는가를, 친히 나에게 명령해 주셨다. 나는 그의 명령이 영생인 줄 안다. 그러므로 나는 무엇이든지 아버지께서 나에게 말씀하여 주신 대로 말할 뿐이다"(요 12:49~50).

예수님께서는 가난하셨다. 성장하신 나사렛은 저소득층이 모여 사는 곳이었으며 핍절하셨다. 사람들에게 멸시받았고 고통을 많이 겪었다. 그리고 언제나 병을 가지고 계셨다(사 53:3, 새번역).

십자가에 달리셨을 때는 쇠약하고 병약해서 일찍 숨을 거두셨다(요 19:32~33). 내 죄가 얼마나 잔인하고 무자비한 고통을 예수님께 주었던지 마지막 순간에는 "하나님이여! 하나님이여! 어찌하여 나를 버리셨나이까?"라고 크게 소리를 지르며 부르짖어 기도하셨다(막 15:34). 이것은 예수님께서 세상 죄를 지고 가신 고통이며 죽음이었다. 겟세마네 동산에서 기도하실 때 아버지 하나님께서 보이신 고난과 고통을 감추지 못하시고(시 22:1~20) 말씀하시기를 내 마음이 심히 고민하여 죽게 되었으니, 너희도 여기 머물러서 나와 함께 기도하라고 베드로와 야고보와 요한에게 부탁하셨다. 우리가 자신의 약함을 드러내고 부탁하는 것과 같다(막 14:33~34). 예수님께서는 육신으로 세상에 계실 때 자기를 죽음에서 구원하실 수 있는 분께 큰 부르짖음과 많은 눈물로써 기도와 탄원을 올리셨다. 하나님께서도 아들의 경외하심을 보시고서 그 기도를 들어주셨다(히 5:7).

예수님께서 정신적, 육체적으로 받으신 고초는 밤을 새워 가며 계속되었다. 예수님께서는 고통과 고난을 밤새 겪으시다가 오전 9시에 십자가에 달리셨다. 그리고 오후 3시에 숨을 거두셨다. 그러나 삼 일이 지난 새벽에 하나님께서는 예수님을 부활시키셨다(행 3:15, 4:10). 부활하신 예수님께서는 빌라도나 대제사장에게 나타나셨다면 전도에 큰 역사가 있었을 것이다. 그러나 그렇게 하지 않으시고 구원하기로 택한 사람들에게 나타나셨다(행 10:41).

예수님의 육이 죽듯이 나도 예수님과 함께 죽고 예수님께서 부활한 것처럼 우리도 부활한다. 이것을 어떻게 알고 믿을 수 있을까? 예수님께서 나에게 성령님으로 오셔서 기록된 말씀을 믿게 하신다. 부활은 걱정할 필요가 없다. 내일 아침에 해가 뜰 것을 믿고 있듯이 하나님의 말씀을 믿고 있으면 그 말씀이 죽지 않고 살아있음을 누구나 알게 된다. 어떻게 천국에 갈 것인가에 대해서도 걱정할 것이 1도 없다. 성령님께서 믿는 자에게 오신 것과 같이 나를 그의 나라로 때가 되면 친히 데리고 가신다(요 14:3).

나는 아직 부활을 경험하지 못했기 때문에 나의 이야기를 여기에 쓸 것이 극히 작다. 그러나 부활신앙과 부활믿음을 갖는 것에 대해서는 쓸 수 있다. 부활신앙을 가지려면 입학시험을 치러야 한다. 시험문제는 누구에게나 동일하다. "자기가 믿음 안에 있는지를 자기 스스로 시험해 보고, 검증해 보아야 한다. 내 안에 예수님 그리스도께서 계시다는 것을 내가 알지 못한다면 나는 실격자다"(고후 13:5). 그러나 부활에 대해서 검증이 잘 안되는 사람은 예비학교에 입학해서 다닐 수 있다. 그곳이 성경말씀 묵상학교다. 묵상학교에 다니면 부활학교로 월반할 수 있는 길이 이런 과정을 통해서 온다(갈 3:24~25). 묵상학교는 어디에 있는가? 여기가 묵상학교다. 묵상학교를 다니면 주님과 동행하는 즐거움이 있다. 이책의 절정인 [나눔의 시간]까지 하게 되다면 큰 상도 받는다(히 11:6). 이제는 부활하신 예수님이 믿어지게 되는 사람이 되어서 기적이 일상이 된다. 말씀묵상은 믿음으로 말씀을 바라보는 것인데 이곳에서 부활하신 예수님과 친밀함이 쌓이게 된다(요일 1:1~4). 하나님은 아브라함과 이삭과 야곱의 하나님으로 지금도 살아계셔서 우리와 함께하시는 "I AM WHO I AM"의 현재진행형의 하나님이다(출 3:14). 그래서 부활의 하나님은 지금 나와 함께 계시는 임마누엘이시다(마 1:23). 아멘&샬롬.

기적 플러스⁺

마가복음 15:33~38

33 낮 열두 시가 되었을 때에, 어둠이 온 땅을 덮어서, 오후 세 시까지 계속되었다. **34** 세 시에 예수님께서 큰소리로 부르짖으셨다. "엘로이 엘로이 레마 사박다니?" 그것은 번역하면 "나의 하나님, 나의 하나님, 어찌하여 나를 버리셨습니까?" 하는 뜻이다. **35** 거기에 서 있는 사람들 가운데서 몇이, 이 말을 듣고서 말하였다. "보시오, 그가 엘리야를 부르고 있소." **36** 어떤 사람이 달려가서, 해면을 신 포도주에 푹 적셔서 갈대에 꿰어, 그에게 마시게 하며 말하였다. "어디 엘리야가 와서, 그를 내려 주나 두고 봅시다." **37** 예수님께서는 큰 소리를 지르시고서 숨지셨다. **38** 그 때에 성전 휘장이 위에서 아래까지 두 폭으로 찢어졌다.

질문을 만들고 그 답을 말씀에서 찾습니다.

1) 정오쯤 되어 하늘이 칠흑 같이 어두워지기 시작하더니 3시간 동안이나 계속되었습니다(33절). 오후 3시쯤 되어 예수님께서는 신음을 하듯이 큰 소리로 무엇이라고 부르짖으셨나요? 34절

2) 24시간 늘 함께 계셨던 하나님 아버지께서는 정말 중요한 시간에 왜 예수님을 버리셨을까요? [이사야 59:2]

3) 죽을힘을 다해서 구하는 예수님의 기도를 들을 수 없을 정도로 그 무엇이 하나님의 귀를 막았을까요? [이사야 53:6]

4) 예수님의 부르짖음을 곁에 있었던 사람들이 제대로 듣지 못하고 엘리야를 부르고 있다고 말했습니다(35절). 어떤 사람은 신포도주를 장대에 달아서 주면서 "어디 엘리야가 와서, 그를 내려 주나 두고 봅시다"라고 말했습니다(36절). 그러나 예수님께서는 큰 소리를 지르시고 어떻게 되셨나요? 37절하

5) 예수님께서는 마지막으로 큰 소리로 "다 이루었다"라고 하시고(요 19:30) 숨을 거두셨습니다. 예수님께서 "다 이루셨다"고 하셨는데 무엇을 이루셨을까요? [골로새서 1:20]

6) 예수님께서는 죄값을 치르기 위해서 그의 몸을 십자가에서 하나님께 드렸습니다(갈 1:4). 곁에서 보고 있던 백부장과 함께 있었던 사람들이 숨을 거두시는 예수님을 보고 무엇이라고 말했나요? [마태복음서 27:54]

7) 예수님께서 숨을 거두시는 순간, 예루살렘 성전 안에 있던 지성소와 성소를 가로막고 있었던 휘장이 어떻게 되었을까요? 38절

8) 지성소는 일 년에 한 번 하나님께 용서를 받기 위해서 대제사장이 휘장을 열고 조심, 조심 들어갈 수 있었습니다(히 9:7). 그동안 가로막고 있었던 휘장이 완전하게 찢어진 것은 죄 없으신 예수님의 몸이 산제물이 되어 십자가에서 죽으셨기에, 하나님께 나가는 길이 열려진 것입니다(히 10:20). 이제 우리가 예수님을 의지하고 담대하게 하나님께 나아가 기도하면 만날 수 있는 믿음의 용기는 어디에서 올까요? [요한1서 5:14~15]

나눔의 시간

1) 하나님은 어떤 분이십니까?
2) 무엇을 깨달았나요?
3) 적용합니다.
4) 묵상과 함께 하는 말씀기도

내일의 양식 : 마가복음 15:39~47

성경에서 **존경하고** 좋아하는 사람

예수님 다음으로 신약성경에서 좋아하고 존경하는 사람은 아리마대 사람 요셉이다. 그 이유는 아리마대 사람 요셉이 ①권력과 ②부와 ③명성과 ④생명과 ⑤죽음까지도 믿음으로 드렸기 때문이다. 산헤드린(Sanhedrin) 공의회에서 예수님을 죽이기로 결의하려고 의장(Nassi)을 포함해서 71명이 모였다(막 15:53). 그러나 요셉은 여기에서 결정된 일에 대해서 동의하지 않았다(눅 23:51). 산헤드린 공의회의 시작은 모세 시대에 그 기원을 두고 있으며(출 24:1) 종교재판을 시작으로 사법권과 입법권과 행정권까지 사형권만 빼고 다 가지고 있었다. 말하자면 하나님의 자리를 대신했다(살후 2:4). 예수님 당시에 대제사장과 율법학자와 바리세인들이 여기에 속해 있었다.

누가복음 23장 51절에 보면 요셉은 이들의 결정과 처사에 찬성하지 않았다. 요셉은 유대사람 아리마대 출신으로, 의회결정에 찬성하지 않았을 뿐만 아니라 하나님의 나라를 기다리는 사람이라고 증언한다. 성경은 아리마대 사람 요셉을 가리켜 예수님의 ①제자이며(마 27:57) ②하나님의 나라가 오기를 기다리는 사람이고(눅 23:51) ③착하고 의로운 사람이며(눅 23:50) 예수님의 시신을 십자가에서 내린 사람(눅 23:52)이라고 말씀하신다.

요셉은 살기등등한 때 해가 저무는 시간을 놓치지 않고 기다리고 있다가 담대하게 빌라도에게 가서 예수님의 시신을 달라고 하여 예수님의 몸을 십자가에서 내려 자신을 위하여 준비했던 새 동굴 무덤에 장례를 치른 사람이다. 하나님의 나라 안에서 살면서 영원한 하나님의 나라를 기다리는 순종하는 믿음의 아이처럼 ①명예도 ②부도 ③사람도 ④죽음도 ⑤권세도 두려워하지 않는다. 그날이 오늘이기를 기다리는 사람은 말씀을 믿고 말씀을 구하는 것이 인생의 목적이 된다.

아, 아리마대 사람 요셉! 나는 당신을 예수님 때문에 존경하며 흠모하며 약속된 그 자리에서 꼭 만나야 할 소중한 사람 중의 한 분이다. 그 이유는 당신이 우리에게 보여주신 믿음 때문이다. 일찍이 밤중에 예수님을 찾아왔던 니고데모가(요 3:2) 요셉과 함께 마지막 시간까지 동행하게 된 것도 요셉이 보여준 신앙의 영향력을 의심할 여지가 없다. 그래서 하나님께서는 요셉과 같은 사람을 찾으신다(시 53:2). 전능하신 하나님께서 찾으시는 것은 이런 사람이 드물기 때문이다. 그러나 하늘에서 아버지의 뜻이 이루었기에 당신이 얼마든지 요셉과 같은 사람이 될 수 있다.

요셉이 예수님을 십자가에서 내렸을 때 예수님의 온몸에는 피가 굳어서 엉겨 있었고 채찍에 맞아 찢기고 깨진 몸을 조심스럽게 자신의 동굴무덤으로 옮겨갔다. 요셉이 예수님의 머리에 깊이 박힌 가시관과 손목과 발목을 찢으며 들어가 있는 대못들을 빼 내면서 그의 심정은 어떠했을까? 예수님의 배에는 예리한 창이 여러 차례(계 1:7) 뚫고 들어가 찢겨 흘러내린 핏물들이 아직도 흥건하다.

요셉은 니고데모가 가지고 온 34kg의 몰약을(요 19:39) 가지고 예수님의 얼굴과 손과 발과 시신을 조심스럽게 씻긴다. 등과 어깨는 찢기고 패어져서 성한 곳이 한 곳도, 한 부분도 없다. 아리마대 사람 요셉, 나는 이 사람을 존경하고 흠모한다. '그날'에 우리가 그 자리에서 꼭 만나야 할 소중한 분이다. 나는 예수님의 죽음이 어떤 하나님의 뜻과 영광이 있는지 자녀들에게 그리고 또 한 사람을 찾아가 더 자세하게 알리고 또 알리고 싶다. 아멘&샬롬.

기적 플러스⁺

마가복음 15:39~47

39 예수님을 마주 보고 서 있는 백부장이, 예수님께서 이와 같이 숨을 거두시는 것을 보고서 말하였다. "참으로 이분은 하나님의 아들이셨다." **40** 여자들도 멀찍이서 지켜보고 있었는데, 그들 가운데는 막달라 출신 마리아도 있고 작은 야고보와 요세의 어머니 마리아도 있고 살로메도 있었다. **41** 이들은 예수님께서 갈릴리에 계실 때에, 예수님을 따라다니며 섬기던 여자들이었다. 그 밖에도 예수님과 함께 예루살렘에 올라온 여자들이 많이 있었다. **42** 이미 날이 저물었는데, 그 날은 준비일, 곧 안식일 전날이었다. 아리마대 사람인 요셉이 왔다. **43** 그는 명망 있는 의회 의원이고, 하나님의 나라를 기다리는 사람인데, 이 사람이 대담하게 빌라도에게 가서, 예수님의 시신을 내어 달라고 청하였다. **44** 빌라도는 예수님이 벌써 죽었을까 하고 의아하게 생각하여, 백부장을 불러서, 예수님께서 죽은 지 오래되었는지를 물어 보았다. **45** 빌라도는 백부장에게 알아보고 나서, 시신을 요셉에게 내어주었다. **46** 요셉은 삼베를 사 가지고 와서, 예수님의 시신을 내려다가 그 삼베로 싸서, 바위를 깎아서 만든 무덤에 그를 모시고, 무덤 어귀에 돌을 굴려 막아 놓았다. **47** 막달라 마리아와 요세의 어머니 마리아는, 어디에 예수님의 시신이 안장되는지를 지켜보고 있었다.

질문을 만들고 그 답을 말씀에서 찾습니다.

1) 예수님께서 숨을 거두시는 것을 그날 책임자로 지켜보고 서 있었던 백부장이 "이분은 하나님의 아들이 틀림없다"고 말합니다(39절). 그리고 갈릴리에서부터 따르던 여자들도 멀찍이서 가슴을 졸이며 지켜보고 있었는데 일곱 귀신에 들렸다가 치료받은 막달라 출신 마리아(눅 8:2)와 예수님의 제자 가운데 한 사람인 알패오의 아들 작은 야고보(막 3:18)와, 요셉의 어머니 마리아와 야고보와 요한의 어머니 살로메(마 20:20)도 있었습니다. 이들은

갈릴리에서 여기까지 따라왔는데 어머니 마리아께서 예수님의 죽음을
바라보면서 가슴에 칼로 찌르듯 할 것이라고 시므온이 예언했습니다(눅 2:35).
숨을 거두시면서 예수님께서는 어머니 마리아를 누구에게 맡겼을까요?
[요한복음 19:25~27]

2) 날은 저물고 슬픔이 가득 찬 이곳에 아리마대 사람 요셉이 왔습니다(42절). 이
   사람은 덕망이 있고 사람들로부터 존경을 받는 사람이었고 하나님의 나라가
   오기를 기다리는 사람이었습니다(43절). 이 사람이 빌라도에게 가서 무엇을
   요구했나요? 43절

3) 빌라도는 요셉이 예수님의 시신을 달라는 말을 듣고 예수님께서 벌써
   죽었을까 하는 의심이 되어서 백부장을 불러서 죽음을 확인해 보고 요셉에게
   내주었습니다(45절). 예수님의 몸을 인계받은 요셉은 예수님을 모셔다가
   어디에서 장례를 치르나요? 46절

4) 십자가에 매달린 사람들은 해가 지고 거룩한 안식일이 시작되기 전에
   다리뼈를 꺾어 죽였습니다(요 19:32). 그러나 예수님께 가서 보니 이미
   숨을 거두셨습니다(요 19:33). 예수님의 다리뼈가 꺾이지 말아야 할 이유는
   무엇일까요? [출 12:46하, 요 19:36]

5) 장례가 진행되는 모습을 누가 지켜보고 있을까요? 47절

나눔의 시간

1) 하나님은 어떤 분이십니까?
2) 무엇을 깨달았나요?
3) 적용합니다.
4) 묵상과 함께 하는 말씀기도

내일의 양식 : 마가복음 16:1~8

창조 이전에
셋째 하늘에서 있었던
일들을 상상해 봅니다

첫째 하늘과 둘째 하늘을 창조하기 전, 성부 하나님, 성자 하나님, 성령 하나님, 세분의 대화가 셋째 하늘에서 있었다(엡 1:4, 고후 12:1~4).

아　들 : "아버지, 저도 친구들이 있으면 좋겠어요"(요 15:15, 요일 1:1).

아버지 : "내가 봐도 그렇구나. 그러면 이렇게 하자! 우리의 형상을 닮은 사람을 창조해서(창 1:27) 지구에다 두고 하늘나라에 올 인격(人格)이 차면, 이곳으로 데려와서 함께 살자!"(엡 4:13).

"우리가 다 하나님의 아들을 믿는 것과 아는 일에 하나가 되어 온전한 사람을 이루어 그리스도의 장성한 분량이 충만한 데까지 이르리니"(엡 4:13).

아　들 : "아버지, 만일 구원하기로 택한 사람이 얼마 전에 있었던 루시퍼처럼 반역죄를 범하면 어쩌죠?"

아버지 : "아, 그렇구나! 죄 없는 피로 씻길 수만 있다면 용서가 되는데…"

(롬 3:25).

아　들 : "아버지, 그렇다면 내가 친구를 위해서 죽어 내 피가 용서하는 것 이
　　　　외에는 다른 방법이 없는 것 같아요"(히 9:12).

　　아버지께서는 말씀이 없으시다. 한동안 침묵이 흘러간다.

아　들 : "아버지, 친구를 얻어서 이곳에서 함께 지낼 수만 있다면 고난과 죽
　　　　음의 잔을 제가 아버지께 구하겠어요"(마 26:39).

　　아버지께서는 아들의 말을 듣고도 또 오랫동안 말이 없으시다.

아버지 : "그럼 이곳까지 내 뜻을 가지고 오고 가는 일은 누가하지?"
성　령 : "아버지께서 말씀하시면 오고 가는 일은 제가 할게요."

아버지 : "그래, 아들이 이것을 원하니 이 방법이 온당하구나! 계획을 세우
　　　　자."

　　"나의 자녀 여러분, 나는 여러분 속에 그리스도의 형상이 이루어지기까지
다시 해산의 고통을 겪습니다"(갈 4:19).

　　아버지와 아들과 성령 안에서 1,189장의 성경이 동시(同時)에 쓰인다(창
1~2장과 계 21~22장을 한 번에 읽어 보라). 성경에 나타난 아버지의 뜻은 동시적으

로 나타난 복음이다. 이는 마치 집을 짓기 위해서 설계사가 설계를 먼저 마치는 것과 같다. 창조의 목적은 오직 예수님 그리스도를 닮은 혼을 구원하는 데 있다(눅 21:19, 벧전 1:9). 아버지께서는 이렇게 뜻을 정하신다(계 7:9~17). 이제 세상을 창조하시기 전에 우리를 택하시고 사랑해 주셨다는 에베소서 1장 4절과 5절의 말씀이다.

"하나님은 세상 창조 전에 그리스도 안에서 우리를 택하시고 사랑해 주셔서, 하나님 앞에서 거룩하고 흠이 없는 사람이 되게 하셨습니다. 하나님은 하나님의 기뻐하시는 뜻을 따라 예수님 그리스도를 통하여 우리를 하나님의 자녀로 삼으시기로 예정하신 것입니다." 아멘&샬롬.

기적 플러스⁺

마가복음 16:1~8

1 안식일이 지났을 때에, 막달라 마리아와 야고보의 어머니 마리아와 살로메는 가서 예수님께 발라 드리려고 향료를 샀다. **2** 그래서 이레의 첫날 새벽, 해가 막 돋은 때에, 무덤으로 갔다. **3** 그들은 "누가 우리를 위하여 그 돌을 무덤 어귀에서 굴려내 주겠는가?" 하고 서로 말하였다. **4** 그런데 눈을 들어서 보니, 그 돌덩이는 이미 굴려져 있었다. 그 돌은 엄청나게 컸다. **5** 그 여자들은 무덤 안으로 들어가서, 웬 젊은 남자가 흰 옷을 입고 오른쪽에 앉아 있는 것을 보고 몹시 놀랐다. **6** 그가 여자들에게 말하였다. "놀라지 마시오. 그대들은 십자가에 못 박히신 나사렛 사람 예수님을 찾고 있지만, 그는 살아나셨소. 그는 여기에 계시지 않소. 보시오, 그를 안장했던 곳이오. **7** 그러니 그대들은 가서, 그의 제자들과 베드로에게 말하기를 그는 그들보다 먼저 갈릴리로 가실 것이니, 그가 그들에게 말씀하신 대로, 그들은 거기에서 그를 볼 것이라고 하시오." **8** 그들은 뛰쳐나와서, 무덤에서 도망하였다. 그들은 벌벌 떨며 넋을 잃었던 것이다. 그들은 무서워서, 아무에게도 아무 말도 못하였다.

질문을 만들고 그 답을 말씀에서 찾습니다.

1) 안식일이 지나자 막달라 마리아와 야고보의 어머니 마리아와 살로메는 향료를 사고(1절) 예수님의 몸에 바르려고 이른 새벽에 무덤으로 가면서 이야기를 했습니다(2절). "누가 우리를 위해서 동굴무덤 입구에 막혀 있는 돌을 옮겨 줄까"(3절). 걱정하며 무덤 앞에 가서 보니 어떤 일이 있었을까요? 4절

2) 입구를 막아 놓았던 엄청나게 큰 돌이 옆으로 굴려져 있어서(4절) 안도를 하고 안으로 들어가 보니 한 청년이 흰옷 차림으로 오른쪽에 앉아 있는 것을 보고 당황하며 놀랐습니다. 그 청년은 세 여자에게 무엇이라고 말했나요? 6~7절

3) 흰옷을 입은 청년은 "놀라지 마세요. 십자가에 못 박히신 예수님은 다시 살아나셔서 약속하신 대로 갈릴리로 가실 것이니 거기에서 만나게 될 것입니다"라고 말했습니다(7절). 예수님께서는 죽음에서 살아난 후에 갈릴리로 가실 것이라고 언제 말씀하셨을까요? [마가복음 14:28]

4) 세 사람은 정신이 나간 사람처럼 동굴무덤에서 나와서 떨면서 아무 말도 못 하고 잠시 있다가 돌아갔습니다(8절). 그러나 막달라 마리아는 두 사람을 따라서 돌아가지 않고 혼자서 한참을 울고 있다가(요 20:11) 혹시나 하는 마음으로 무덤 안으로 들어가 보니, 두 사람이 있는 것을 보고 있는데 한 천사가 말하기를 "여자여 어찌하여 울고 있느냐"라고 물었습니다. 마리아는 "사람들이 내 주님을 어디에 옮겨다가 두었는지 내가 알지 못해서 울고 있습니다"라고 말하고(요 20:13), 돌이켜 보니 동산지기와 같은 사람이 서 있어서 "당신이 옮겼거든 어디 두었는지 내게 말해 주세요. 그러면 내가 가져가겠습니다"라고 겸손하게 말하니(요 20:15), 예수님과 똑같은 목소리로 "마리아야"라고 불러서 정신을 차리고 동산지기의 얼굴을 보니 동산지기로만 알고 있었던 그 분이 예수님이라는 것을 확인하고(요 20:16), 그 앞에 엎드리니 부활하신 예수님께서 마리에게 무엇이라고 말씀하셨나요? [요한복음 20:17]

나눔의 시간

1) 하나님은 어떤 분이십니까?
2) 무엇을 깨달았나요?
3) 적용합니다.
4) 묵상과 함께 하는 말씀기도

내일의 양식 : 마가복음 16:9~13

사람의 건강은
어디에 있을까요?

70세까지는 생존율이 86%, 75세는 54%, 80세는 30%, 85세는 15%, 90세는 5%라는 통계청의 발표가 있었다. 사람들의 대화나 모임에서 "인생에서 중요한 것이 무엇인가?"라는 대화의 결론은 건강이 항상 1등이다. 그렇다고 한다면 사람을 지으신 주님께서는 사람의 건강은 어디에 있다고 말씀하실까? 주님의 말씀에 의하면 사람의 건강은 눈에 있다고 말씀하신다. 반대로 눈이 망가지면 건강도 같이 망가진다고 하셨다.

"네 눈은 몸의 등불이다. 네 눈이 성하면, 네 온몸도 밝을 것이요, 네 눈이 성하지 못하면, 네 몸도 어두울 것이다"(눅 11:34).

몸을 성하게 하고 어둡게 만드는 것이 눈에 있다는 말씀이다. 예수님 말씀에 의하면 눈은 몸의 등불이며, 눈이 건강해야 온몸이 '밝을 것이요'로 사용된 '포떼이노스'(φωτεινός)라는 단어는 안개와 구름이 낀 어두운 날에 안개와 구름이 걷히고 햇살이 비치는 것을 말한다. 그래서 포떼이노스는 '빛'이라는 말과 동의어다. 반대로 '성하지 못하다'라는 '하쁠루스'(ἁπλοῦς)는 끝내는 어두워지다가 꺼져가는 것을 말한다. 사람의 건강은 눈을 통해서 빛이 몸 안으로 들어가는 원리다. 그래서 내 눈을 어디에 어떻게 사용하느냐에 따라서 내 몸은 건강하고 밝아진다. 이것이 몸 건강에 대한 하나님의 뜻이다. 우리를 지으신 분이 정확하게 만드신 것이다. 마음을 움직이는 가장 큰 힘은 두말 할 것도 없이 눈에 있다. 그래서 잠언 4장 23절을 보면 "지키는 것들 중에서 네 마음을 지켜라, 생명의 근원이 여기에 있다"고 말씀하셨다.

인류 시초에 눈을 잘못 사용해서 밝았던 몸이 망가지기 시작했다. 이들 부부는 눈을 잘못 사용해서 하나님도 잃고 건강도 잃었다. 창세기 3장 6절을 보면 사탄의 말을 듣고 눈을 들어 본즉 먹음직도 하고 보암직도 하고 지혜롭게 할 만큼 탐스럽기도 한 나무로 보였다. 보는 순간 0.1초 만에 피해서 다시 하나님을 바라보아야 할 믿음의 눈이 죄악을 보고 있다가 마음까지 움직여 반역죄를 범하게 한 것이다. 이렇듯 눈을 잘못 사용하여 죄까지 범하면 사람의 마음 안에는 두려움까지 따라서 들어온다(창 3:10). 그러나 말씀과 성령님으로 거듭난 사람은 하와와 아담이 범했던 일을 하지 않는다. 오히려 죄악을 피하여 그 눈이 믿음의 주요, 온전케 하시는 예수님께 둔다(히 12:2).

어떻게 사람은 건강을 유지하고 밝은 몸으로 살아갈 수 있을까? 누구든지 예수님과 예수님의 말씀에 눈을 두면 몸도, 마음도, 생각도, 영혼도 건강해진다(must keep our eyes on Jesus, 히 12:2). 눈을 예수님과 말씀에 두면 온몸이 구석구석 밝아지기 시작하고 건강해진다. 이것이 사람을 지으신 분의 뜻이다. "사랑하는 아이들아, 내가 하는 말을 잘 듣고, 내가 이르는 말에 귀를 기울여라. 말씀에서 한시도 눈을 떼지 말고, 묵상하며 너의 마음속 깊이 새기고 잘 간직하여라. 이 말은 얻는 사람은 그것이 생명이 되며, 그의 온몸에 건강을 준단다"(잠 4:20~22). 몸이 천 냥이면 눈이 999냥이라고 말한다. 나는 당신이 건강하기를 기도한다. 아멘&샬롬.

기적 플러스⁺

마가복음 16:9~13

9 예수님께서 이레의 첫날 새벽에 살아나신 뒤에, 맨 처음으로 막달라
마리아에게 나타나셨다. 마리아는 예수님께서 일곱 귀신을 쫓아내 주신
여자이다. **10** 마리아는 예수님과 함께 지내던 사람들이 슬퍼하며 울고 있는
곳으로 가서, 그들에게 이 소식을 전하였다. **11** 그러나 그들은, 예수님께서 살아
계시다는 것과, 마리아가 예수님을 목격했다는 말을 듣고서도, 믿지 않았다.
12 그 뒤에 그들 가운데 두 사람이 걸어서 시골로 내려가는데, 예수님께서는
다른 모습으로 그들에게 나타나셨다. **13** 그들은 다른 제자들에게 되돌아가서
알렸으나, 제자들은 그들의 말도 믿지 않았다.

질문을 만들고 그 답을 말씀에서 찾습니다.

1) 부활하신 예수님께서는 이레의 첫날, 주일 아침에 막달라 마리아에게
   처음으로 나타나셨습니다(9절). 마리아는 제자들이 있는 곳으로 가서
   예수님의 부활소식과 만남의 장소를 알렸습니다. 제자들은 마리아가 전하는
   말을 믿었을까요? 11절하

2) 제자들이 막달라 마리아가 전하는 부활의 소식을 듣고도 왜 믿지 못했을까요?
   [누가복음 24:25]

3) 부활하신 예수님을 직접 보지는 못했지만, 부활이 믿어지는 사람들이 있다면
   그 사람들은 어떤 사람들일까요? [요한복음 20:29]

4) 시골로 내려가는 사람들은(12절) 예루살렘에서 예수님께서 죽으셨다는
   소식을 듣고 마음이 슬퍼서 엠마오로 돌아가던 중(눅 24:17)에 부활하신
   예수님을 만나고(눅 24:30~32) 그 밤에 다시 예루살렘으로 돌아가서
   (눅 24:33) 우리가 부활하신 예수님을 만났다고 말하자, 제자들이

믿었을까요?(13절하). 이들은 왜 못 믿었을까요? [로마서 10:17]

나눔의 시간

1) 하나님은 어떤 분이십니까?

2) 무엇을 깨달았나요?

3) 적용합니다.

4) 묵상과 함께 하는 말씀기도

내일의 양식 : 마가복음 16:14~18

목사님, **교회에서** **쫓겨날 수 있어요**

이 말은 어떤 친구가 여기 묵상노트에 쓴 내용들을 가지고 나에게 한 말이다. 그러나 그 이후에도 이렇게 묵상편지 쓰는 일은 계속되었다. 나 혼자 글을 쓰면 안 좋은 내용들은 피해 갔을 텐데 주님과 함께 글을 쓰고 있으니 피할 수는 없었다. 묵상편지에는 나의 어두운 죄의 일들과 천박한 것들이 글로 고백될 때 교우들은 물론 사위, 딸, 아들, 며느리뿐만 아니라 그 외의 사람들이 보고 있으므로 나를 사랑해서 한 말이다. 그래도 이윤성 목사라는 사람이 조금은 괜찮은 사람? 이라고 알고 있었는데 실망하고 친구의 말대로 판단을 받을 수 있다.

주님의 이름으로 받는 목사나, 장로나, 권사나, 집사나, 교사나, 선지자나, 복음 전하는 자나 사도의 직분까지도 그리스도의 몸을 세우라고 주시는 봉사직이요, 기능직이요, 섬기는 직이다(엡 4:11-12). 그러나 세속적인 사람들이 겉모습만 보고 교회 안에 있는 직분을 권위직이요, 계급직이요, 성직으로 만들었다. 주님 안에서 받은 직분은 성경을 배워서 아는 일과 믿는 일에 온전한 사람이 되어 그리스도의 장성한 분량에까지 이르라고 주신 것이다(엡 4:13). 예수님께서는 처음부터 끝까지 섬기기 위해서 고난받는 종으로 사셨고 십자가에서 인간 이하의 죽음으로 죽으셨다(눅 22:27). 교회 안에서 받은 직분은 주님의 이름으로 이렇게 죽는 직이다. 교인이 되었지만, 직분이 없어서 끝까지 성도라는 말을 들었다면 이것보다 더 귀한 직분과 이름은 없다. 그리고 나를 형제와 자매로 호칭했다면 그 사람은 최고의 찬사를 받은 것이다(막 3:35).

나는 "목사님, 교회에서 쫓겨날 수 있어요!"라는 친구의 말을 듣는 순간, 그럴 수도 있겠다는 생각이 들어왔다. 그러나 잠시 후에 다시 마음이 평안해졌다. 만일 이런 일들이 문제가 되어서 어려움이 닥쳐온다면 받을 수밖에 없다. 또한 나는 어려서부터 지은 죄들이 생각나서 마음 아픈 시간을 보내고 있을 때 "회심하기 전 행한 옛 죄는 십자가에서 나와 함께 죽었다"는 로마서 6장 6절 말씀이 생각이 나서 그 말씀이 나를 구했다. 나는 기뻤고, 무엇인지 모르지만 시원함이 있었다. 사람은 그 자리에 그대로 서 있었는데 새로워진 느낌이 들었다(행 3:19). 주님께서 용서해 주시면 죄의 내용까지 깨끗하게 지워주신다. 그리고 기쁨이 있다(시 32:1). 주님께서 용서하셨다는 것은 초등학교 다닐 때 선생님이 칠판에 써 놓았던 글들을 지우는 것과 같다. 요한1서 1장 9절 말씀이다. "우리가 우리 죄를 자백하면, 하나님은 신실하시고 의로우신 분이셔서, 우리 죄를 용서하시고, 모든 불의에서 우리를 깨끗하게 해주실 것입니다."

우물가의 여인은 그리스도를 만나고 그의 죄가 용서를 받았다. 그리고 그는 물동이를 버려두고 동네에 들어가 외치면서 다닌다. "내가 한 일을 모두 알아맞히신 분이 계십니다. 와서 보십시오. 그분이 그리스도가 아닐까요?"(요 4:29). 동네 사람들은 밖에서 들려오는 목소리만 들어도 그 여자라는 것을 알 수 있다. 그러나 이 여자에게 있어서 동네 사람들은 더 이상 두려움의 대상이 아니다. 여자가 말한 대로 내가 한 모든 일을 알아맞혔다는 그 일은 무엇을 말할까? 남편을 다섯이나 바꾸며 살았던 여자의 과거사다. 이것은 계대결혼이었을 것이다(막 12:19-22). 그러나 여인은 그리스도 예수님을 만나서 용서를 받았기에 더 이상 감추지 않는다. 전에는 사람의 눈을 피하여 한낮에 우물가에 나올 수밖에 없었지만, 이제는 물동이를 버려두고 동네에 들어가 큰 소리로 "그리스도가 우리 동네에 오셨다"고 복음을 전하는 사람이 되었다(요 4:39).

예수님께서는 우리가 자백한 죄를 어느 정도까지 용서해 주시고 깨끗이 지우셨을까? 히브리서 10장 17절을 보면 "죄와 그들의 불법을 내가 다시 기억하지 않는다"고 말씀하셨다. 전능자의 기억에서 지우신 것이다. 모든 사람이 다 부활해서(요 10:29) 심판을 받을 때(계 20:12) 회개가 되어서 용서를 받은 죄는 두 번 다시 나타나지 않는다. 이 사람이 예수님과 함께 진정한 복을 받은 사람이다(눅 10:23). 주님께 회개하였던 죄로 인하여 사람들에게 무시당하고 공동체에서 쫓겨난다 해도 하늘나라 문 앞에서 쫓겨나는 것보다는 낫다. 아멘&샬롬.

기적 플러스⁺

마가복음 16:14~18

14 그 뒤에 열한 제자가 음식을 먹을 때에, 예수님께서는 그들에게 나타나셔서, 그들이 믿음이 없고 마음이 무딘 것을 꾸짖으셨다. 그들이, 자기가 살아난 것을 본 사람들의 말을 믿지 않았기 때문이다. **15** 또 예수님께서 그들에게 말씀하셨다. "너희는 온 세상에 나가서, 만민에게 복음을 전파하여라. **16** 믿고 세례를 받는 사람은 구원을 얻을 것이요, 믿지 않는 사람은 정죄를 받을 것이다. **17** 믿는 사람들에게는 이런 표징들이 따를 터인데, 곧 그들은 내 이름으로 귀신을 쫓아내며, 새 방언으로 말하며, **18** 손으로 뱀을 집어 들며, 독약을 마실지라도 절대로 해를 입지 않으며, 아픈 사람들에게 손을 얹으면 나을 것이다."

질문을 만들고 그 답을 말씀에서 찾습니다.

1) 열한 제자가 음식을 먹고 있을 때 부활하신 예수님께서 나타나셔서 부활을 전하는 사람들의 말을 믿지 않고 있는 제자들의 불신앙에 대해서 꾸짖으셨습니다(14절). 그리고 예수님께서는 어떤 사명을 제자들에게 주셨을까요? 15~18절

2) 예수님께서는 제자들에게 너희는 세상 속으로 들어가서 모든 사람에게 나를 전하라! 너희 말을 듣고 내 이름으로 세례를 받는 사람들은 구원을 받을 것이지만 믿지 않는 사람들은 어떻게 된다고 하실까요? 16절

3) 믿는 사람들에게 따라오는 표적은 귀신을 쫓아내며 새로운 방언을 말하며 손으로 뱀을 집고 독을 마셔도 상하지 않으며 병자에게 손을 얹고 기도하면 어떻게 된다고 말씀하시나요? 18절하

4) 예수님을 믿고 세례를 받은 사람들에게는 그때나 지금이나 어떤 성령님의 은혜가 나타날까요? [사도행전 2:38]

나눔의 시간

1) 하나님은 어떤 분이십니까?

2) 무엇을 깨달았나요?

3) 적용합니다.

4) 묵상과 함께 하는 말씀기도

내일의 양식 : 마가복음 16:19~20

가족 모두가 **영생 얻는 믿음으로** 살아갑니다

그리스도인들은 땅에 있는 동안에 꼭 붙잡고 놓지 말아야 할 것이 있는데 그것은 영생 얻는 믿음이다. 왜냐하면 믿음의 목표는 영생이기 때문이다(벧전 1:9). 영생 얻는 믿음은 요한복음 6장에서 3가지로 말씀하셨다.

첫 번째, 영생 얻는 믿음은 요한복음 6장 54절에 "내 살을 먹고, 내 피를 마시는 사람은 영원한 생명을 가지고 있고, 마지막 날에 내가 그를 살릴 것이다"라고 말씀하셨다. 여기에서 "마시다"로 사용된 헬라어 피노($\pi\iota\nu\omega$)는 계속해서 마시는 것을 의미한다. 계속해서 예수님의 살과 피를 마시는 일은 말씀묵상과 말씀기도이다. 이 일이 지속될 때 말씀이 순종이 되어 하나님과 사귐이 깊어지고, "하나님은 나에게 어떤 분인가?"라는 질문의 답을 얻을 수 있다. 이스라엘과 세계교회가 이런 모습이 된 것은 첫째 명령인 이것을 못했기 때문이다(신 6:4-9). 이것이 된 사람들이 예배를 드리면 삼위의 하나님께서는 기쁘게 받으신다(롬 12:1). 아,벨,과, 그 제물을 받으시듯(창 4:4), 아브라함과 그 예배를 받으시듯 구약의 성도들이 그랬고 바울 사도도 구원 얻은 성도들에게 이것을 간절히 권고한다. "형제자매 여러분, 그러므로 나는 하나님의 자비하심을 힘입어 여러분에게 권합니다. 여러분의 몸을 하나님께서 기뻐하실 거룩한 산 제물로 드리십시오. 이것이 여러분이 드릴 합당한 예배입니다."

두 번째, 영생 얻는 믿음은 요한복음 6장 63절이다. "내가 너희에게 한 이 말은 영이요 생명이다." 이는 말씀을 귀로 듣고 행하는 것이다. 이런 은혜가 쌓이는 것이 슬기로운 다섯 처녀가 넉넉히 가지고 있었던 기름이다(마 25:4). 그래서 성령님께서는 순종하려고 하는 사람을 미리 알고 그 가슴에 말씀을 새겨 주고 심어 주신다(히 8:10).

세 번째, 영생 얻는 믿음은 요한복음 6장 27절에 "썩을 양식을 위하여 일하지 말고 영생하도록 있는 양식을 위하여 일하는" 것이다. 이것이 하나님께서 인생들을 지으신 목적이다. 사람의 존재가치는 복음의 목적과 하나가 되는 데 있다. 이런 사람에게는 영생 얻는 믿음이 그 사람 안에 있다.

구약의 신실한 성도들은 태어나면서부터 말씀을 중요시했다. 산모가 아기를 출산하면 몸을 씻기고, 옷과 포대기로 감싸 주었는데, 거기에는 수놓은 말씀들이 새겨져 있었고(겔 16:10), 그 옷을 입을 때마다 말씀을 보면서 엄마는 기도를 했다. 이것이 출생과 함께 시작되는 말씀묵상과 말씀기도이다. 예수님의 탄생을 알리는 천사들이 목자들에게 말하기를 "베들레헴에 가면 한 아기가 강보에 싸여 구유에 누워있는 것을 볼 것이다"라고 했는데 강보로 싼 포대기에는 마리아가 수놓은 하나님의 말씀이 표적이다(눅 2:12).

성령님께서는 맑은 물을 뿌려서 정결하게 하며, 세상 모든 우상의 더러움을 깨끗하게 씻어 주며, 새로운 마음을 주고, 새로운 영을 넣어 주며, 돌같이 굳은 마음을 없애고, 살갗처럼 부드러운 마음을 주며, 내 영을 두어, 너희가 나의 모든 율례대로 행동하게 하며 주님의 모든 규례를 지키고 실천하게 한다(겔 36:25). 하나님은 나의 아빠 아버지이다. 아멘&샬롬.

기적 플러스 ⁺

마가복음 16:19~20

19 주 예수님께서 그들에게 말씀하신 뒤에, 하늘로 들려 올라가셔서, 하나님의 오른쪽에 앉으셨다. **20** 그들은 나가서, 곳곳에서 복음을 전파하였다. 주님께서 그들과 함께 일하시고, 여러 가지 표징이 따르게 하셔서, 말씀을 확증하여 주셨다.

질문을 만들고 그 답을 말씀에서 찾습니다.

1) 예수님께서는 제자들에게 "하늘과 땅의 모든 권세를 내게 주셨으니 너희는 가서 모든 민족을 제자로 삼아 아버지와 아들과 성령의 이름으로 세례를 베풀고 내가 너희에게 분부한 모든 것을 가르쳐 지키게 하라 내가 세상 끝날까지 너희와 항상 함께 있겠다"(마 28:18~20)라고 말씀하시고 하늘로 올라가셔서 어디에 앉으셨나요? 19절하

2) 예수님께서는 하나님 아버지께서 계신 하늘 위에 하늘로 올라가셔서(고후 12:2) 무엇을 하고 계신가요? [로마서 8:34]

3) 제자들은 나가서 나사렛 예수님이 그리스도요, 구세주임을 전파하니 귀신이 쫓겨나며, 새 방언으로 말하며, 뱀을 손으로 집어 들며, 아픈 사람들에게 손을 얹으면 낫는 표징들이 있었습니다. 누가 함께 일해서 이런 일들이 있었을까요? 20절

4) 부활하신 임마누엘의 하나님께서 함께하셨습니다. 초대교회 제자들의 메시지는 무엇을 증언하여서 사람들이 큰 은혜를 받고 치유까지 받았다고 알려주고 있을까요? [사도행전 4:33]

나눔의 시간

1) 하나님은 어떤 분이십니까?

2) 무엇을 깨달았나요?

3) 적용합니다.

4) 묵상과 함께 하는 말씀기도

에필로그
epilogue

유 카리스데오! 일곱 번 감사합니다.

여기까지 글을 쓸 수 있었던 것은 내가 아닙니다. 임마누엘 예수님의 사랑과 고난과 가족들의 힘이 있었습니다. 이 책은 우리 가족이 만들어 낸 8번째 책입니다. 고난의 길에서 만난 예수님의 사랑이 이렇게 글로 빚어 내는 신묘막측한 '퍼즐'이라는 것을 알았습니다. 이는 하나님께서 나 같은 실패자에게 주시는(고전 1:27) 특별한 사랑이 아니면 불가능하다는 것도 알았습니다(히 12:6).

이 책은 추위와 바람과 '된서리'를 맞으며 쓴 책입니다. 저는 40년 전, 매일성경의 도움으로 목회와 함께 어설픈 묵상을 하다가 2020년 1월부터는 창세기를 시작으로 동선을 따라서 묵상해 왔습니다. 나를 깨운 말씀은 구원에 대한 진리입니다(83-74). 또한 "오호라 나는 곤고한 사람이로다 이 사망의 몸에서 누가 나를 건져내랴"(롬 7:24)는 사도의 마음을 알게 된 것입니다(83-65).

좋은 현악기는 해발 3,000미터 이상에서 자란 구부러진 나무로 만들어진 다고 합니다. 그 이유는 고난의 나무에서 만들어진 악기에서 나오는 스펙트럼(spectrum)의 소리가 음정변화가 없는 명기로 제작되기 때문입니다. 그래도 나는 여전히 고난이 싫지만, 이것이 예수님의 사랑이었음을 시인할 수밖에 없습니다(잠 3:12).

이 책의 묵상원칙은 말씀으로 묻고 말씀으로만 그 답을 찾는 것입니다. 말씀과 함께 우리가 흘린 눈물은 말씀을 담아두는 가죽부대에 넣어 두셨습니다(시 56:8). 그래서 우리가 예수님을 기다리는 그날이 '오늘'이기를 기다리는 당신과 함께 얼굴과 얼굴을 대하며 뵙게 될 것을 고대합니다.

예수님께서는 요한복음 6장에서 구원받은 자녀들에게 나타나는 3가지 영생을 직접화법으로 말씀하셨습니다. 그것은 예수님의 피와 살을 먹는 것이며, 성령님의 말과 일입니다. 예수님의 피와 말과 일입니다(83~83). 제 아내와 함께 섬기는 말씀기도가 여기에 속합니다.

오직 한 일 즉 뒤에 있는 것은 잊어버리고 앞에 있는 것을 잡으려고 푯대를 향하여 그리스도 예수님 안에서 하나님께서 위에서 부르신 부름의 상을 위하여 달려갑니다(빌 3:14). 감사합니다. 그리고 사랑합니다. 샬롬&아멘.

초판 1쇄 2024년 11월 30일
지은이 _ 이윤성
펴낸이 _ 김현태
디자인 _ 장창호
펴낸곳 _ 따스한 이야기
등록 _ No. 305-2011-000035
전화 _ 070-8699-8765
팩스 _ 02- 6020-8765
이메일 _ jhyuntae512@hanmail.net

따스한 이야기 페이스북
https://www.facebook.com/touchingstorypublisher
https://www.instagram.com/touchingstory512

따스한 이야기는 출판을 원하는 분들의 좋은 원고를
기다리고 있습니다.

가격 18,000원